LÁGRIMAS EN H MART

LÁGRIMAS EN H MART

Una historia de amor,
pérdida y cocina coreana

MICHELLE ZAUNER

Traducción de Ainhoa Segura Alcalde

NeoPerson club

Primera edición en cartoné: marzo de 2023
Primera edición en rústica: enero de 2026

Título original: *Crying in H-Mart*

Traducción: Ainhoa Segura Alcalde

Diseño de cubierta e ilustración: Na Kim

Publicado por acuerdo con PGPA, LLC, c/o The Book Group,
20 West 20th Street, Suite 601, Nueva York, NY 10011, EE.UU.

De la presente edición en castellano:
© Distribuciones Alfaomega S.L., Neo Person, 2022
Alquimia, 6 - 28933 Móstoles (Madrid) - España
Tel.: 91 617 08 67
www.grupogaia.es - E-mail: grupogaia@grupogaia.es

Depósito legal: M. 368-2026
I.S.B.N.: 978-84-19509-61-1

Impreso en Impreso en España por Artes Gráficas Cofás, S.A., Móstoles (Madrid)

PARA
엄마

Índice

Lágrimas en H Mart

1

Lágrimas en un mercado asiático

DESDE QUE MI MADRE murió, lloro en H Mart.

H Mart es una cadena de supermercados especializada en comida asiática. La *H* es por *han ah reum*, una frase en coreano que podría traducirse como 'un brazo lleno de comestibles'. H Mart es el lugar al que los estudiantes chinos acuden en busca de la marca de fideos instantáneos que les recuerda a su hogar. Es donde las familias coreanas compran las lenguas de arroz para preparar *tteokguk*, la sopa de carne con la que dan la bienvenida al Año Nuevo. Es el único sitio en el que puedes encontrar un tarro enorme de ajos pelados, porque es el único sitio en el que entienden de verdad la cantidad de ajo que se necesita para preparar el tipo de comida que come tu gente. H Mart te brinda la oportunidad de desquitarte de ese solitario pasillo que constituye la sección «étnica» en los supermercados normales. Aquí no colocan los frijoles Goya junto a los botes de salsa sriracha. Sin embargo, es muy probable que me encuentres llorando al lado de las cámaras de *banchan* por el recuerdo del sabor de los huevos con salsa de soja y de la sopa fría de rábano de mi madre. O en la sección de congelados, con un paquete de obleas para empanadillas en la mano, rememorando las horas que mi madre y yo pasamos en la mesa de la cocina rellenando la fina masa con carne de cerdo y cebollino picados. O sollozando cerca de los productos deshidratados, preguntándome si sigo siendo coreana ahora que no tengo a nadie a quien llamar para que me diga qué marca de algas debo comprar.

Al crecer en Estados Unidos con un padre blanco y una madre coreana, dependía de mi madre para ahondar en mi herencia asiática. Aunque nunca me enseñó a cocinar (los coreanos tienden a renegar de las medidas y únicamente proporcionan instrucciones crípticas del tipo «añade aceite de sésamo hasta que sepa como el de mamá»), sí me crio con un apetito claramente coreano, lo que se traduce en una veneración por la buena mesa y una predisposición a comer para aliviar las penas. Ambas éramos comensales exigentes: el *kimchi* debía presentar el punto adecuado de amargor, el *samgyupsal* debía estar muy crujiente, y los guisos, bien calientes, o no los probábamos. La idea de cocinar para toda la semana era una afrenta disparatada contra nuestro modo de vida. Nosotras nos dejábamos guiar por nuestros antojos. Si nos apetecía alimentarnos de estofado de *kimchi* durante tres semanas seguidas, lo hacíamos, y luego pasábamos a otra cosa. Nuestra mesa se regía por las estaciones y las festividades.

Cuando llegaba la primavera y el tiempo cambiaba, sacábamos la cocina portátil al porche y freíamos tiras de panceta de cerdo. El día de mi cumpleaños comíamos *miyeokguk*, una suculenta sopa de algas repleta de nutrientes que se recomienda tomar a las mujeres después de dar a luz y que los coreanos comen tradicionalmente el día de su cumpleaños para honrar a su madre.

Mi madre expresaba su amor por medio de la comida. Por muy crítica o cruel que pudiera parecer —no dejaba de presionarme para que colmara sus utópicas expectativas—, siempre sentía que su afecto irradiaba de los platos que me preparaba exactamente como a mí me gustaban. Yo apenas hablo coreano, pero cuando estoy en H Mart es como si lo dominara. Acaricio los productos y digo los nombres en voz alta: melón *chamoe*, *danmuji*. Lleno el carrito con todos los aperitivos que tengan un envoltorio brillante decorado con un personaje conocido de dibujos animados. Pienso en la vez que mi madre me enseñó a doblar la tarjetita de plástico que venía dentro de las bolsas de Jolly Pong y a usarla de cuchara para llevarme a la boca el arroz inflado bañado en caramelo, que siempre se me caía por la camisa y acababa desperdigado por el coche. Recuerdo las chucherías que mi madre me contaba que comía cuando era niña y el empeño que ponía yo en intentar imaginarla a mi edad. Quería que me gustaran todas las cosas que le gustaban a ella, quería ser ella.

El dolor me sobreviene en oleadas, normalmente provocado por algo arbitrario. Puedo contarte sin inmutarme lo que sentí al ver cómo se le caía el pelo en la bañera o cómo fueron las cinco semanas que pasé durmiendo en hospitales, pero, si estoy en un H Mart y veo a una niña corriendo por los pasillos con una bolsa de *ppeongtwigi* en la mano, me derrumbo. Esas tortitas de arroz representan mi infancia, una época más dichosa, cuando mi madre estaba a mi lado y me esperaba después de clase para devorar juntas aquellos discos que parecían de poliestireno, trozos de poliestireno que se disolvían en la lengua como un azucarillo.

Lloro cada vez que veo a una abuela coreana comiendo sopa de fideos y marisco en la zona de restauración del supermercado, depositando las cabezas de las gambas y las conchas de los mejillones en la tapa del envase de aluminio del arroz de su hija. El pelo gris encrespado, los pómulos protuberantes como dos melocotones, las cejas tatuadas que se oxidarán a medida que la tinta se vaya desvaneciendo. Me pregunto qué aspecto habría tenido mi madre a los setenta años si se hubiera hecho la misma permanente que lucen todas las abuelas coreanas como si formara parte de la evolución de nuestra raza. Nos imagino cogidas del brazo, con su cuerpo menudo apoyado en el mío mientras subimos por las escaleras mecánicas hacia los puestos de comida. Las dos vestidas de negro, «al estilo de Nueva York», diría ella, con su idea de la Gran Manzana anclada todavía en la época de *Desayuno con diamantes*. Llevaría el bolso acolchado de Chanel que siempre había querido, en lugar de los de imitación que compraba en los callejones de Itaewon. Tendría las manos y la cara un poco pringosas por las cremas antiarrugas de la teletienda. Calzaría unas extravagantes zapatillas deportivas con cuña que a mí no me gustarían. «Michelle, en Corea, todas las famosas las llevan». Me quitaría una pelusa del abrigo y empezaría a criticarme —por mis hombros caídos, por mis zapatos gastados, porque todavía no había comenzado a utilizar ese aceite de argán que me había comprado—, pero estaríamos juntas.

Lo cierto es que la rabia me consume. Estoy enfadada con esa anciana coreana que no conozco y que, a diferencia de mi madre, sigue viva, como si la supervivencia de esa extraña estuviera relacionada de alguna manera con mi pérdida. Me indigna que alguien de la edad de mi madre todavía pueda tener una madre. ¿Por qué ella está ahí sorbiendo un *jjamppong* de fideos picante y mi madre no? Supongo que no soy la única que se siente así. La vida no es justa y a veces, aunque parezca absurdo, culpar a alguien por ello ayuda.

En ocasiones me siento como si me hubieran dejado sola en una habitación sin puertas. Cada vez que recuerdo que mi madre está muerta es como si me diera de bruces contra un muro que no cede. No hay escapatoria, solo una superficie dura contra la que sigo chocando una y otra vez, el recordatorio de una realidad inmutable: que nunca volveré a verla.

LOS H MART SUELEN ESTAR ubicados en las afueras, junto a los centros comerciales con tiendas y restaurantes asiáticos que son siempre mejores que los que se encuentran más cerca del corazón de las ciudades. Me refiero a restaurantes coreanos en los que te llenan la mesa con tantos *banchan* que te obligan a jugar una interminable partida de *Jenga* horizontal con doce platillos de anchoas salteadas, pepinos rellenos y todo tipo de encurtidos. Estos establecimientos no tienen nada que ver con el triste local de comida asiática de fusión que hay cerca de tu trabajo, en el que sirven el *bibimbap* con pimientos morrones y te miran mal si pides otra ración de brotes de soja mustios. Aquí todo es auténtico.

Sabrás que vas en la dirección correcta porque el camino estará cuajado de pistas. A medida que avances en tu peregrinaje, las letras de las marquesinas comenzarán a transformarse en símbolos cuyo significado quizá ignores. Es en ese momento cuando mis conocimientos elementales de coreano son puestos a prueba: ¿con qué rapidez puedo pronunciar las vocales mientras conduzco? Aunque me pasé más de seis años yendo a clase en el *hangul hakkyo* todos los viernes, solo soy capaz de leer los letreros de las iglesias, de la consulta del optometrista y de los bancos. Un par de manzanas más y estaremos en pleno centro de esta especie de polígono comercial. De repente, nos encontramos en otro país. Todo el mundo es asiático y una multitud de dialectos diferentes se entrecruzan como cables de teléfono invisibles; las únicas palabras en inglés son *hot pot* y *alcohol*, y están enterradas bajo una colección de pictogramas y grafemas, al lado de los cuales aparece el dibujo de un tigre o de un perrito caliente danzarín.

En el interior de un H Mart habrá una zona de restauración, una tienda de electrodomésticos y una farmacia. Por lo general, también habrá un departamento de belleza en el que puedes comprar maquillaje y productos coreanos para el cuidado de la piel, con baba de caracol o aceite de caviar, o una mascarilla facial que al parecer contiene «placenta». (¿La placenta de quién? Vete a saber). Lo normal es que además haya una panadería seudofrancesa en la que despachan un café flojo, té de burbujas y un surtido de pastas glaseadas cuyo aspecto siempre es mejor que su sabor.

En la actualidad, el H Mart que más frecuento es el de Elkins Park, una localidad situada al noreste de Filadelfia. Los fines de semana voy allí a comer y a hacer la compra semanal, y también me llevo cualquier producto fresco que me llame la atención para preparar la cena ese día. El

H Mart de Elkins Park tiene dos plantas: en la primera está el supermercado, y en la segunda, la zona de restauración, donde hay una serie de puestos en los que sirven distintos tipos de comida. Hay uno dedicado al sushi, otro a la comida china y otro especializado en los tradicionales *jjigaes* coreanos, sopas burbujeantes que se presentan en una cazuela de barro típica llamada *ttukbaegi*, que es como un caldero chiquitito que garantiza que la sopa siga hirviendo diez minutos después de que te la hayan servido. También hay un puesto de comida callejera coreana en el que tienen *ramen* coreano (que no es otra cosa que fideos instantáneos con un huevo); gigantescas empanadillas al vapor, con una masa gruesa como la de una tarta, rellenas de carne de cerdo y fideos celofán, y *tteokbokki*, unos pastelitos de arroz elásticos y cilíndricos, del tamaño de un bocado, cocidos en un caldo con láminas de pastel de pescado, guindilla roja y *gochujang*, una pasta dulce y picante que es una de las tres salsas madre que se emplean en casi todos los platos coreanos. Y, por último, mi favorito: el puesto de comida chino-coreana, en el que sirven *tangsuyuk* —carne de cerdo con un glaseado agridulce de color naranja brillante—, sopa de fideos y marisco, arroz frito y fideos con salsa de judías negras.

La zona de restauración es el lugar perfecto para observar a la gente mientras da buena cuenta de un salado y grasiento *jjajangmyeon*. Me vienen a la memoria los miembros de mi familia que vivían en Corea (ahora, la mayoría ya ha muerto) y recuerdo que la comida chino-coreana era lo primero que mi madre y yo comíamos cuando llegábamos a Seúl tras un vuelo de catorce horas desde Estados Unidos. Veinte minutos después de que mi tía hiciera el pedido por teléfono, el timbre del portero automático sonaba con la melodía de «Para Elisa» y un motorista con casco subía con una enorme caja de acero. Abría la puerta metálica de la caja y nos entregaba varios recipientes colmados de fideos y carne de cerdo rebozada y frita, con las suculentas salsas aparte. Retirábamos las tapas de plástico, que estaban abombadas e impregnadas de humedad, regábamos los fideos con un aderezo negro y espeso y vertíamos la traslúcida salsa naranja, brillante y pegajosa, sobre la carne de cerdo. A continuación, nos sentábamos con las piernas cruzadas sobre el frío suelo de mármol, muy juntas, y empezábamos a comer. Mis tías, mi madre y mi abuela parloteaban en coreano mientras yo masticaba y escuchaba, incapaz de comprender, e importunaba a mi madre de vez en cuando para que tradujera.

Me pregunto cuánta de la gente que hay en H Mart echa de menos a su familia. Cuántos piensan en sus seres queridos mientras llenan una bandeja con platos de los diferentes puestos. Si comen para sentirse cerca de ellos, para honrarlos por medio de la comida. ¿Quiénes no han podido regresar a casa este año o en los últimos diez? ¿Quiénes, como yo, extrañan a aquellos que se han ido para siempre?

En una de las mesas hay un grupo de adolescentes chinos que han venido a Estados Unidos solos, sin sus padres, para cursar el bachillerato. Han recorrido juntos un trayecto de cuarenta y cinco minutos en autobús hasta las afueras de una ciudad de un país extranjero para comer *dumplings* rellenos de sopa. A otra mesa se sientan tres generaciones de mujeres coreanas que están disfrutando de tres tipos distintos de guiso: hija, madre y abuela introducen la cuchara en todos los cuencos, picotean de todas las bandejas y cogen los diferentes *banchan* con los palillos, los brazos revoloteando delante de la cara de las demás, completamente ajenas al concepto de espacio vital.

En otra mesa hay un joven blanco con sus padres. Todos ríen mientras tratan de pronunciar los nombres de la carta. El hijo les explica en qué consiste cada uno de los platos que han pedido. Quizá sea un soldado que ha estado destinado en Seúl o un profesor de inglés que ha dado clases en el extranjero. Tal vez sea el único miembro de su familia que tenga pasaporte. Tal vez sus padres decidan en este momento que es hora de viajar y descubrir esas cosas por sí mismos.

Un chico asiático sorprende a su novia con un mundo nuevo de sabores y texturas. Le enseña a comer *mul naengmyeon*, una sopa de fideos fría que sabe mejor si se le añade vinagre y mostaza picante. Le cuenta cómo llegaron sus padres a este país y que su madre preparaba ese plato en casa, pero que no le añadía calabacín, sino rábanos. Un anciano se acerca cojeando a un puesto vecino para pedir las gachas de pollo y *ginseng* que probablemente coma aquí cada día. Las campanas suenan para que la gente vaya a recoger sus pedidos. Detrás de los mostradores, unas mujeres con visera trabajan sin descanso.

Es un lugar hermoso y sagrado, lleno de personas de todo el mundo que ahora viven en un país que no es el suyo, cada una con una historia diferente. ¿De dónde vienen y cuántos kilómetros han tenido que recorrer? ¿Por qué están aquí? ¿Para buscar la galanga que no encuentran en ningún otro supermercado estadounidense y poder preparar ese curri indonesio que tanto le gusta a su padre? ¿Para comprar las lenguas de arroz con las que celebrar la ceremonia del Jesa y honrar el aniversario de la muerte de un ser querido? ¿Para satisfacer un antojo de *tteokbokki* en un día lluvioso, provocado por el recuerdo de un ebrio tentempié nocturno bajo el toldo de un *pojangmacha* en Myeong-dong?

No damos explicaciones. Ni siquiera intercambiamos una mirada cómplice. Nos sentamos y comemos en silencio. Pero sé que todos estamos aquí por el mismo motivo. Todos estamos buscando un pedazo de nuestro hogar, o de nosotros mismos. Lo buscamos en los platos que pedimos y en los ingredientes que adquirimos. Después cada uno se va por su lado. Volvemos con la compra a nuestro colegio mayor o a nuestra cocina de barrio residencial y recreamos la receta que no podríamos preparar si no hubiéramos hecho ese viaje. Lo que buscamos no lo tienen en los supermercados normales. H Mart es donde nuestra gente se reúne bajo un techo fragante, convencida de que aquí encontrará aquello que no encuentra en ningún otro sitio.

Entre los puestos de comida de H Mart vuelvo a ser yo misma mientras trato de componer el primer capítulo de la historia que quiero contar sobre mi madre. Estoy sentada junto a una madre coreana y su hijo, que sin saberlo han ocupado la mesa contigua a la de una llorona. El chico coge obedientemente los cubiertos del mostrador y los coloca sobre unas servilletas de papel. Él ha pedido arroz frito, y ella, *seolleongtang*, sopa de hueso de buey. Él ronda los veinte años, pero su madre le sigue diciendo cómo ha de comer, como hacía la mía. «Moja la cebolla en la salsa». «No añadas demasiado *gochujang* o sabrá muy salado». «¿Por qué no te terminas las judías mungo?». Había días en los que su acoso me sacaba de mis casillas. Mamá, ¡déjame comer tranquila! Pero en el fondo sabía que, como buena coreana, esa era su manera de demostrarme su amor, un amor que daría lo que fuera por recuperar.

La madre coloca unos pedazos de carne en la cuchara de su hijo. El chico parece cansado y apenas habla. Quiero decirle lo mucho que echo de menos a mi madre. Que debería ser amable con la suya, que recuerde que la vida es efímera y que ella podría morir en cualquier momento. Que le pida que vaya al médico y se asegure de que no hay ningún pequeño tumor creciendo en su interior.

En cinco años perdí a mi tía y a mi madre a causa del cáncer. Por eso, cuando voy a un H Mart, no solo voy a comprar sepia y tres manojos de cebolletas por un dólar; voy en busca de memorias y de pruebas que demuestren que la mitad coreana de mi identidad no murió con ellas. H Mart es el puente que me lleva lejos de los recuerdos que me atormentan, de la quimioterapia y de los cuerpos esqueléticos repletos de miligramos de hidrocodona. Me trae a la memoria cómo eran antes, dos mujeres hermosas y llenas de vida que se contoneaban con un aro de maíz bañado en miel Chang Gu en cada dedo y me mostraban cómo sorber la pulpa de una uva coreana y escupir las pepitas.

2

Guárdate el llanto

Mi madre falleció el 18 de octubre de 2014, una fecha que siempre olvido, no sé si porque no quiero recordarla o porque la fecha concreta se antoja insignificante en comparación con todo lo que sufrimos. Tenía cincuenta y seis años. Yo, veinticinco, una edad que mi madre me había asegurado que sería especial. Era la misma que ella tenía cuando conoció a mi padre. El año en que se casaron, el año en que ella dejó su tierra natal, a su madre y a sus dos hermanas y se embarcó en un capítulo crucial de su vida adulta. El año en que formó la familia que llegaría a definirla. Para mí iba a ser el año en el que todo encajaría, pero, en lugar de ello, fue el año en el que su vida terminó y la mía se desmoronó.

A veces me siento culpable por no recordar exactamente cuándo ocurrió. Cada otoño tengo que mirar las fotografías que he tomado de su lápida para comprobar la fecha grabada en ella, prácticamente oculta por los ramos multicolores que he ido dejando durante estos últimos cinco años. Otras veces me pongo a buscar en Google la nota necrológica que no llegué a escribir para obligarme a sentir algo que nunca se parece a lo que se supone que debería sentir.

Sin embargo, mi padre está obsesionado con las fechas. Una suerte de reloj interno emite un puntual zumbido cuando se acerca un cumpleaños, el aniversario de una muerte, una efeméride o un día festivo. La semana anterior, su mente se oscurece como por instinto y no tarda en inundarme de mensajes de Facebook en los que se lamenta de lo injusta que es la vida y me dice que yo nunca sabré lo que es perder a tu mejor amiga. Luego seguirá montando en moto por Phuket, la ciudad a la que se mudó un año después de que mi madre falleciera para llenar el vacío con playas cálidas, platos de pescado y marisco comprados en puestos callejeros y jovencitas que no saben deletrear la palabra *problema*.

Lo que parece que nunca olvido es lo que comía mi madre. Era una mujer de gustos definidos. Medio sándwich caliente de carne picada de vacuno en pan de centeno con guarnición de patatas fritas para compartir en el Terrace Cafe después de un día de compras. Un té frío sin azúcar con medio sobrecito de Splenda, un endulzante que insistía en que no añadiría a nada más. La sopa minestrone, que pedía «ardiente», no «ardiendo», con extra de caldo de Olive Garden. En ocasiones especiales, media docena de ostras crudas con salsa *mignonette* elaborada con champán y la sopa de cebolla «ardiente» del restaurante Jake's de Portland. Es posible que mi madre fuera la única persona del mundo que pedía en serio patatas fritas «ardientes» en la ventanilla de un McAuto. El *jjamppong*, una sopa picante de fideos y marisco con extra de verduras, del Cafe Seoul, al que ella siempre llamaba Seoul Cafe, trasponiendo la sintaxis de su lengua materna. Le encantaban las castañas asadas en invierno, aunque le daban unos gases horribles. Le gustaba beber cerveza suave acompañada de cacahuetes salados. Se tomaba dos copas de chardonnay casi todos los días, pero se mareaba si bebía una tercera. Comía guindillas encurtidas con la pizza. En los restaurantes mexicanos pedía jalapeños picados muy finos como guarnición. Hacía que le sirvieran los aliños aparte. Odiaba el cilantro, los aguacates y los pimientos morrones. Era alérgica al apio. Apenas comía dulces, salvo alguna que otra tarrina de Häagen-Dazs de fresa, una bolsa de gominolas de mandarina, una o dos trufas de chocolate See's en Navidad y tarta de queso con arándanos por su cumpleaños. Rara vez picaba entre horas o desayunaba. A menudo se le iba la mano con la sal.

Me acuerdo de todo esto claramente porque así era como mi madre te demostraba su amor, no por medio de mentiras piadosas y un constante reconocimiento verbal, sino tomando nota discretamente de lo que te gustaba para agasajarte con ello y hacerte sentir bien y atendido sin que te dieras cuenta. Recordaba si preferías los guisos caldosos, si el picante te sentaba mal, si aborrecías los tomates, si no probabas el marisco o si tenías buen saque. Nunca olvidaba qué *banchan* te habías terminado antes para, la siguiente vez que fueras a comer a su casa, servirte ración doble junto al resto de tus platos preferidos, esos que te hacían ser quien eras.

EN 1983, MI PADRE viajó a Corea del Sur como respuesta a un anuncio publicado en el *Philadelphia Inquirer* que simplemente decía: «Oportunidad en el extranjero». La oportunidad resultó ser un programa de formación en Seúl para vender coches usados a militares estadounidenses. La empresa le reservó una habitación en el Hotel Naija, un establecimiento emblemático del distrito de Yongsan, en el que mi madre trabajaba como recepcionista. Supuestamente, ella fue la primera coreana que conoció en su vida.

Estuvieron saliendo durante tres meses y, cuando el programa de formación terminó, mi padre le pidió a mi madre que se casara con él. A mediados de los ochenta vivieron en tres ciudades de tres países distintos: Misawa, Heidelberg y de nuevo Seúl, donde nací yo. Un año después, uno de sus hermanos mayores, Ron, le ofreció a mi padre un empleo en su empresa de corretaje de camiones. El puesto garantizaba una estabilidad que pondría fin al desarraigo intercontinental bianual de la familia, de modo que emigramos a Estados Unidos cuando yo tenía apenas un año.

Nos instalamos en Eugene (Oregón), una pequeña ciudad universitaria del noroeste del Pacífico. La localidad se asienta cerca del nacimiento del río Willamette, que se extiende casi doscientos cincuenta kilómetros hacia el norte, desde las montañas Calapooya, en las afueras del municipio, hasta su desembocadura en el río Columbia. Abriéndose paso entre montañas —la cordillera de las Cascadas al este y la cordillera de la costa de Oregón al oeste—, el río define un valle fértil en el que hace decenas de miles de años, durante la Edad de Hielo, se produjeron una serie de inundaciones que se iniciaron al suroeste del lago Missoula y llegaron hasta el este del estado de Washington, y trajeron consigo un suelo rico y una piedra volcánica que ahora apuntalan las distintas capas del terreno, unas planicies aluviales aptas para una gran variedad de cultivos.

En la propia ciudad, que abraza las orillas del río y se extiende hasta las escarpadas colinas y los bosques de pinos de la parte central de Oregón, abunda la vegetación. Las estaciones se caracterizan por sus temperaturas suaves y sus cielos grises y lloviznosos, pero los veranos son exuberantes y puros. A pesar de las incesantes lluvias, no conozco a nadie en Oregón que lleve paraguas.

Los habitantes de Eugene están orgullosos de la fecundidad de la región y ya eran unos entusiastas de los alimentos de proximidad, de temporada y ecológicos mucho antes de que se pusieran de moda. Los pescadores se afanan en los ríos, en los que pescan salmones reales salvajes en primavera y truchas arcoíris en verano, mientras que el exquisito buey del Pacífico abunda en los estuarios durante todo el año. Los agricultores de la zona se reúnen todos los sábados en el centro de la ciudad para vender sus frutas, verduras y miel ecológicas, además de hongos y bayas silvestres. La población está compuesta en su mayoría por *hippies* que protestan contra Whole Foods en favor de las cooperativas locales, llevan sandalias Birkenstock, tejen bandas para el pelo que venden en mercadillos y hacen su propia mantequilla de frutos secos. Hombres y mujeres con nombres como Herb, River, Forest o Aurora.

Cuando yo tenía diez años, nos mudamos a una casa en el bosque, a once kilómetros de la ciudad, pasados los viveros de árboles de Navidad y las rutas de senderismo del Spencer Butte Park. La propiedad incluía dos hectáreas de terreno. Allí, las bandadas de pavos salvajes vagaban entre la hierba en busca de insectos y mi padre podía pasar el cortacésped desnudo si le apetecía, pues estaba protegido por miles de pinos ponderosa y no había ningún vecino en kilómetros a la redonda. Detrás de la casa había un claro en el que mi madre plantó unos rododendros y cuyo césped cuidaba con esmero. Más allá, la tierra daba paso a unas suaves colinas de hierba dura y arcilla roja. Había un estanque artificial lleno de agua fangosa y limo blando, y salamandras y ranas que yo me dedicaba a perseguir, atrapar y liberar. Las zarzamoras crecían silvestres y, a principios de verano, durante el período de quemas agrícolas, mi padre, con unas enormes tijeras de podar, despejaba nuevos senderos entre los árboles para preparar un circuito que recorría con su moto de *motocross*. Una vez al mes prendía fuego a los montones de maleza que había acumulado; me dejaba echar el líquido para encendedores en la base y después nos quedábamos contemplando cómo ardían aquellas hogueras de casi dos metros.

A mí me encantaba nuestro nuevo hogar, pero también llegué a aborrecerlo. No había niños cerca con los que jugar, ni tiendas ni parques a los que poder ir en bicicleta. Me sentía aislada y sola, una hija única sin nadie con quien hablar o a quien recurrir, salvo mi madre.

Recluida con ella en el bosque, me sentía abrumada por el tiempo y la atención que me dedicaba, una devoción que descubrí que podía ser tan beneficiosa como asfixiante. Mi madre era ama de casa. Desde mi nacimiento, había consagrado su vida a formar un hogar y, si bien era atenta y protectora, no podría decirse que me mimara. No era lo que yo denominaría una «mamá osa», cosa que sí eran las madres de mis amigas, algo que me daba mucha envidia. Una mamá osa es alguien que muestra interés por todo lo que dice su retoño aunque le importe un comino, que te lleva al médico a la más mínima queja, que te dice

«Es porque te tienen envidia» si se burlan de ti o «Para mí eres la más guapa» incluso si no es así o «¡Me encanta!» cuando le regalas una porquería por Navidad.

Cada vez que me lastimaba, mi madre empezaba a gritar. No porque estuviera asustada, sino que, para mi desconcierto, me gritaba a mí. Cuando alguna de mis amigas se caía, su madre la levantaba y le decía que no era nada o la llevaba al médico. Los blancos se pasaban la vida en el médico. Pero, cuando yo me hacía daño, mi madre se enfadaba como si hubiera estropeado su posesión intencionadamente.

Una vez, cuando estaba trepando a un árbol del jardín, se me salió el pie de uno de los huecos en los que me apoyaba para subir, me escurrí más de medio metro y me raspé la piel de la barriga desnuda con la corteza rugosa mientras intentaba recuperar el equilibrio. Acabé cayendo desde una altura de casi dos metros y aterricé sobre el tobillo. A pesar de mi llanto, el tobillo torcido, la camisa rasgada y la tripa llena de rasguños y sangre, mi madre no me cogió en brazos ni me llevó al médico, sino que se abalanzó sobre mí como una bandada de cuervos.

—¡¿Cuántas veces mami *decir* que no trepes a ese árbol?!

—*Umma,* me parece que me he torcido el tobillo —le dije entre lágrimas—. ¡Creo que tengo que ir al hospital!

Ella se cernió sobre mi cuerpo maltrecho, gritándome sin piedad mientras yo me retorcía entre las hojas secas. Juraría que incluso me propinó algún que otro puntapié.

—¡Mamá, estoy sangrando! ¡Por favor, no me chilles!

—¡¡Vas a tener esa cicatriz siempre!! *Ay-cham when-il-eeya?!*

—Lo siento, ¿vale? ¡Lo siento!

Me disculpé una y otra vez, sollozando teatralmente. Lagrimones y lamentos entrecortados e insistentes. Repté hacia la casa impulsándome con los codos, aferrándome a las hojas secas y la tierra fría mientras arrastraba la pierna coja rígidamente hacia delante.

—*Aigo! Dwaes-suh!* ¡Ya basta!

El suyo era un amor severo como pocos. Era brutal, de una fuerza desmesurada. Un amor enérgico en el que la debilidad no tenía cabida. Un amor capaz de ver a la legua lo que me convenía, sin importar si para conseguirlo tendría que sufrir. Cuando me lastimaba, mi madre lo sentía tanto que parecía que era a ella a quien le dolía. Su única culpa era preocuparse demasiado. De eso me doy cuenta ahora, al echar la vista atrás. No había nadie en el mundo que me quisiera tanto como mi madre, y ella no permitía que lo olvidara.

—¡Deja de llorar! Guárdate el llanto para cuando tu madre muera.

Este era un dicho habitual en mi casa. En lugar de las frases hechas del inglés que nunca aprendió, empleaba algunas de su cosecha. «Mamá es la única que te dirá la verdad porque mamá es la única que te quiere de verdad». Una de las primeras cosas que recuerdo es a mi madre explicándome que todos debíamos «guardarnos el diez por ciento de nosotros mismos». Lo que quería decir era que, con independencia de lo mucho que creyeras que amabas a alguien o que pensaras que te amaban, jamás debías entregarte por entero. Guárdate el diez por ciento, siempre, para que tengas algo en lo que ampararte. «Yo lo hago incluso con papá», añadió.

MI MADRE SIEMPRE ESTABA tratando de convertirme en la versión más perfecta de mí misma. Cuando era un bebé, me pellizcaba la nariz porque le preocupaba que fuera demasiado chata. Durante la escuela primaria, temía que fuera demasiado bajita, así que todas las mañanas, antes de ir a clase, insistía en que me agarrara a los barrotes del cabecero de la cama y estirara las piernas para alargarlas. Si fruncía el ceño o sonreía demasiado, me alisaba la frente con los dedos y me ordenaba que dejara «de hacer arrugas». Si caminaba encorvada, me colocaba la palma de la mano entre los omóplatos y me decía: «Ukgae pee-goo!». ('¡Hombros rectos!').

Estaba obsesionada con el físico y se pasaba horas viendo el canal de la teletienda. Hacía pedidos de acondicionadores para el cabello, dentífricos especiales y tarros de exfoliantes de aceite de caviar, sérums, hidratantes, tónicos y cremas antiarrugas. Creía en los artículos de la teletienda con el celo de un teórico de la conspiración. Si cuestionabas la legitimidad de un producto, saltaba en su defensa. Estaba completamente convencida de que el dentífrico Supersmile aclaraba los dientes cinco tonos y de que el juego de tres cremas para el cuidado de la piel Dr. Denese's Beautiful Complexion te quitaba diez años de encima. La superficie del mueble de su baño estaba llena de tarros de cristal y frascos tintados cuyo contenido aplicaba, restregaba, masajeaba y extendía sobre su rostro como parte de una rutina de cuidado facial de diez pasos que incluía una varita de microcorriente para electrocutar las arrugas. Desde el pasillo, todas las noches oía el golpeteo de las palmas contra las mejillas y el zumbido del dispositivo eléctrico que supuestamente le cerraba los poros mientras se aplicaba una capa de crema tras otra.

Mientras tanto, las cajas de tónico Proactiv se acumulaban debajo del lavabo de mi cuarto de baño y las cerdas del cepillo limpiador Clarisonic permanecían secas y casi sin usar. Era demasiado impaciente para seguir cualquiera de las rutinas que mi madre trataba de imponerme, lo que daba lugar a discusiones que se intensificarían a lo largo de mi adolescencia.

Su perfección era exasperante; su meticulosidad, un completo misterio. Podía tener una prenda durante diez años y parecía que nunca la hubiera usado. Jamás veías una pelusa en su abrigo, una bolita en sus jerséis o un rasguño en sus zapatos de charol, mientras que yo no hacía más que recibir reprimendas por estropear o perder hasta mis pertenencias más preciadas.

Ese mismo esmero lo aplicaba también a la casa, que mantenía impoluta. Pasaba el aspirador a diario y una vez a la semana me hacía limpiar todos los zócalos con un plumero mientras ella rociaba los suelos de madera con aceite y luego los frotaba con un paño. Vivir con mi padre y conmigo debía de ser como vivir con dos bebés gigantes empeñados en destruir su mundo perfecto. A menudo, estallaba por cualquier nimiedad y nosotros mirábamos a nuestro alrededor sin tener ni idea de qué estaba sucio o mal colocado. Si alguno de los dos derramaba algo sobre la alfombra, mi madre reaccionaba como si le hubiéramos prendido fuego. Lanzaba un alarido acongojado, se apresuraba a coger los aerosoles limpiadores de alfombras de la teletienda de debajo del fregadero y nos empujaba a un lado por miedo a que extendiéramos la mancha. Nosotros, avergonzados, nos quedábamos mirando como dos idiotas mientras ella rociaba y limpiaba nuestros errores.

El riesgo aumentó cuando mi madre empezó a coleccionar objetos preciosos y delicados. Cada colección tenía un lugar especial en la casa, en el que se exponía con esmero: las teteras en miniatura decoradas de Mary Engelbreit, en las estanterías del pasillo; las bailarinas de porcelana (a la que estaba en la tercera posición le faltaban dos dedos, un recordatorio diario de las consecuencias de mi torpeza), en el aparador de la entrada; en los alféizares de la cocina, unas casitas holandesas azules y blancas que en realidad eran botellas de ginebra, dos o tres de las cuales tenían los corchos hundidos como consecuencia de alguna borrachera de mi padre que ella no quería que olvidara. Figuritas de animales de cristal de Swarovski sobre los estantes de cristal del armario del salón. Cada cumpleaños y Navidad, un nuevo cisne, puercoespín o tortuga rutilante encontraba su lugar en la pared y contribuía a la luz prismática que se proyectaba en la estancia a primera hora de la mañana.

Sus normas y sus expectativas eran abrumadoras y, sin embargo, si me alejaba de ella, me sentía sola y abúlica. De modo que pasé la infancia dividida entre dos impulsos: o me comportaba como un chicazo, lo que daba lugar a sus reprimendas, o bien me aferraba a ella, desesperada por complacerla.

A veces, cuando mis padres me dejaban en casa con una niñera, colocaba todas sus figuritas de animalitos en una bandeja, las lavaba cuidadosamente en el fregadero con lavavajillas y luego las secaba con toallas de papel. Quitaba el polvo de las estanterías de cristal, las limpiaba con Windex y después volvía a colocar las figuritas de memoria, con la esperanza de que mi madre me recompensara con su afecto cuando regresara.

Desarrollé esta obsesión por la limpieza como una suerte de ritual protector que llevaba a cabo cuando me sentía mínimamente abandonada, un supuesto que atormentaba mi joven imaginación. Las pesadillas me perseguían y la posibilidad de que mis padres murieran me volvía paranoica. Imaginaba que unos ladrones entraban en casa y visualizaba su asesinato con horrible detalle. Si salían de fiesta y tardaban demasiado en volver, estaba segura de que habían tenido un accidente de coche. A menudo soñaba que se encontraban atrapados en un atasco y mi padre, impaciente, tomaba un atajo y el coche se salía del puente de la calle Ferry y caía al río Willamette, donde ambos se ahogaban al no poder abrir las puertas debido a la presión del agua.

A juzgar por la reacción positiva al episodio semanal del plumero y los zócalos, llegué a la conclusión de que, si mi madre encontraba la casa aún más limpia cuando regresara, me prometería que no volvería a dejarme sola. Un patético intento de ganarme su favor. Una vez, durante unas vacaciones en Las Vegas, me dejaron sola en el hotel durante unas horas para ir a los casinos a jugar, horas que pasé ordenando la habitación, organizando su equipaje y limpiando todas las superficies con una toalla de mano. Estaba deseando que volvieran para que vieran lo que había hecho. Me senté en mi cama con ruedas y me quedé mirando la puerta, esperando para verles la cara, sin saber que el servicio de limpieza vendría a la mañana siguiente. Cuando regresaron y no repararon en los cambios, los cogí de la mano y los arrastré por la habitación para mostrarles mis buenas obras, una por una.

ESTABA DESESPERADA POR ENCONTRAR más oportunidades de ese tipo para lucirme y en mi búsqueda descubrí que nuestro común aprecio por la comida coreana no solo reforzaba el vínculo entre madre e hija, sino que era también una manera sencilla de ganarme su aprobación. Fue en la lonja de pescado de Noryangjin, durante unas vacaciones de verano en Seúl, donde esta idea caló en mí de verdad. Noryangjin es un mercado mayorista en el que se puede elegir todo tipo de pescado y marisco vivo de los tanques de los diferentes vendedores y hacer que lo envíen a los restaurantes de la planta superior, donde lo preparan de distintas maneras. A mi madre y a mí nos acompañaban sus dos hermanas, Nami y Eunmi, que habían comprado varios kilos de orejas de mar, vieiras, pepino de mar, pez limón, pulpo y cangrejo real para tomarlos crudos o cocidos en caldos picantes.

Arriba, nuestra mesa se llenó inmediatamente de *banchan,* distribuidos alrededor del hornillo de butano en el que se cocinaría el guiso. Lo primero que nos sirvieron fue el *sannakji,* pulpo vivo de largos brazos y patas. Un plato rebosante de tentáculos grises y blancos que se retorcían ante mí, recién separados de la cabeza, con todas las ventosas aún palpitantes. Mi madre cogió uno, lo mojó en *gochujang* y vinagre, se lo colocó entre los labios y lo masticó. Me miró y me sonrió al ver mi cara de estupefacción.

—Pruébalo —me dijo.

En comparación con otros aspectos de mi educación, mi madre no era muy estricta en lo concerniente a la comida. Si no me gustaba algo, no me obligaba a comerlo, como tampoco me obligaba a terminarme ningún plato. Creía que la comida debía disfrutarse y que seguir comiendo cuando estabas saciado era un desperdicio. Solo tenía una regla: debías probarlo todo.

Ansiosa por complacerla e impresionar a mis tías, atrapé con los palillos la pata más viva que encontré, la mojé en la salsa como había hecho mi madre y me la metí en la boca. Estaba salada, ácida y dulce, con un toque picante de la salsa, y muy muy correosa. La mastiqué tantas veces como pude antes de tragarla porque temía que se me adhiriera a las amígdalas con las ventosas.

—¡Muy bien, cielo!

—*Aigo yeppeu!* ('¡Esa es nuestra niña bonita!') —exclamaron mis tías.

Mi familia alabó mi valor, yo irradiaba orgullo, y algo de ese momento me abrió los ojos. Me di cuenta de que, aunque me costaba portarme bien, podía destacar por mi arrojo. Empecé a hallar placer en sorprender a los adultos con mi refinado paladar y causar espanto a mis inexpertos amigos con lo que descubriría que son algunos de los mejores regalos de la naturaleza. A los diez años había aprendido a trocear un bogavante entero con las manos y un cascanueces. Devoraba tartares de ternera, patés, sardinas y caracoles asados con mantequilla y cubiertos de ajo. Probé las ostras, el pepino de mar y la oreja de mar crudos. Algunas noches, mi madre asaba sepia seca en un hornillo en el garaje y la servía con un cuenco de cacahuetes y una salsa de pasta de guindilla roja mezclada con mayonesa japonesa. Mi padre cortaba la sepia en tiras y nos la comíamos mientras veíamos la televisión hasta que nos dolía la mandíbula. Recuerdo que yo ayudaba a que pasara dando unos sorbitos a la Corona de mi madre.

Mis padres no se graduaron en la universidad. Yo no me crie en un hogar lleno de libros ni discos. De pequeña no tuve contacto alguno con el arte ni me llevaron a ningún museo ni al teatro. Mis padres no sabían qué libros debía leer ni qué películas extranjeras debía ver. No me regalaron una edición antigua de *El guardián entre el centeno* cuando era preadolescente ni ningún vinilo de los Rolling Stones ni ningún tipo de material didáctico del pasado que pudiera ayudarme a alcanzar la madurez cultural. Pero mis padres eran sofisticados a su manera. Habían visto mucho mundo y se habían zambullido en él. Lo que les faltaba de cultura elitista lo compensaban gastando su dinero, ganado con tanto esfuerzo, en los manjares más exquisitos. Mi infancia estuvo repleta de sabor: morcilla, intestinos de pescado, caviar. Les encantaba la buena comida, prepararla, buscarla, compartirla, y yo era una invitada de honor en su mesa.

3

Doble párpado

CADA DOS VERANOS, MIENTRAS mi padre se quedaba trabajando en Oregón, mi madre y yo poníamos rumbo a Seúl, donde pasábamos seis semanas con su familia.

A mí me encantaba ir a Corea. Me encantaba estar en una gran ciudad y vivir en un piso. Me encantaba la humedad y el olor de las calles, aun cuando mi madre me decía que se debía a la basura y la contaminación. Me encantaba caminar por el parque que había delante del edificio en el que vivía mi abuela, el sonido de miles de *maemi* que surcaban el aire, el rechinar de sus alas de cigarra mezclado con el ruido del tráfico nocturno.

Seúl era todo lo contrario a Eugene, donde vivía aislada en el bosque a más de diez kilómetros de la ciudad, a merced de mi madre para que me llevara y me trajera. El piso de mi *halmoni* se encontraba en Gangnam, un bullicioso barrio ubicado en la orilla sur del río Han. Pasado el parque, había un pequeño centro comercial con una papelería, una juguetería, una panadería y un supermercado al que podía ir sola.

Desde pequeña me han gustado los supermercados. En Seúl me entretenía escudriñando los fascinantes y llamativos envoltorios de las distintas marcas. Me gustaba acariciar los productos e imaginar sus infinitas posibilidades y combinaciones. Podía pasarme horas inspeccionando los congeladores, rebosantes de cremosos helados de melón y dulces polos de judías rojas, o deambulando por los pasillos en busca de las bolsitas de plástico de leche de plátano que tomaba cada mañana con mi primo Seong Young.

Cuando mi madre y yo íbamos de visita, en el piso de tres habitaciones de mi *halmoni* nos alojábamos seis personas. No podías caminar ni un metro sin chocar con alguien. Seong Young dormía al lado de la cocina, en un cuartito del tamaño de un armario en el que solo había espacio para un minúsculo televisor cuadrado, su PlayStation y un pequeño futón, colocado bajo un estante de ropa, frente al póster de Mariah Carey que mi primo había pegado en la puerta.

Seong Young era hijo de Nami Emo y mi único primo por parte de madre. Sus padres se divorciaron poco después de que él naciera y, mientras Nami trabajaba, se quedaba al cargo de nuestra abuela en una casa llena de mujeres. Me llevaba siete años y era alto y fuerte, pero, a pesar de su tamaño, sus movimientos eran desganados, apocados y afeminados. De adolescente, era muy tímido y vivía angustiado por la presión de los estudios y su inminente reclutamiento para cumplir los dos años de servicio militar, obligatorio para los hombres en Corea del Sur. Tenía acné y se esforzaba por controlarlo aplicándose toda clase de limpiadores faciales y pomadas, hasta el punto de que se lavaba la cara únicamente con agua embotellada.

Yo adoraba a Seong Young y me pasaba los veranos pegada a él. Era un chico muy dulce y paciente conmigo, que nunca se quejaba cuando me aferraba a sus piernas y a su espalda y, pese al húmedo calor estival, lo obligaba a cargar conmigo mientras el sudor le caía por la cara y le empapaba la camisa, ni cuando le rogaba que me persiguiera por los veintitrés tramos de escaleras que llevaban al piso de nuestra *halmoni*.

El dormitorio de Nami Emo se encontraba al otro lado de la cocina, junto al balconcito que daba a la calle. Tenía un gran tocador de color jade, en cuya superficie descansaban cien tipos distintos de esmalte de uñas. Nada más llegar, me pedía que eligiera un color y, tras una minuciosa deliberación por mi parte, me pintaba las uñas sobre unas hojas de periódico. Cuando terminaba, las rociaba con un aerosol endurecedor especial para que se secaran antes. El líquido hacía espuma sobre las cutículas, como si alguien hubiera estornudado hielo seco en las puntas de mis dedos, y luego desaparecía.

Nami Emo era también la mejor lectora de cuentos del mundo. Al igual que mi abuelo, había trabajado como actriz de doblaje en documentales y episodios de anime que Seong Young y yo veíamos una y otra vez en VHS. Por la noche, me leía los libros de Sailor Moon en coreano y hacía todas las voces. Daba igual que no pudiera traducir los capítulos al inglés; tenía una voz flexible y podía pasar sin dificultad de la carcajada de una reina malvada a la frase favorita de una heroína intrépida, continuar con los consejos de una torpe compañera de fatigas y terminar con el arrullo galante de un apuesto príncipe.

Cuando yo tenía unos ocho años, Nami Emo empezó a salir con el señor Kim, a quien yo llamaría Emo Boo después de que se casaran. Emo Boo lucía un gran tupé negro con un mechón blanco como el de Pepe Le Pew. Practicaba la medicina china y dirigía su propia clínica, en la que secaba, mezclaba y exprimía ingredientes naturales para elaborar medicamentos herbales. Para mi madre, Emo Boo era una nueva baza en su eterna lucha para que yo alcanzara la perfección. Todas las mañanas, Emo Boo venía a casa y me preparaba una infusión especial de hierbas que favorecía el crecimiento y, mientras se hacía, me clavaba agujas de acupuntura en la cabeza para estimular la actividad cerebral y que rindiera más en clase.

Dicha infusión, que era de color verde oscuro, olía a una mezcla de regaliz negro y bálsamo de tigre. Sabía a cáscara de fruta empapada en agua lacustre turbia y era la cosa más amarga que había probado en la vida. Todos los días me tapaba la nariz e intentaba tomar la mayor cantidad posible de aquel brebaje caliente antes de que me sobrevinieran las arcadas. Años más tarde, cuando ya había cumplido los veinte, me di cuenta de que sabía igual que el amaro italiano que triunfaba entre los trabajadores del sector servicios: el fernet.

La habitación de Eunmi Emo estaba frente a la de Nami. Eunmi era la hermana menor y la única que había ido a la universidad. Estudió Filología Inglesa y se graduó entre las mejores de su clase, de modo que ejercía de intérprete cuando mi madre se cansaba y quería relajarse hablando en su lengua materna. Era solo unos años más joven que mi madre, pero quizá porque nunca se había casado ni había tenido novio, parecía más una compañera de juegos que una adulta responsable. Yo estaba casi siempre con ella y con Seong Young, rebuscando en sus respectivas colecciones de CD y rogándoles que me acompañaran a las papelerías del barrio para ver los artículos decorados con los personajes coreanos que estuvieran de moda ese año: las Pajama Sisters, Blue Bear o Mashimaro, el depravado conejo que llevaba un desatascador en la cabeza.

Mi madre y yo dormíamos en un futón en la sala de estar, de espaldas a las puertas correderas de cristal. A mí no me gustaba dormir sola y me encantaba poder hacerlo con ella sin necesidad de una excusa. A las tres de la madrugada seguíamos dando vueltas en la cama, torturadas por el *jet lag*, hasta que mi madre me susurraba: «Vamos a ver qué tiene tu *halmoni* en la nevera». En casa, me regañaban si me pillaban hurgando en la despensa pasadas las ocho, pero, en Seúl, mi madre se comportaba como una niña traviesa. Abríamos todos los recipientes de *banchan* caseros sobre la encimera y nos los zampábamos de pie en la oscuridad azul de la húmeda cocina. Dulces habas de soja negra braseadas, crujientes brotes de soja amarilla con cebolletas y aceite de sésamo, y un agrio y jugoso *kimchi* de pepino, todo ello acompañado de cucharadas de *kong bap* de lavanda caliente que cogíamos directamente de la arrocera. Tratábamos de sofocar la risa mientras comíamos *ganjang gejang* con la mano: succionábamos el caparazón del salado y rico cangrejo crudo, extraíamos la carne de las cavidades con la lengua y nos chupábamos los dedos manchados de salsa de soja. Mientras mordisqueaba una hoja de perilla marchita, mi madre decía: «Así es como *sé* que eres una auténtica coreana».

Mi madre pasaba casi todas las tardes en la habitación de mi *halmoni*. De vez en cuando, yo las observaba desde la puerta: mientras mi madre veía tranquilamente concursos coreanos tumbada en un colchón duro en el suelo, mi abuela se fumaba un cigarrillo tras otro o pelaba peras asiáticas con un cuchillo grande sin que la piel se rompiera. Luego apuraba el corazón para no desperdiciar nada, mientras que mi madre se comía los pedazos perfectamente cortados, como hacía yo cuando ella me preparaba la fruta en casa. Nunca se me ocurrió que estuviera tratando de compensar todos los años que había pasado lejos, en Estados Unidos. Incluso me costaba comprender que esa mujer fuera la madre de mi madre, por lo que no podía imaginar que yo acabaría tomando su relación como modelo de la mía con mi madre.

Mi abuela me daba miedo. Hablaba de manera brusca y escandalosa y, como solo sabía unas quince palabras en inglés, parecía que siempre estaba enfadada. En las fotos nunca sonreía y su risa era como una carcajada que terminaba en fuertes carraspeos y toses. Era encorvada como el mango de un paraguas y siempre llevaba pantalones de pijama de cuadros y camisas de telas brillantes y ásperas. Pero lo que yo más temía era un arma que blandía con orgullo: el *ddongchim*. La traducción literal de *ddongchim* es 'aguja de caca'. Consiste en unir las manos como si fueran una pistola, con los índices juntos para formar una aguja que se introduce en un ano desprevenido. Aunque suene horrible, es una broma bastante habitual en Corea, como lo de tirar de la ropa interior hacia arriba en Estados Unidos, y no una forma peculiar de abuso sexual. No obstante, a mí ese gesto me aterraba. Cada vez que mi abuela andaba cerca, me escondía detrás de mi madre o de Seong Young o me escabullía con el trasero pegado a la pared para evitar que me metiera los índices en los pantalones, riéndose a carcajadas, y después se hiciera la sorprendida ante mi desconcierto y mi pavor.

A mi *halmoni* le encantaba fumar, beber y jugar, pero lo que más le gustaba era hacer esas tres cosas en torno a una baraja de *hwatu*. Los *hwatu* son unas tarjetitas de plástico duro del tamaño de una caja de cerillas. El dorso es de un rojo vivo y satinado, y la cara está decorada con coloridas ilustraciones de animales, flores y hojas. Se utilizan para jugar a un juego llamado *godori*, o *go-stop*, cuyo objetivo es emparejar las cartas que tienes en la mano con las que están sobre la mesa. Las rosas van con las rosas, los crisantemos con los crisantemos, y cada conjunto vale una determinada cantidad de puntos. Una pareja de lazos vale un punto, una combinación de tres cartas de pájaros, cinco. Cinco *kwang*, unas cartas que están marcadas con un circulito rojo y la palabra *brillante* escrita en chino, valen nada más y nada menos que quince puntos. Cuando consigues tres puntos, puedes decidir si «ir» para tratar de ganar más dinero, con lo que corres el riesgo de que otro jugador supere tu puntuación, o «parar», esto es, dejar de jugar y recoger tus ganancias.

Casi todas las noches, mi abuela extendía su tapete de fieltro verde, cogía la cartera, un cenicero y unas cuantas botellas de *soju* y cerveza, y las mujeres se ponían a jugar. El *godori* no es como otros juegos de cartas; en él no hay momentos tranquilos de preparación, análisis, estrategias audaces ni resoluciones meditadas. Al menos en mi familia, las partidas eran estrepitosas y rápidas. Mi madrina, Jaemi, levantaba el brazo un metro antes de estampar su carta, el dorso de plástico rojo sobre la cara de su pareja, contra la mesa con un sonoro ¡zas! Todas gritaban «Ppeok!» y «Joh tah!» después de cada turno entre el tintineo de las pequeñas torres plateadas de wones que crecían y menguaban a lo largo de la velada.

Mientras ellas jugaban al *godori*, yo hacía de camarera. Normalmente, cuando beben, los coreanos comen unos aperitivos conocidos con el nombre general de *anju*. Vaciaba bolsas de calamares secos, cacahuetes y galletitas saladas en distintos platos y se los servía a mis tías y a mi madrina. Les llevaba más cerveza y rellenaba los vasos de *soju* o les daba un masaje coreano, que, en lugar de presionar y frotar los hombros, consiste en un golpeteo constante en la espalda con la base de los puños. Cuando terminaban de jugar, me daban una propina de sus ganancias y yo pasaba mis dedos codiciosos por el relieve de la cara barbuda de Yi Sun-Sin de una moneda de cien wones o, si tenía suerte, por el de la grulla argentada de una de quinientos.

EN CADA VISITA, VEÍAMOS a mi abuelo una vez, siempre en el mismo restaurante chino, el Choe Young Loo. Era un hombre alto y delgado, de mandíbula cuadrada y rasgos delicados pero masculinos. En su juventud, llevaba el pelo negro peinado hacia atrás en un tupé elegante y realzaba su figura con pañuelos de colores y chaquetas de diseño entalladas. Era un famoso actor de voz, conocido por su papel de rey Sejong en una popular serie radiofónica, por lo que, cuando mi madre era pequeña, la familia disfrutaba de un buen nivel de vida. Fueron los primeros de su calle en tener un televisor en color y los niños del barrio se congregaban junto a la valla de su jardín trasero para ver a través de la ventana del salón lo que estuvieran emitiendo.

Mi abuelo tenía el porte de una estrella de cine, pero le costaba memorizar los diálogos. A medida que la popularidad de la televisión aumentaba, su carrera empezó a declinar. Mi madre decía que mi abuelo tenía lo que los coreanos denominan un «oído fácil», es decir, que se dejaba convencer fácilmente de cualquier cosa. Tras una serie de inversiones poco acertadas, perdió todos los ahorros de la familia cuando mi madre apenas había terminado la escuela primaria.

Para llegar a fin de mes, mi abuela vendía joyas artesanales en mercadillos. Entre semana, cocinaba grandes cantidades de *yukgaejang*, una sopa picante de carne desmenuzada, con kilos de pecho de vacuno, raíz de helecho, rábanos, ajo y brotes de soja, que repartía en bolsitas de plástico y vendía a los oficinistas a la hora del almuerzo.

Con el tiempo, mi abuelo dejó a mi abuela por otra mujer y renegó de la familia. Años más tarde volvió a acercarse a sus hijas, pero solo para pedirles dinero. Después de la cena, cuando mi *halmoni* no miraba, mi madre le pasaba un sobre y me pedía que no dijera nada.

En el restaurante chino, Nami Emo reservaba una sala con una gran mesa, que tenía un botón que parecía una canica para llamar al camarero, sobre la que había otra giratoria enorme con jarritas de porcelana llenas de vinagre y salsa de soja. Pedíamos un decadente *jjajangmyeon*, un montón de empanadillas en un rico caldo, *tangsuyuk* de cerdo con setas y pimientos, y *yusanseul*, pepino de mar gelatinoso con calamares, gambas y calabacín. Mi abuela se fumaba un cigarrillo tras otro en uno de los extremos de la mesa mientras observaba en silencio cómo su marido se ponía al día con las hijas a las que había abandonado.

En el entresuelo, Seong Young me llevaba a ver un acuario de dos metros de largo en el que había una cría de caimán. Permaneció allí año tras año, parpadeando somnolienta, hasta que creció tanto que no podía moverse ni un centímetro, y luego desapareció.

En el transcurso de una de esas visitas bienales, cuando tenía doce años y mi debilitante inseguridad se aproximaba a su punto álgido, hice un agradable descubrimiento: en Seúl era guapa. Allá adonde íbamos, los desconocidos me trataban como si fuera una especie de celebridad. Las señoras mayores paraban a mi madre en las tiendas y le decían: «¡Qué carita más pequeña tiene!».

—¿Por qué todas las *ajummas* dicen eso? —le pregunté a mi madre.

—A los coreanos les gustan las caras pequeñas —me contestó—. Quedan mejor *en fotografías*. Por eso cuando nos hacemos una foto de grupo todo el mundo echa la cabeza hacia atrás. LA Kim siempre *empujar* la mía hacia delante.

LA Kim era una de las amigas más antiguas de mi madre (se habían conocido en el instituto), una mujer grandota y jovial que a menudo hacía la broma de estirar el cuello para que, gracias a la profundidad de campo, su cara pareciera más pequeña en las fotos.

—Y también les gusta el doble párpado —añadió mi madre, dibujando una línea entre su ojo y la ceja.

Yo nunca me había fijado en que los párpados de mi madre no tenían pliegue, sino que eran un trozo de piel tersa y lisa. Busqué un espejo para mirarme.

Era la primera vez que me alegraba de haber heredado algo de mi padre (cosa que no me ocurría con sus dientes torcidos y la pronunciada separación entre la nariz y la boca). Yo quería parecerme a mi madre cuando fuera mayor, tener una piel perfecta y suave y tres o cuatro pelos en las piernas que pudiera arrancarme con una pinza, pero, en ese momento, lo que más deseaba era tener doble párpado.

—¡Lo tengo! ¡Tengo el doble párpado!

—Muchas mujeres coreanas se operan para tenerlo —dijo mi madre—. Eunmi y Nami Emo lo han hecho, pero no les digas que te lo he contado.

Debería haberme dado cuenta de que la actitud de mi madre —su obsesión por la belleza, su gusto por las marcas y todas las horas que dedicaba al cuidado facial— no obedecía a un capricho superficial, sino que era un rasgo cultural. Hoy en día, Corea del Sur tiene la mayor tasa de operaciones de estética del mundo; se estima que una de cada tres mujeres en la veintena se ha sometido a algún tipo de cirugía, una circunstancia que tiene su origen en el idioma y las costumbres del país. Cada vez que me terminaba un plato o me inclinaba correctamente ante mis mayores, mi familia decía: «Aigo yeppeu». *Yeppeu*, 'guapa', era una palabra que se empleaba con frecuencia como sinónimo de *buena* o *educada*, y esta combinación de beneplácito moral y estético supuso para mí una iniciación temprana en el valor de la belleza y las recompensas que ofrece.

Entonces yo no contaba con recursos para analizar el origen de mi complicado deseo de blancura. En mi colegio, en Eugene, no había muchos niños mestizos, y la mayoría de la gente me veía como asiática. Eso me hacía sentir incómoda e indigna. Lo cierto es que nadie me hizo nunca un cumplido por mi aspecto. En Seúl, la mayoría de los coreanos me tomaban por blanca hasta que mi madre se ponía a mi lado y veían a la mitad de ella fusionada en mí, lo que hacía que tuviera sentido para ellos. De repente, mi aspecto «exótico» era algo digno de alabanza.

Esa misma semana, este glamuroso descubrimiento alcanzó nuevas cotas de legitimación cuando Eunmi nos llevó a todos a visitar la Aldea Folclórica de Corea, un museo viviente ubicado al sur de Seúl en el que unas réplicas de casas antiguas con tejado de paja flanqueaban unos caminos de tierra en los que había cientos de *hangari*, con guindillas rojas secándose a su lado en esteras de lana, y, aquí y allá, actores ataviados con trajes tradicionales hacían de campesinos y de miembros de la dinastía Joseon.

Dio la casualidad de que ese día estaban rodando unas escenas de una serie coreana de época. Entre toma y toma, el director se fijó en mí y envió a su ayudante a hablar con mi madre. Ella asintió con la cabeza educadamente y cogió una tarjeta de visita. Cuando el ayudante se marchó, se echó a reír con sus hermanas.

—¿Qué ha dicho, *umma*?

—Me ha preguntado qué talentos tienes.

En mi mente me vi convertida en un ídolo coreano: mi futuro yo dando vueltas marcando abdominales junto a otras cuatro estrellas del k-pop con camisetas de diseño a juego, burbujas de dibujos animados apareciendo en las entrevistas que me harían en televisión, hordas de adolescentes congregándose alrededor de mi limusina.

—¿Qué le has contestado?

—Que no hablas coreano y que vivimos en Estados Unidos.

—¡Puedo aprender! ¡Mamá! Si me quedara en Corea, ¡podría ser famosa!

—Nunca serías famosa aquí porque nunca serías la muñeca de nadie —dijo ella.

Me rodeó con un brazo y tiró de mí hacia su cadera. Un cortejo nupcial pasó lentamente a nuestro lado con sus coloridos trajes tradicionales. El novio lucía un *gwanbok* granate y un rígido sombrero negro de bambú y crin de caballo con una prolongación de seda fina a cada lado. La novia iba vestida de azul y rojo, con un elaborado abrigo de seda sobre el *hanbok*, cuyas largas mangas se unían por delante como un manguito. En las mejillas llevaba pintados unos círculos rojos.

—Si ni siquiera te gusta que mamá te diga que te pongas un sombrero.

Esa era mi madre, siempre diez pasos por delante. En un abrir y cerrar de ojos se imaginó una vida de soledad y dietas, en la que distintos batallones de hombres y mujeres me peinaban, me maquillaban, elegían mi vestuario y me indicaban qué decir, cómo moverme y qué comer. Ella sabía que lo mejor era coger la tarjeta y marcharse.

Así pues, mis esperanzas de convertirme en un ídolo coreano se evaporaron, pero durante un instante fui guapa en Seúl, tal vez incluso lo suficiente como para poder ser una celebridad menor. De no ser por mi madre, podría haber acabado como ese caimán que tenían de mascota en el restaurante chino. Encerrada y observada en su lujoso confinamiento, eliminada sin miramientos en cuanto fuera demasiado vieja para exhibirme en el acuario.

El tiempo que pasé con todas aquellas mujeres y mi primo fue como un sueño ideal que terminó cuando mi *halmoni* falleció. Yo tenía catorce años y no podía faltar a clase, así que me quedé en casa cuando mi madre voló a Seúl para estar con ella en el hospital. Mi abuela murió el día que llegó, como si la hubiera esperado para estar rodeada de sus tres hijas. En su dormitorio había dejado preparado, envuelto en un paño de seda, todo lo necesario para el funeral. El traje con el que quería ser incinerada, la fotografía enmarcada que quería que colocaran sobre su ataúd y el dinero para los gastos.

Cuando mi madre volvió a casa, estaba destrozada. Soltó un gemido inconfundiblemente coreano y empezó a gritar «Umma, umma» entre sollozos, derrumbada en el suelo de la sala de estar, con la cabeza apoyada en el regazo de mi padre, que, sentado en el sofá, lloraba con ella. Asustada, los observé tímidamente desde la distancia, como había observado a mi madre y a su madre en la habitación de mi *halmoni*. Nunca había visto a mi madre expresar sus emociones de una manera tan visceral. Nunca la había visto perder el control como si fuera una niña. Entonces era incapaz de comprender la inmensidad de su dolor. Todavía no estaba en el otro lado, no sabía lo que era sufrir una pérdida de ese calibre. No se me ocurrió que podría sentirse culpable por todos los años que había pasado lejos de su madre, por haberse marchado de Corea. Desconocía las palabras de consuelo que probablemente anhelaba como las anhelo yo ahora. En ese momento no comprendía el gran esfuerzo que puede suponer simplemente moverse.

En esos instantes, en lo único que podía pensar era en las últimas palabras que mi abuela me había dicho antes de que mi madre y yo volviéramos a Estados Unidos: «De pequeña eras una cobardica. Nunca me dejabas limpiarte el culo». Después soltó una sonora carcajada y me dio una palmada en el trasero y un huesudo abrazo de despedida.

4

Estilo de Nueva York

CUANDO ME ENTERÉ DE que mi madre estaba enferma, hacía cuatro años que había terminado la universidad y era consciente de que desde entonces no había hecho casi nada de provecho. Tenía un grado en Escritura Creativa y Cine que no me servía de mucho, trabajaba en tres sitios a tiempo parcial y tocaba la guitarra y cantaba en una banda de rock llamada Little Big League, de la que nadie había oído hablar. Había alquilado una habitación por trescientos dólares al mes en el norte de Filadelfia, la misma ciudad en la que se había criado mi padre y de la que terminó huyendo a Corea del Sur cuando tenía más o menos mi edad.

Acabé en Filadelfia por pura casualidad. Como muchos jóvenes atrapados en una ciudad pequeña, primero me sobrevino el aburrimiento y después empecé a sentir que me ahogaba. En el instituto, el deseo de independencia provocado por un cortejo de insidiosas hormonas hizo que de ser una niña que no soportaba dormir sin su madre pasara a ser una adolescente que no soportaba que su madre la tocara. Cada vez que me quitaba una pelusa del jersey, me ponía la mano entre los omóplatos para que no me encorvara o me frotaba la frente con los dedos para alisar las arrugas era como si me marcara la piel con un hierro candente. De la noche a la mañana, por algún motivo, cada una de sus sugerencias, hasta la más inocente, hacían que me hirviera la sangre, y mi resentimiento y sensibilidad aumentaron hasta el punto de que explotaba por cualquier nimiedad e, incapaz de controlarme, me apartaba de ella y le gritaba cosas como: «¡No me toques!». «¿Es que no puedes dejarme en paz?». «A lo mejor me gustan las arrugas. A lo mejor quiero que algo me recuerde que he vivido la vida».

La universidad se presentó como una oportunidad prometedora de alejarme de mis padres, por lo que solicité plaza casi exclusivamente en facultades de la Costa Este. Un orientador educativo pensó que una pequeña universidad de humanidades, sobre todo una femenina, sería una buena opción para una persona como yo, caprichosa y con un deseo acuciante de llamar la atención. Visité varias de las opciones con mis padres. Los edificios de piedra de Bryn Mawr, que se alzaban frente a los primeros indicios del otoño de la Costa Este, parecían estar a la altura de la imagen ideal de lo que siempre habíamos creído que debía ser una experiencia universitaria.

Fue una especie de milagro que me aceptaran, ya que había aprobado el bachillerato por los pelos. Durante el último año de instituto tuve una crisis nerviosa que redundó en absentismo escolar, terapia y medicación, y en la certeza de mi madre de que todo ello obedecía a mi afán por fastidiarla, pero de alguna manera logré superar el bache. Bryn Mawr fue buena para ambas e incluso me gradué con matrícula de honor y me convertí en el primer miembro del núcleo familiar en obtener un título universitario.

Decidí quedarme en Filadelfia por comodidad y porque era una ciudad barata, además de porque estaba convencida de que Little Big League podría llegar a triunfar. Pero habían pasado cuatro años y ni la banda había triunfado ni había nada que indicara que algún día fuera a salir del anonimato. Hacía unos meses que me habían despedido del restaurante mexicano de fusión en el que había trabajado como camarera durante algo más de un año, el empleo que más me había durado. Trabajaba allí con mi novio, Peter, a quien le había conseguido el puesto con la esperanza de que acabáramos siendo algo más que amigos, lo que a esas alturas parecía casi imposible, pero, cuando por fin dio el paso, me despidieron y a él lo ascendieron. Cuando llamé a mi madre en busca de un poco de compasión, ya que no podía creerme que hubieran decidido prescindir de una empleada tan trabajadora y encantadora como yo, me contestó: «Bueno, Michelle, cualquiera puede llevar una bandeja».

Desde entonces, trabajaba tres mañanas a la semana en la tienda de cómics de un amigo en Old City; los otros cuatro días, como ayudante de *marketing* en una distribuidora de cine cuyas oficinas se encontraban en Rittenhouse Square, y las noches de los fines de semana, en un karaoke y restaurante de *yakitori* en Chinatown, todo ello con el fin de ahorrar dinero para la gira de quince días que tenía previsto hacer con la banda en agosto. El propósito de la gira era apoyar el lanzamiento de nuestro segundo álbum, que acabábamos de grabar, a pesar de que nadie le había prestado atención al primero.

Mi nuevo hogar no se parecía en nada a aquel en el que había crecido, donde todo estaba impecable y en su sitio, y el mobiliario y la decoración habían sido cuidadosamente escogidos según el criterio de mi madre. Las estanterías de nuestro salón estaban hechas de restos de madera contrachapada y bloques de hormigón que Ian, mi batería y compañero de piso, había rescatado con orgullo de un montón de basura. El sofá era una hilera de asientos que habíamos quitado de la parte trasera de la furgoneta de quince pasajeros que utilizábamos en nuestras giras.

Mi habitación estaba en el tercer piso. Al otro lado del pasillo había un balconcito que daba a un campo de béisbol en el que podíamos fumar y ver los partidos de las Ligas Menores en verano. Me gustaba que mi habitación estuviera en el último piso. El único inconveniente era que el techo del armario estaba sin terminar y tenía las vigas al descubierto, lo que nunca me molestó hasta que una familia de ardillas se instaló en el tejado y empezó a copular y a procrear. Algunas noches, Peter y yo nos despertábamos a consecuencia de sus correteos y golpeteos, algo que tampoco nos importó demasiado hasta que una de las ardillas se cayó por el hueco que había entre las paredes y, como no pudo escapar, murió lentamente de inanición. Su cadáver desprendía un hedor denso y rancio que invadió mi cuarto, lo que tampoco fue tan horrible hasta que en las entrañas de la casa se acumularon miles de gusanos que desovaron en la carne putrefacta, lo que atrajo a una plaga de moscas que nos atacó una mañana cuando abrí la puerta de la habitación.

Había terminado haciendo exactamente lo que mi madre me había advertido que no hiciera: dar pasos en falso y vivir la vida de una artista fracasada.

Ese marzo cumplí veinticinco años y en la segunda semana de mayo había empezado a inquietarme. Decidí ir a Nueva York para ver a mi amigo Duncan, a quien había conocido en la universidad y que ahora trabajaba como redactor en *The Fader*. En el fondo, albergaba la esperanza de que, cuando por fin abandonara el sueño de triunfar en la música, mi interés en el tema me abriera las puertas del periodismo musical. Tal como estaban las cosas, tenía pinta de que, ese momento iba llegar más pronto que tarde. Deven, el bajista de Little Big League, había empezado a tocar con otro grupo que estaba haciendo algunos progresos. Ese mismo fin de semana darían un concierto exclusivo para la prensa en un pequeño club del Lower East Side, lo que parecía una señal inequívoca de que Deven no tardaría en abandonarnos. Estaban, según sus palabras, a punto de convertirse en una banda «tan famosa como Jimmy Fallon». Aunque no estaba lista para reconocerlo, lo cierto es que, en parte, ese fin de semana fui a Nueva York con la intención de tantear el terreno.

La semana anterior, mi madre me había dicho que le dolía el estómago. Sabía que ese día tenía cita con el médico y por la tarde le envié varios mensajes para averiguar cómo le había ido. No era propio de ella no responder.

Cogí el autobús de Chinatown con un mal presentimiento. Mi madre había mencionado el dolor de estómago un par de meses antes, en febrero, pero en ese momento yo no le había dado mucha importancia. De hecho, le había tomado el pelo y le había preguntado en coreano si tenía diarrea: «Seolsa isseoyo?». Esa palabra nunca se me olvidaba porque se parece mucho a *salsa* y, bueno, la similitud de la textura hacía que fuera fácil de recordar.

Mi madre rara vez iba al médico, convencida de que las dolencias se pasaban por sí solas. Según ella, los estadounidenses eran demasiado precavidos y se medicaban en exceso, una creencia que me había inculcado desde la infancia. Por eso, cuando Peter se puso a morir después de comerse una lata de atún en mal estado y su madre me pidió que lo llevara a urgencias, tuve que reprimir una carcajada. En mi casa, si sufrías una intoxicación alimentaria, vomitabas y punto. La intoxicación alimentaria era un rito iniciático. No podías esperar comer bien sin correr riesgos y en mi casa sufríamos las consecuencias dos veces al año.

Para que mi madre fuera al médico, la cosa tenía que ser grave, pero nunca pensé que pudiera tratarse de una enfermedad mortal. Eunmi había fallecido de cáncer de colon apenas un par de años antes. Parecía imposible que mi madre también pudiera tener cáncer, tanto como que un rayo te alcanzara dos veces. Con todo, empecé a sospechar que mis padres me estaban ocultando algo.

El autobús llegó a última hora de la tarde. Duncan propuso que nos encontráramos en el Cake Shop, un pequeño bar del Lower East Side en cuyo sótano organizaban conciertos. Mientras caminaba por la calle Allen hacia el bar con mi mochila llena de ropa para el fin de semana, no pude evitar sentirme desaliñada e infantil.

El verano estaba a la vuelta de la esquina y la gente que salía del trabajo se despojaba de la chaqueta y se la colocaba en el antebrazo. Empecé a notar una picazón familiar. El deseo de dejarme llevar cuando los días se alargan y da gusto pasear por la ciudad a cualquier hora del día, cuando lo que te apetece es correr borracha por una calle vacía en zapatillas de deporte y olvidarte de tus responsabilidades. Pero, por primera vez, algo me decía que era mejor reprimir ese impulso. Sabía que las vacaciones de verano y los días de ocio no tardarían en ser cosa del pasado. Tenía que hacer algo con mi vida.

Llegué al bar mucho antes que Duncan, que me había avisado de que se iba a retrasar unos veinte minutos. Llamé a mi madre y no me contestó. Estaba empezando a sentirme excluida, así que le envié un mensaje de texto: «¿¿¿Qué narices pasa???». Dejé la mochila debajo de un taburete y me puse a mirar los discos que había al lado de la ventana frontal.

No es que Duncan y yo fuéramos amigos íntimos. Tenía dos años más que yo y, cuando nos conocimos, él estaba terminando la carrera en Haverford. Nuestros respectivos campus estaban conectados por varios autobuses y los alumnos de ambas universidades podían inscribirse en las clases y los clubes de cualquiera de ellas. Duncan era uno de los cinco miembros de FUCs, un grupo que se encargaba de contratar a las bandas que venían a tocar al campus. Había intercedido por mí cuando solicité mi ingreso y ahora confiaba en que volviera a echarme una mano.

Sentí que mi teléfono vibraba. Era mi madre, por fin, así que cogí la mochila y salí a la calle para atender la llamada.

—Mamá, ¿qué ocurre?

—Bueno, cariño, sabíamos que ibas a pasar el fin de semana en Nueva York —me contestó—. Queríamos esperar a que volvieras a Filadelfia. A que estuvieras en casa con Peter.

Por lo general, cuando hablábamos por teléfono, su voz sonaba vehemente, pero ahora era como si hablara desde una habitación insonorizada. Empecé a deambular por la acera.

—Si pasa algo, me gustaría saberlo ahora —le dije—. No es justo que os lo guardéis para vosotros.

Se produjo una larga pausa al otro lado de la línea, una que indicaba que mi madre había iniciado la conversación con la intención de posponerla hasta que yo volviera a casa, pero que ahora estaba empezando a reconsiderar su decisión.

—Me han encontrado un tumor en el estómago —dijo por fin, y la palabra cayó como un yunque—. Dicen que es canceroso, pero no saben si es muy grave. Tienen que hacerme más pruebas.

Me detuve en seco y noté que me faltaba el aire. Al otro lado de la calle, un hombre entraba en una barbería. En la terraza de un bar, un grupo de amigos reía y pedía de beber. La gente trataba de decidir qué aperitivo tomar. Fumaba. Dejaba la ropa en la tintorería. Recogía cacas de perro. Anulaba compromisos. La vida seguía su curso en ese agradable y cálido día de mayo mientras yo permanecía en silencio y aturdida en la acera tras enterarme de que mi madre podía morir de una enfermedad que ya se había llevado a alguien a quien quería.

—No te preocupes —dijo—. Todo va a salir bien. Ve a ver a tu amigo.

¿Cómo? ¿Cómo, cómo, cómo? ¿Cómo una mujer sana va al médico por un dolor de estómago y se marcha con un diagnóstico de cáncer?

Vi que Duncan doblaba la esquina a lo lejos. Me saludó con la mano mientras yo me despedía de mi madre. Me tragué el nudo que tenía en la garganta, volví a colgarme la mochila al hombro y sonreí. Pensé: «Guárdate el llanto para cuando tu madre muera».

La hora feliz consistía en un dos por uno, así que pedimos dos botellines de Miller High Life y dejamos los otros dos para más tarde. Nos pusimos al día de nuestra vida como graduados. Él acababa de terminar un artículo de portada sobre Lana Del Rey y, cuando le pedí detalles sobre la entrevista, me dijo que ella se la había pasado fumando y que lo había grabado todo en su iPhone para protegerse de las citas erróneas, lo que hizo que se ganara mis simpatías.

Durante la segunda ronda le comenté que estaba contemplando la idea de mudarme a Nueva York, consciente de que hablaba como una especie de personaje de ficción, incapaz de asimilar la información que había averiguado tan solo una hora antes. Me di cuenta de que mis planes ahora carecían de sentido, porque seguramente tendría que volver a Eugene para estar con mi madre durante el tratamiento. El no poder desahogarme me estaba matando. Iba en contra de mi naturaleza guardarme algo tan importante, pero me parecía completamente fuera de lugar contárselo a alguien a quien apenas conocía y, además, temía romper a llorar si decía esas palabras en voz alta.

A Duncan le pareció genial que quisiera mudarme allí y me dijo que me pusiera en contacto con él en cuanto lo hiciera. Nos despedimos y llamé a Peter desde el mismo tramo de acera en el que dos horas antes me había enterado de que mi madre tenía cáncer.

Peter fue la primera persona con la que salí que contó con el favor de mi madre. Se habían conocido en septiembre del año anterior. Mis padres iban a celebrar su trigésimo aniversario en España, pero antes se pasaron por Filadelfia. Habían transcurrido tres años desde su última visita a la Costa Este y esta era la primera vez que venían a verme desde la graduación. Estaba decidida a impresionarlos con mis conocimientos de la ciudad y mi versión autosuficiente, si bien endeble, de una adulta incipiente, por lo que dediqué semanas a documentarme, reservé mesa en los mejores restaurantes y organicé una excursión a Elkins Park para enseñarle a mi madre el barrio coreano.

Peter nos llevó a todos en coche al Jong Ga Jib, un restaurante cuya especialidad era el *soondubu jjigae*, un guiso picante de tofu suave. A mi madre le brillaban los ojos mientras le echaba un vistazo a la carta. Emocionada ante tal variedad de platos, un despliegue insólito en los restaurantes coreanos de Eugene, eligió los que sabía que le gustarían a mi padre. Peter estaba recuperándose de un resfriado, así que le sugirió que pidiera *samgyetang*, una sustanciosa sopa que se hace con un pollo entero relleno de arroz y *ginseng*. Para compartir pidió *haemul pajeon basak basak*, es decir, con los bordes churruscados. Mientras dábamos buena cuenta del *soondubu jjigae* y de las gruesas y crujientes tortitas de algas, le comenté a mi madre que había oído que en ese barrio había un balneario coreano como los de Seúl.

—Incluso tienen los tratamientos exfoliantes —dije.

—¿De verdad? ¿Por qué no vamos todos? —preguntó mi madre entre risas.

—Suena bien —dijo Peter.

Los *jjimjilbangs* suelen estar separados por sexos y cuentan con una zona común para que hombres y mujeres, ataviados con los holgados pijamas a juego que te proporcionan a la entrada, se relacionen. En los baños, lo normal es ir desnudo. Si Peter venía con nosotros, él y mi padre tendrían que estar juntos en pelota picada un poco menos de veinticuatro horas después de haberse conocido.

Peter se comió la sopa obedientemente, le dio las gracias a mi madre por la recomendación y disfrutó de lo lindo con los *banchan*: *miyeok muchim*, una ensalada de algas aliñada con vinagre y ajo; calamares secos dulces y picantes; *gamja jorim*, unas patatas mantecosas confitadas en jarabe dulce; platos todos ellos a los que se había aficionado desde que habíamos empezado a salir. Una de las cosas que más me gustaban de Peter era el modo en que cerraba los ojos cuando saboreaba algo. Era como si creyera que anular uno de sus sentidos amplificaba los demás. Lo probaba todo y nunca me hacía sentir que lo que yo comía fuera raro o asqueroso.

—¡Come como un coreano! —exclamó mi madre.

Cuando Peter fue al baño, mis padres se encorvaron hacia el centro de la mesa.

—Me apuesto lo que sea a que en el balneario se acobarda —dijo mi padre.

—Te apuesto cien dólares a que no —replicó mi madre.

Al día siguiente, en el vestíbulo del balneario, cuando llegó el momento de separarnos, Peter se dirigió hacia el vestuario de los hombres sin inmutarse. Mi madre le dedicó a mi padre la sonrisa satisfecha de quien se sabe ganadora y se frotó el índice y el pulgar para recordarle que tenía que pagarle.

La zona de aguas era más pequeña que la de los balnearios a los que solíamos ir en Seúl. Contaba con tres piscinas de diferentes temperaturas —fría, templada y caliente—, frente a las cuales había una docena de duchas en las que las mujeres se enjuagaban sentadas en unos diminutos taburetes de plástico. Al fondo había una sauna y un baño turco. Mi madre y yo nos duchamos, nos metimos poco a poco en la piscina más caliente y nos sentamos la una al lado de la otra en las resbaladizas baldosas azules. En un rincón, separadas, había tres *ajummas* en ropa interior frotando diligentemente a otras tantas clientas. Hacía calor y nadie hablaba; lo único que se oía era el chorro continuo de agua que caía del techo a la piscina fría y el esporádico golpe de una mano en la espalda desnuda de una mujer anónima.

—¿Te has afeitado el *boji tul*? —me preguntó mi madre.

Crucé las piernas con fuerza, mortificada.

—Me lo he recortado —contesté, sonrojándome.

—No lo hagas. Pareces una golfa.

—Vale —dije, al tiempo que me sumergía un poco más en el agua.

Vi que miraba con disgusto los tatuajes que se iban acumulando en mi cuerpo a pesar de su vehemente desaprobación.

—Me gusta Peter —dijo—. Tiene estilo de Nueva York.

Nadie que haya vivido en Nueva York definiría el estilo de Peter como «neoyorquino». Aunque había estudiado en la Universidad de Nueva York, Peter carecía de la naturaleza nerviosa y apresurada que los habitantes de la Costa Oeste asocian con los de la Costa Este. Era paciente y amable. Me aportaba un equilibrio parecido al que mi madre le aportaba a mi padre, quien, como yo, iba por la vida acelerado y abandonaba cualquier proyecto al primer indicio de fracaso para delegarlo en otra persona. Lo que mi madre quería decir era que le gustaba que Peter, a pesar de su juventud, fuera tan íntegro.

«VOY A IR —ME DIJO Peter por teléfono—. En cuanto salga del curro, voy para allá».

Era viernes por la noche y le tocaba cerrar el restaurante. El sol se estaba poniendo y el cielo había empezado a teñirse de rosa. Me encaminé hacia el metro y le dije que no se molestara. No saldría de trabajar hasta las dos de la madrugada y no merecía la pena que viniera a pasar la noche cuando yo ya había decidido volver por la mañana en autobús.

Cogí la línea M a Bushwick para ir al piso de mi amigo Greg, donde tenía previsto pasar la noche. Greg tocaba la batería en un grupo llamado Lvl Up y vivía en un almacén conocido como David Blaine's The Steakhouse, en el que actuaban bandas del movimiento «hazlo tú mismo». Compartía el espacio con cinco compañeros, que dormían en unas minúsculas habitaciones diáfanas construidas por ellos mismos con placas de yeso. Me recordaban a las casas de los árboles en las que dormían los Niños Perdidos en *Peter Pan*. Me tumbé en el sofá del salón, entumecida. Me preguntaba qué pensarían sus respectivas madres cuando iban a visitarlos y veían en qué condiciones vivían a cambio de un alquiler barato y la libertad para perseguir sus poco convencionales sueños.

Me acordé de que, al salir del balneario, mi madre había propuesto que fuéramos a H Mart a comprar una tira de asado para marinarla y dejarme un poco de sabor de hogar cuando se marchara. Recuerdo que contuve la respiración cuando entró en mi destartalada casa mientras esperaba que criticara su sordidez o me regalara una perla de su mordaz sabiduría, como había hecho cuando me habían despedido, pero, en lugar de ello, se dirigió a la cocina sin decir nada, pasando sin vacilar por delante de la colección de bicicletas que había apoyadas en la pared. En un acto de generosidad, ni siquiera hizo mención al agujero de la pared del fondo, obra de nuestro casero, que la había aporreado con un martillo para intentar descongelar las tuberías y de paso había descubierto la ausencia de esponjoso material aislante rosa.

Tampoco opinó sobre el hecho de que nada de lo que había en los armarios de la cocina hacía juego o que la vajilla estaba compuesta por piezas compradas en tiendas de segunda mano y por otras sueltas procedentes de las casas de los padres de mis compañeros de piso. Buscó las cosas que me había regalado a lo largo de los años —los recipientes naranjas de LocknLock, las sartenes de Calphalon—, se remangó, colocó la carne que había comprado en H Mart sobre una tabla de cortar y empezó a ablandarla con un mazo. Yo seguía esperando a que mascullara algo. Sabía que no se le escapaba nada, que con su aguda mirada estaba censurando los muebles usados, los rincones sucios y los platos desportillados y desparejados con la misma saña con la que censuraba mi peso, mi cutis y mi postura.

Desde que nací había tratado de protegerme de ese tipo de vida, pero ahora se movía por la cocina con una sonrisa mientras picaba cebolletas, echaba 7Up y salsa de soja en un cuenco y probaba el resultado con el dedo, sin preocuparse por las trampas para cucarachas que había en la encimera ni por las huellas pegajosas de la nevera, con el único propósito de dejarme un poco de sabor de hogar.

O mi madre se había rendido finalmente y había renunciado a intentar convertirme en algo que yo no quería ser, o, convencida de que no aguantaría viviendo así otro año y de que acabaría dándome cuenta de que ella siempre había tenido razón, había decidido emplear tácticas más sutiles. O tal vez los cinco mil kilómetros que nos separaban habían hecho que estar conmigo fuera suficiente para ella. O quizá por fin había aceptado que había forjado mi propio camino y había encontrado a alguien que me quería con locura y había empezado a creer de verdad que no era un caso perdido.

PETER VINO EN COCHE a Nueva York a pesar de todo. Cerró el restaurante a las dos y llegó a casa de Greg a las cuatro de la madrugada. Todavía pegajoso por los margaritas de naranja sanguina y con pegotes de frijoles refritos en los pantalones, se acurrucó a mi lado en el sofá y se quedó quieto mientras yo empapaba su camiseta gris de la universidad con mis lágrimas y me liberaba del cúmulo de emociones que había estado reprimiendo todo el día, agradecida por que no me hubiera hecho caso cuando le había dicho que no se molestara en venir. Hasta pasado un buen rato no me confesó que mis padres lo habían llamado primero a él. Que había sabido antes que yo que mi madre estaba enferma. Que les había prometido que estaría a mi lado cuando yo me enterara. Que estaría a mi lado durante todo el proceso.

5

¿Dónde está el vino?

—¿Por qué me dejas al margen? —lloriqueé por el móvil como si estuviera reprochándole a una niña mayor que yo que no me hiciera caso. Como si no me hubieran invitado a una fiesta de cumpleaños.

—Tú tienes que vivir tu vida —dijo mi madre—. Tienes veinticinco años. Este es un año importante. Tu padre y yo podemos apañárnoslas solos.

Habían recibido más noticias y ninguna de ellas era buena. El doctor Lee, un oncólogo de Eugene, le había diagnosticado a mi madre un cáncer de páncreas en estadio IV. Sin cirugía, había un tres por ciento de probabilidades de que sobreviviera. Con cirugía, tardaría meses en recuperarse y, aun así, las probabilidades de curación eran del veinte por ciento. Mi padre estaba intentando conseguir una cita en el centro oncológico de Houston MD Anderson para que les dieran una segunda opinión. Por teléfono, mi madre, con su deje, me dijo que tenía cáncer «pancriártico» y pronunció el nombre del hospital como

«Andy Anderson», por lo que parecía que nuestra única esperanza era un personaje de *Toy story*.

—Quiero ir —insistí.

—Mamá tiene miedo de que, si vienes, os peleéis —reconoció mi padre después—. Ahora mismo debe dedicar toda su energía a ponerse bien.

Yo creía que los siete años que llevaba fuera de casa habían sanado las heridas, que la tensión acumulada durante mi adolescencia había quedado en el olvido. Gracias a los cinco mil kilómetros que separaban Eugene de Filadelfia, mi madre ya no se mostraba tan autoritaria, mientras que yo, libre para explorar mis impulsos creativos sin ser criticada constantemente, llegué a apreciar todos sus esfuerzos, cuyo propósito solo era capaz de ver en su ausencia. Ahora nos llevábamos mejor que nunca, pero las palabras de mi padre indicaban que había recuerdos que mi madre todavía tenía muy presentes.

Al parecer, desde que nací, fui una niña problemática. Para cuando cumplí tres años, Nami Emo ya me había puesto el apodo de «Famosa Chica Mala». Chocar contra las cosas de cabeza era mi especialidad. Columpios de madera, marcos de puertas, patas de sillas, gradas de metal el 4 de Julio. Todavía tengo una hendidura en el cráneo de la primera vez que me clavé la esquina de la mesa de cristal de la cocina. Si en una fiesta había un niño llorando, era muy probable que fuese yo.

Durante muchos años, creí que mis padres exageraban o que no estaban preparados para lidiar con el temperamento infantil, aunque poco a poco he ido aceptando, basándome en el recuerdo unánime de un montón de parientes, que fui una niña bastante complicada.

Pero lo peor estaba por llegar, los tensos años a los que sabía que se refería mi padre. Durante el segundo semestre de primero de bachillerato, lo que hasta ese momento podría haber pasado por simple angustia adolescente había empezado a agravarse hasta convertirse en una distimia. Tenía problemas para conciliar el sueño y estaba tan cansada que me costaba un mundo hacer cualquier cosa. Mis notas empezaron a empeorar y raro era el día en que mi madre y yo no discutíamos.

—Eso lo has heredado de mí, por desgracia —me dijo mi padre una mañana mientras desayunábamos—. Supongo que tampoco puedes dormir.

Estaba sentado a la mesa de la cocina, comiendo un cuenco de cereales y leyendo el periódico. Yo tenía dieciséis años y me estaba recuperando de otra bronca con mi madre.

—Demasiadas cosas aquí —dijo y, sin levantar la vista, se dio un toquecito en la sien antes de pasar a la sección de deportes.

Mi padre había sido drogadicto y había tenido una adolescencia mucho más traumática que la mía. A los diecinueve años prácticamente vivía debajo del paseo marítimo de Asbury Park y lo detuvieron por venderle metanfetamina a un policía. Pasó seis semanas en la cárcel y después lo trasladaron a un centro de rehabilitación del condado de Camden, donde lo utilizaron como conejillo de Indias para probar un nuevo tratamiento de psicoterapia. Le hacían llevar un cartel colgado al cuello que decía «Soy una persona complaciente» y realizar ejercicios inútiles que supuestamente favorecían el desarrollo moral. Todos los sábados cavaba un agujero en el jardín que había detrás del centro y todos los domingos le hacían volver a llenarlo. Al lado de esto, cualquier problema que yo pudiera tener parecía una tontería.

Mi padre trataba de consolar a mi madre, de convencerla de que era una fase por la que pasan la mayoría de los adolescentes, pero ella se negaba a aceptarlo. Siempre me había ido bien en los estudios y casualmente este cambio coincidió con la época en la que debía empezar a buscar universidad. Ella veía mi abatimiento como un lujo financiado por ellos. Mis padres me lo habían dado todo y lo único que yo hacía era compadecerme de mí misma.

Mi madre, lejos de darse por vencida, se convirtió en un imponente obelisco cuya sombra se cernía sobre cada uno de mis movimientos. Se metía con mi peso, con el grosor de mi delineador de ojos, con mis granos y mi indiferencia hacia los tónicos y exfoliantes que me compraba en la teletienda. Mi ropa le parecía un espanto. Me prohibió cerrar la puerta de mi habitación. Después de clase, cuando mis amigas iban a casa de unas o de otras y se quedaban a dormir, me llevaba a un montón de actividades extraescolares y luego, atrapada en el bosque, me dejaba refunfuñando sola en mi cuarto con la puerta abierta.

UNA VEZ A LA SEMANA me permitían quedarme a dormir en casa de mi amiga Nicole, mi único respiro de la autoritaria supervisión de mi madre. La relación de Nicole con su madre no se parecía en nada a la que yo tenía con la mía. Colette dejaba que Nicole tomara sus propias decisiones y hasta parecía que disfrutaban haciendo cosas juntas.

Su piso de dos dormitorios estaba pintado de colores vivos y atrevidos, y lleno de muebles antiguos y ropa comprada en tiendas de segunda mano. Las tablas de surf de la adolescencia californiana de Colette estaban apiladas en la entrada y los recuerdos del año que había pasado enseñando inglés en Chile cubrían los alféizares. Del techo del salón colgaba un columpio de exterior, cuyas cadenas estaban adornadas con flores de plástico artesanales.

Más que madre e hija, parecían amigas, lo que no dejaba de asombrarme. Envidiaba sus escapadas a Portland para ir de compras. La imagen idílica que proyectaban cuando hacían galletas en su piso, prensaban *pizzelles* de masa casera con la pesada plancha de metal que Colette había heredado de su abuela italiana y trazaban intrincados dibujos en delicados tapetitos comestibles mientras soñaban con la cafetería que Colette quería abrir algún día, un lugar en el que venderían sus dulces y cuyo interior decorarían como esa casa que a mí me parecía tan original y encantadora.

Observar a Colette me llevó a preguntarme por los sueños de mi madre. Su falta de objetivos me parecía cada vez más rara, sospechosa, incluso antifeminista. Que se volcara de ese modo en mis cuidados era algo que yo, en mi ingenuidad, condenaba. Sí, sabía que la suya era una labor ardua y desagradecida, pero yo la veía como una simple ama de casa sin pasiones ni habilidades prácticas. Tiempo después, cuando me marché a estudiar a la universidad, empecé a comprender lo que significaba formar un hogar y lo mucho que había dado por sentado en el mío.

Pero, durante la adolescencia, obsesionada como estaba con mi propia búsqueda de una vocación, me resultaba imposible concebir una vida plena sin una carrera profesional o al menos una pasión complementaria, una afición. ¿Por qué mi madre no mostraba interés por nada? ¿Dónde estaba su ambición? ¿De verdad se sentía realizada siendo solo ama de casa? Sopesé y analicé sus capacidades y le sugerí que se apuntara a algún curso de diseño de interiores o de moda, o que montara un restaurante.

—¡Demasiado trabajo! Desde que la madre de Gary abrió su restaurante tailandés, *siempre corriendo* de un lado para otro. Nunca *tener* tiempo para nada.

—Y cuando yo estoy en clase, ¿qué haces?

—Hago muchas cosas, ¿vale? No lo entiendes porque *eres niña mimada*. Cuando te vayas de casa, verás todo lo que tu madre hace por ti.

Me di cuenta de que mi madre estaba celosa de Colette —no por sus caprichosas ambiciones, sino por el modo en que yo las idealizaba—, y cuanto más me adentraba en la adolescencia y más cruel me volvía, más alardeaba de mi relación con ella para aprovecharme de sus emociones. Lo veía como una venganza por la frecuencia con la que mi madre se aprovechaba de las mías.

FUE LA MÚSICA LA que llenó el vacío de mi apatía. Abrió una fisura, una grieta, en la ya precaria y cada vez más amplia brecha entre mi madre y yo, que acabaría convirtiéndose en un abismo que a punto estuvo de engullirnos.

No había nada más importante que la música, el único consuelo para mi angustia existencial. Me pasaba los días descargándome canciones de LimeWire y participando en acaloradas discusiones en AIM sobre si la versión acústica que los Foo Fighters habían hecho de «Everlong» era mejor que el tema original. Ahorraba el dinero de la paga y el almuerzo y me lo gastaba todo en CD que compraba en House of Records, analizaba las letras de las canciones y me obsesionaba con las entrevistas a los grupos de indie rock del noroeste del Pacífico; me sabía de memoria la nómina de artistas de discográficas como K Records y Kill Rock Stars y hacía listas de los conciertos a los que asistiría.

En el caso improbable de que una banda se dejara caer por Eugene, había dos espacios en los que podía tocar. Uno era el WOW Hall, que fue donde, durante la adolescencia, vi a la mayoría de los grupos y solistas de la zona: Menomena, Joanna Newsom, Bill Callahan, Mount Eerie y The Rock n Roll Soldiers, los que más probabilidades tenían de que Eugene los reivindicara como ídolos locales. Llevaban pañuelos en la cabeza y chalecos de cuero con borlas que colgaban sobre su pecho desnudo, y los admirábamos porque eran los únicos que conocíamos que habían conseguido algo, que habían firmado un contrato con una discográfica importante y cuya música había sonado en un anuncio de Verizon Wireless. Nunca nos dio por preguntarnos por qué, si habían llegado tan alto, tocaban tan a menudo en la ciudad.

El otro era el McDonald Theatre, en el que actuaban las bandas más famosas. Fue allí donde vi a Modest Mouse y donde el público me llevó en volandas por primera vez, después de pasarme mis buenos treinta segundos al borde del escenario para asegurarme de que alguien de la primera fila me cogiera cuando saltara. Para nosotros, Isaac Brock era como un dios. Se rumoreaba que su primo vivía en el pueblo de al lado, en el parque de caravanas del que hablaba en la canción «Trailer trash», y esta posible proximidad hacía que nos sintiéramos más identificados con él, que pudiéramos reclamarlo como nuestro. Nos sabíamos de memoria todas las letras de su extenso catálogo de cientos de canciones, también las de los temas de sus grupos paralelos y las de las caras B, trabajos que nos afanábamos en buscar para grabarlos y guardarlos en las fundas de plástico de nuestros estuches de CD. Sus letras reflejaban a la perfección lo que se sentía al crecer en una pequeña ciudad gris del noroeste del Pacífico. Lo que era que el aburrimiento te fuera asfixiando poco a poco. Sus inflamados opus de once minutos y sus alaridos catárticos y espeluznantes eran la banda sonora de cada viaje largo en coche en el que no tenías nada en lo que pensar.

Pero nada me causó una impresión más honda que el primer concierto de los Yeah Yeah Yeahs que vi en DVD, uno grabado en el Fillmore. Su líder, Karen O, fue el primer icono de la música al que admiré que se parecía a mí. Era mitad coreana, mitad blanca, y su manera de comportarse echaba por tierra el dócil estereotipo asiático. Era famosa por sus salvajes excentricidades en directo: escupía agua al aire, recorría el borde del escenario saltando y sujetaba el micrófono por el cable por encima de su cabeza y se lo metía en la boca. Atónita, me encontré en un extraño estado de ambivalencia. Por un lado, me moría de ganas de imitarla, pero, por otro, pensaba que, si ya había una chica asiática que hacía esas cosas, entonces no había sitio para mí.

En esa época no estaba familiarizada con el concepto de mentalidad de escasez. Por entonces, el debate en torno a la representación en la música era incipiente y, puesto que no conocía a ninguna otra chica con aspiraciones artísticas, no sabía que había muchas que se sentían igual que yo. No tenía la capacidad analógica para imaginar a un chico blanco en la misma situación, viendo un DVD de un concierto de, por ejemplo, los Stooges, y pensando que, si ya había un Iggy Pop, ¿cómo iba a haber sitio para otro chico blanco en el mundo del rock?

En cualquier caso, Karen O hacía que la música pareciera más accesible, me hizo creer que alguien como yo podía llegar a ser alguien. Impulsada por este nuevo optimismo, empecé a acosar a mi madre para que me comprara una guitarra. Tras haber invertido una importante suma de dinero en una larga lista de actividades extraescolares que había abandonado a las primeras de cambio, no estaba por la labor, pero en Navidad acabó cediendo y me regaló una Yamaha acústica de cien dólares en una caja de Costco.

Tenía una acción tan alta que parecía que las cuerdas estaban separadas del diapasón por más de un centímetro.

Empecé a ir a clase una vez a la semana al lugar más embarazoso en el que uno puede aprender a tocar la guitarra: The Lesson Factory. The Lesson Factory era como el Walmart de las clases de guitarra. Tenían un acuerdo con Guitar Center y disponían de unos diez cubículos insonorizados, equipados con dos sillas y dos amplificadores y tu propio músico fracasado reclutado en una página web de anuncios clasificados. Tuve la suerte de que me asignaran un profesor que me gustaba, para el que yo debía de ser una grata alternativa a los chicos prepuberales que solo querían que les enseñara canciones de Green Day y la introducción de «Stairway to heaven».

Las clases no podrían haber llegado en mejor momento. Ese mismo año, Nick Hawley-Gamer se sentó a mi lado en Lengua y me sentí como si me hubiera tocado la lotería. Había oído hablar de él porque era el vecino y exnovio de Maya Brown. Yo no coincidía en ninguna clase con Maya, pero todos la conocíamos porque no había ni un solo chico en nuestro curso que no estuviera colado por ella. Para mi desesperación, era guapísima y muy popular, pero se hacía pasar por una alternativa atormentada. Se teñía su pelo castaño de negro azabache, llevaba pantalones de pana marrones y se apuntaba cosas en los brazos con bolígrafo para no olvidarlas, pensamientos que más tarde trasladaba a su LiveJournal, que yo leía con asiduidad aunque en la vida real no fuéramos amigas. Sus entradas se componían de letras de Bright Eyes mezcladas con relatos de sus propias aventuras amorosas y divagaciones en gran parte escritas en segunda persona, dirigidas a alguien anónimo que la había agraviado o de quien estaba locamente enamorada. Yo creía que era una de las grandes poetas estadounidenses de nuestro tiempo.

Nick era rubio y desgreñado, se pintaba las uñas con típex y llevaba un aro de plata en una oreja. En clase no abría la boca y se movía muy despacio, como si estuviera siempre colocado. No hacía más que preguntarme cuándo había que entregar los trabajos y si podía prestarle mis apuntes, circunstancia que aproveché para trabar amistad con él. En primero de secundaria tenía un grupo llamado The Barrowites. Yo no conocía a nadie que tocara en un grupo y me parecía lo más que Nick ya estuviera en uno. Sacaron un EP antes de separarse, el cual no tardé en conseguir a través del amigo de un amigo. El CD, una copia pirata, iba metido en un sobre de papel hecho a mano, decorado con dibujos, en el que figuraban los títulos escritos con rotulador. En cuanto llegué a casa lo puse en el aparato de música que tenía en el escritorio. Me senté en una silla con ruedas y lo escuché, con el sobre de papel todavía entre mis manos sudorosas, mientras analizaba las letras e imaginaba el salvaje pasado sexual de Nick Hawley-Gamer. Contenía cinco canciones, la última de las cuales se titulaba «Molly's lips». Me preguntaba si Molly era otra de sus muchas exnovias o si quizá era un nombre en clave para Maya Brown. Era demasiado ignorante para saber que se trataba de una versión de una canción de Nirvana y quiero creer que Nick también era demasiado ignorante para saber que Nirvana estaba versionando a The Vaselines.

Con el tiempo, me armé de valor y le pregunté si quería «tocar algo» conmigo. Quedamos para comer bajo un árbol, al lado de los campos de fútbol. Enseguida se dio cuenta de lo tremendamente inepta que era a la guitarra. Nunca había tocado con nadie. Nick atacaba una canción y yo no tenía ni idea de en qué tono estaba o cómo acompañarlo. Intenté pillar alguna nota para poder tocar siquiera una melodía simple que tuviera algo que ver con las escalas que yo creía que sabía, pero al final no me quedó más remedio que darme por vencida y disculparme. Nick se lo tomó con filosofía. No solo fue paciente y amable, sino que se ofreció a tocar temas que yo conociera. Pasamos el resto de la comida intercambiando estrofas de «We're going to be friends», de los White Stripes, y de «After hours», de la Velvet Underground, lo que me pareció el milagro más romántico de mi corta vida.

Cuando tuve varias canciones de mi propia cosecha, decidí participar en una noche de micrófono abierto en el Cozmic Pizza, un restaurante del centro con mesas y sillas bajas y un pequeño escenario detrás de la barra. Los suelos eran de cemento pulido, y los techos, muy altos, y a menudo organizaban noches de jazz y músicas del mundo. Invité a mis amigos a que vinieran a verme. El local estaba casi vacío, a pesar de lo cual mi guitarra acústica de Costco apenas se oía entre el tintineo de los vasos de cerveza, la puerta del horno y los gritos de los camareros, que llamaban a voces a los clientes para que se acercaran a recoger sus pizzas. Yo estaba eufórica con mis siete minutos de fama. Como siempre llevaba a un grupo de amigos, esas noches de micrófono abierto poco a poco se fueron transformando en conciertos en los que actuaba de telonera para modestos artistas locales. Me hice unas fotos en el baño con el temporizador automático de mi cámara, las escaneé en el ordenador de mi padre y diseñé unas octavillas promocionales con el MS Paint. Me compré una pistola de grapas, puse las octavillas en los postes de teléfono de la ciudad y pregunté en las tiendas si podía pegarlas en el escaparate. Me abrí una cuenta en Myspace y subí las canciones que grababa en GarageBand. Envié el enlace por correo electrónico a bandas y promotores de la zona y les rogué que me incluyeran en sus espectáculos. Toqué en galas benéficas del instituto y me hice con un pequeño grupo de seguidores, compuesto en su mayoría por amigos y compañeros de clase a los que presionaba para que vinieran a verme, hasta que al final fui lo «suficientemente importante» como para actuar de telonera de Maria Taylor en el WOW Hall.

El día del concierto, Nick vino temprano para ofrecerme apoyo moral y esperó conmigo en la *green room* hasta que llegó la hora de mi pase. Yo nunca había estado en una *green room*, pero no me pareció nada glamurosa. Estaba demasiado iluminada, era diminuta y en ella solo había dos bancos y una nevera minúscula encima de una mesa de madera. Nick y yo estábamos sentados en el banco que había frente a la puerta cuando Maria Taylor entró con uno de sus músicos, que llevaba una camisa de franela. Tenía una presencia intimidante. Su pelo oscuro y ondulado enmarcaba sus pronunciadas facciones, sobre todo la larga y prominente nariz, y era muy delgada. Contuve la respiración. Ella preguntó en un murmullo: «¿Dónde está el vino?», y después se marchó.

Mis padres se quedaron al fondo del local. Toqué unas seis canciones en acústico sentada en una silla plegable de metal, ataviada con una colorida camisa de rayas de Forever 21 y unos vaqueros acampanados desgastados metidos por unas botas de vaquero, un atuendo que en ese momento me parecía de lo más moderno. Para entonces, gracias a Dios, ya tenía una Taylor acústica y un amplificador SWR de color caoba, que había elegido únicamente porque la combinación de rojo y crema me gustaba. Toqué algunos acordes abiertos y varié la posición de la cejilla en cada tema para poder reutilizarlos. Canté canciones adolescentes sobre la añoranza de tiempos más sencillos, sin darme cuenta de que eso era exactamente lo que se suponía que era esa época. Cuando terminé, mis padres, que, en un alarde de generosidad, me permitieron quedarme hasta el final de la velada, me dijeron: «Has estado muy bien, cielo».

Maria Taylor tocaba una Gretsch roja de caja hueca que parecía absurdamente grande en comparación con su delgado cuerpo. Emocionada, agarré a Nick por el hombro cuando atacó los acordes de «Xanax», el sencillo principal de su nuevo disco, que yo escuchaba a todas horas. La canción comenzaba con unas baquetas golpeando el borde de una caja, como el tictac de un reloj, mientras ella repasaba sus ansiedades y sus miedos. «Miedo a volar, a que un coche vire bruscamente en el carril, [...] a las carreteras de montaña heladas que tenemos que tomar para llegar al concierto». Sacudió el cuerpo hacia delante en el último rasgueo y los miembros de la banda, que habían permanecido inmóviles durante las dos primeras estrofas, se activaron al unísono al empezar el estribillo.

Incluso mientras coreaba una canción que hablaba de los constantes desafíos de la vida en la carretera, interpretada ante un público compuesto por treinta personas a lo sumo, en una pequeña ciudad que probablemente se arrepentía de haber incluido en la gira, ver a alguien que recorría el país tocando sus propios temas fue una revelación. Había compartido escenario con esa persona, había estado a medio metro de ella en la misma sala. Había vislumbrado la vida de una artista y, durante un instante, mi sueño no me pareció tan inalcanzable.

Después del concierto, Nick me llevó a casa en el Nissan Maxima de sus padres. Estaba orgulloso de mí, y que alguien a quien yo admiraba me viera con otros ojos me hizo sentir bien.

«Tendrías que grabar un álbum con todas tus canciones —me dijo—. Deberías mirar en el estudio en el que grabamos los Barrowites».

A LA MAÑANA SIGUIENTE, mi madre me llevó a comer al Seoul Cafe, el restaurante regentado por un matrimonio coreano que había cerca de la universidad. El marido se encargaba del comedor mientras la mujer cocinaba en la parte de atrás. Su único defecto era la lentitud del servicio; el marido se ponía nervioso en cuanto tenía que atender más de tres mesas. A fin de ahorrarnos la espera, mi madre solía llamar para pedir cuando estábamos a medio camino.

—¿Te apetece *bibimbap*? —me preguntó al tiempo que sujetaba el volante con una mano y buscaba el número de teléfono en su móvil plegable Razr de color rosa con la otra.

—Vale.

—*Ah ne! Ajeossi…?*

Cada vez que mi madre hablaba en coreano, era como si ante mí se extendiera una página de ejercicios de gramática. Las palabras que me resultaban familiares se mezclaban con espacios en blanco que no podía rellenar. Sabía que estaba pidiendo *jjamppong* con extra de verduras porque conocía esos términos y porque siempre pedía lo mismo. Si algo le gustaba, lo comía todos los días encantada de la vida, hasta que un día, de repente, cambiaba de plato.

Cuando llegamos, mi madre saludó al anciano, que estaba en la barra, con una gran sonrisa y se puso a hablar en coreano mientras yo, obediente, servía una infusión para cada una de un gran dispensador metálico y colocaba en la mesa las servilletas, las cucharas de acero inoxidable y los palillos. Mi madre pagó en la barra y cogió una revista coreana de la entrada.

—Me encanta este sitio, pero son muy lentos. Por eso mamá siempre *llamar* antes —susurró.

Se puso a hojear la revista y, mientras se bebía su infusión de cebada, contempló a las actrices y modelos coreanas que aparecían en ella.

—Creo que este corte de pelo *quedaría bien a ti* —me dijo, señalando a una actriz que lucía una elegante cabellera ondulada. —Pasó la página—. Este tipo de chaqueta militar *ahora de moda* en Corea. A mamá le gustaría comprarte una, pero tú siempre *llevar cosa* feas.

El anciano se acercó con un carrito y colocó los platos y los *banchan* en la mesa. El arroz crepitaba en el fondo de mi *dolsot*, y de la sopa de fideos y marisco de mi madre, de un vivo color rojo, salía una columna de vapor.

—*Masitge deuseyo* ('que aproveche') —dijo el hombre con una leve reverencia y volvió a la barra empujando el carrito.

—¿Qué te pareció mi concierto de ayer? —le pregunté a mi madre mientras le añadía un chorro de *gochujang* al *bibimbap*.

—Cielo, no eches demasiado *gochujang* o *sabe* muy salado.

Me apartó la mano del plato y yo dejé la botella roja en la mesa con resignación.

—Nick dice que conoce un estudio en el que podría grabar mis canciones. Estoy pensando que, como es solo guitarra y voz, podría grabar un álbum en dos o tres días. Me costaría unos doscientos dólares nada más y después podría copiarlo en casa.

Mi madre cogió unos fideos con los palillos y después los dejó caer en el caldo. Colocó los palillos encima del cuenco, cerró la revista y me miró.

—Estoy esperando a que lo dejes —dijo.

Clavé la mirada en el arroz. Rompí la yema con la cuchara y la mezclé con las verduras en el cuenco de piedra. Mi madre echó un poco de sopa de brotes de soja en mi *bibimbap*. El líquido chisporroteó al tocar las paredes del cuenco.

—No debería haber dejado *apuntar* a clase de guitarra —dijo—. Tendrías que estar pensando *en universidad*, no haciendo esa tontería.

Empecé a mover la pierna izquierda con nerviosismo. No quería montar una escena. Mi madre me agarró el muslo por debajo de la mesa.

—Deja de menear la pierna; espantarás a la suerte.

—¿Y si no quiero ir a la universidad? —pregunté con insolencia, retirándole la mano.

Me metí una cucharada de arroz hirviendo en la boca y la llevé de un lado a otro con la lengua para crear una bolsa de aire que dejara escapar el vapor. Mi madre miró a su alrededor, inquieta, como si acabara de decirle que había ingresado en una secta satánica. La observé mientras trataba de recomponerse.

—Me da igual que no quieras ir a la universidad. Vas a ir y punto.

—No tienes ni idea de cómo soy —le dije—. Esa *tontería* es mi pasión.

—Ah, vale, ¿por qué no *ir* a vivir con Colette? —me soltó. Después agarró su bolso, se levantó y se puso sus enormes gafas de sol—. Seguro que cuidará de ti. *Dejar* hacer todo lo que quieras porque no es malvada como yo.

Cuando salí al aparcamiento, ya estaba sentada en el asiento del conductor, mirándose en el espejo del parasol y sacándose restos de *gochugaru* de entre los dientes con la esquina doblada de un recibo. Estaba esperando que la detuviera, que fuera detrás de ella y le pidiera perdón. Pero no di mi brazo a torcer. Podía vivir sin ellos, me dije con una ingenua confianza adolescente. Podía buscar trabajo. Podía quedarme en casa de alguna amiga. Podía seguir dando conciertos hasta que algún día colgara el cartel de no hay entradas.

Mi madre arrugó el recibo y lo tiró en el posavasos, cerró el espejo y bajó la ventanilla. Yo me quedé quieta en el aparcamiento, tratando de no temblar mientras ella me miraba fijamente a través de los cristales oscuros.

—¿Quieres ser una música muerta de hambre? —dijo—. Pues ve y vive como tal.

El encanto de la vida como música hambrienta se desvaneció rápidamente. Me quedé varias noches con Nicole y Colette, y después con mi amiga Shanon, que tenía un año más que yo y vivía sola. Cuando salíamos por ahí, íbamos a una casa punk llamada The Flower Shop, que era básicamente una casa okupa con ínfulas en la que un montón de punks desaliñados dormían en el suelo, lanzaban botellas de vidrio a la calle desde el tejado y cuchillos de cocina a las paredes de pladur cuando estaban borrachos.

Sin mi madre todo el día detrás, dejé aún más de lado las obligaciones por las que llevábamos un año discutiendo. Los documentos que tenía que rellenar para la universidad estaban a medio terminar en el ordenador de mi padre y me vi arrastrada a un círculo vicioso de absentismo escolar. Me saltaba las clases, no hacía los trabajos y me sentía tan avergonzada por haberme quedado rezagada que seguía faltando porque no quería enfrentarme a los profesores que se preocupaban por mí. Muchas mañanas me quedaba fumando en el aparcamiento del instituto, incapaz de entrar. Fantaseaba con la muerte. Cualquier objeto me parecía adecuado para acabar con mi vida. En la autopista podía tener un accidente, podía saltar de un edificio de cinco plantas. Veía las botellas de limpiacristales y me preguntaba qué cantidad tendría que ingerir; pensé en ahorcarme con la cuerdita de una persiana veneciana.

Cuando a mitad de curso suspendí todas las asignaturas, lo que hizo que mi nota media cayera en picado, mi madre concertó una reunión con el orientador y le pidió ayuda. A la desesperada, reunió todos los documentos necesarios, incluidas las redacciones descartadas, y los envió a las universidades por las que yo había mostrado interés. Cuando por fin volví a casa, comencé a ir al psicólogo, que me prescribió un tratamiento para que tuviera un «respiro emocional» y redactó una carta para que la adjuntara a las solicitudes de ingreso a la universidad en la que explicaba que el cambio en mi estado de ánimo y en mi rendimiento se había debido a una crisis nerviosa.

Los meses siguientes estuvieron marcados por un tenso silencio. Mi madre iba de una habitación a otra y rara vez reconocía mi presencia. Cuando decidí no asistir al baile de graduación, no hizo más que un comentario de pasada, a pesar de que habíamos elegido el vestido juntas casi un año antes.

Deseaba que mi madre me hablara, pero me hacía la dura porque sabía que mi posición era mucho más precaria que la suya. A ella no parecía afectarle nuestro distanciamiento, hasta el día en que hice las maletas para marcharme a Bryn Mawr. Ese día por fin rompió su silencio.

—A tu edad habría dado cualquier cosa por tener una madre que me comprara ropa bonita —dijo.

Yo estaba sentada en la alfombra, con las piernas cruzadas, doblando un par de monos llenos de parches de cuadros escoceses que había comprado en una tienda de segunda mano. Los metí en la maleta junto con mi horrorosa colección de jerséis y una camiseta enorme de Daniel Johnston a la que le había cortado las mangas.

—Yo siempre tenía que llevar la ropa de Nami, pero a Eunmi le compraban ropa nueva cuando le llegaba a ella —dijo—. En la Costa Este todo el mundo va a creer que eres una indigente.

—Bueno, yo no soy como tú —repliqué—. A mí me da igual mi aspecto. Tengo cosas más importantes en las que pensar.

En un solo movimiento, me agarró de la cadera y me dio la vuelta para zurrarme en el trasero con la palma de la mano. No era la primera vez que mi madre me pegaba, pero, a medida que me hacía mayor y más grande, más antinatural parecía. En ese momento, yo pesaba más que ella y apenas noté el golpe, pero me sentí humillada porque consideraba que no tenía edad para andar recibiendo cachetadas en el culo.

Al oír el alboroto, mi padre subió las escaleras y nos miró desde el pasillo.

—¡Pégale! —le ordenó mi madre. Él se quedó quieto, observándonos sin decir nada—. ¡Que le pegues! —gritó ella de nuevo.

—¡Si me tocas, llamo a la policía!

Mi padre me cogió del brazo y levantó la mano, pero, antes de que la bajara, me zafé de él, corrí hacia el teléfono y marqué el 911.

Mi madre me miró como si fuera un gusano, un ente desconocido que boicoteaba todas sus iniciativas. Esa no era la niña que se aferraba a sus mangas en el supermercado. Esa no era la niña que le rogaba que la dejara dormir en el suelo junto a su cama. Con el teléfono en la oreja, la miré desafiante, pero, cuando oí una voz al otro lado de la línea, me asusté y colgué. Mi madre aprovechó para abalanzarse sobre mí. Me agarró por los antebrazos y nos quedamos enganchadas. Caímos sobre la alfombra y forcejeamos, pero descubrí que había ciertos límites que no podía sobrepasar; sabía que era más fuerte que ella, pero no iba a aprovecharme de esa circunstancia. Dejé que me sujetara por las muñecas y se montara sobre mi abdomen.

—¿Por qué nos haces esto? Después de todo lo que te hemos dado, ¿cómo puedes tratarnos así? —gritó.

Sus lágrimas y su saliva me caían en la cara. Olía a aceite de oliva y a cítricos. Me empujaba las muñecas contra la áspera alfombra con sus manos suaves y resbaladizas por la crema hidratante que utilizaba. Su peso sobre mí empezó a doler como un moratón. Mi padre se acercó sin saber muy bien qué hacer, sin saber cómo su hija había acabado convertida en un ser tan despreciable.

—¡Aborté después de tenerte porque eras una niña horrible!

Me soltó las muñecas, se levantó y salió de la habitación. Dejó escapar una especie de cacareo, el tipo de sonido que emites cuando consideras que algo es una verdadera pena, como cuando pasas por delante de un edificio precioso en ruinas.

Me quedé muda. En cierto modo, resultaba casi cómico que hubiera revelado de esa forma un secreto que había estado ocultándome toda la vida. Sabía que era imposible que me culpara por el aborto. Que lo había dicho solo para atormentarme como yo la había atormentado a ella de las maneras más espantosas. Más que nada, estaba sorprendida por que hubiera sido capaz de callarse algo tan colosal.

Sentí envidia y miedo de su hermetismo, ya que cada secreto que yo intentaba esconder me carcomía por dentro. Poseía un talento excepcional para guardarse las cosas, incluso de nosotros. No necesitaba a nadie. Era increíble lo poco que te necesitaba. En todos esos años en los que me había aconsejado que me guardara el diez por ciento de mí misma como hacía ella, no caí en que eso significaba que ella también me había estado negando una parte de sí misma.

6

Oscuridad

ESTA PODRÍA SER MI oportunidad, pensé, de compensarlos por todo lo que les había hecho sufrir con mi hiperactividad infantil, por todo el veneno que había escupido como adolescente torturada. Por esconderme en los grandes almacenes, montar escenas en público, destrozar sus objetos favoritos. Por robarles el coche, volver a casa puesta de setas y borracha y acabar metida en una zanja.

Irradiaría alegría y optimismo y eso la curaría. Me pondría la ropa que ella quisiera, haría todas las tareas del hogar sin protestar. Aprendería a cocinar los platos que más le gustaban y yo sola lograría mantener a raya la enfermedad. Pagaría todas las deudas que había acumulado por mí. Sería todo lo que ella necesitaba. Haría que se arrepintiera de no haber querido que estuviera a su lado. Sería la hija perfecta.

EN EL TRANSCURSO de las dos semanas siguientes, mi padre pudo concertar una cita en el centro oncológico MD Anderson y ambos volaron a Houston. Con mejores aparatos, descubrieron que mi madre no tenía cáncer de páncreas, sino una forma rara de carcinoma de células escamosas en estadio IV, que probablemente se había originado en las vías biliares. Les dijeron que, si hubieran seguido adelante con la intervención quirúrgica que había aconsejado el primer médico, se habría desangrado en la mesa de operaciones. Su recomendación fue que volviera a casa y se tomara un cóctel molotov de tres medicamentos. Si funcionaba, le administrarían varias sesiones de quimioterapia. Mi madre solo tenía cincuenta y seis años y, a pesar del cáncer, estaba relativamente sana. Creían que, si de primeras se sometía a un tratamiento agresivo, todavía había posibilidades de que se curara.

Cuando regresaron a Eugene, mi madre me envió una fotografía con su nuevo corte *pixie*. Llevaba más de diez años con la misma melena lisa que le llegaba justo por debajo de los hombros. A veces se la recogía en una coleta floja que a menudo combinaba con una visera o una pamela en verano o con un gorro o una gorra de vendedor de periódicos en otoño. Aparte de la permanente que se había hecho cuando era joven, nunca la había visto peinada de otra manera. «¡Te queda de maravilla!», le respondí con entusiasmo y una serie de alegres emojis con corazoncitos. «¡¡¡Pareces más joven!!! ¡¡¡Me recuerdas a Mia Farrow!!!». Lo decía en serio. En la foto estaba sonriendo, posando delante de una de las paredes blancas del salón, cerca del mueble de la cocina en el que mis padres dejaban las llaves del coche y tenían el teléfono fijo. Llevaba un catéter de plástico en el pecho, sujetado con esparadrapo transparente. Parecía un poco cohibida. Estaba ligeramente encorvada y tenía una expresión esperanzada que me infundió esperanza a mí también.

A PESAR DE LAS OBJECIONES iniciales de mi madre, dejé mis tres empleos, subarrendé mi piso y me tomé un descanso de la banda. Mi plan consistía en pasar el verano en Eugene y volver a Filadelfia en agosto para emprender nuestra gira de dos semanas. Para entonces tendría más clara la situación de mi familia y sabría si debía o no mudarme de manera indefinida. Mientras tanto, Peter vendría a visitarme.

Aterricé en Eugene por la tarde, el día después de que mi madre recibiera la primera sesión de quimioterapia. Hice todo lo posible por presentarme con una actitud serena y un aspecto cuidado, para ello me pasé toda la escala en el aeropuerto de San Francisco delante del espejo del baño de señoras. Me lavé la cara y me la sequé con una áspera toalla de papel. Me cepillé el pelo, me retoqué el maquillaje y me perfilé los ojos con la raya más fina que fui capaz de hacer. Saqué el rodillo quitapelusas de la maleta de mano, me pasé el papel adhesivo por los vaqueros, me quité las bolitas del jersey y estiré las arrugas lo mejor que pude con las palmas de las manos. Me esforzaba más en arreglarme para mi madre que para cualquier cita o entrevista de trabajo.

Cuando me marché a estudiar fuera, cada vez que volvía a casa por Navidad y en verano me preparaba de esa manera. El primer año de universidad, antes de regresar en diciembre, lustré bien un par de botas de vaquero que ella me había enviado; introduje un paño suave en el tarro de betún en pasta que venía con ellas, apliqué el betún en el cuero y lo distribuí haciendo unos movimientos circulares con un cepillo de madera.

Aunque cuando me marché de casa mi relación con mi madre no pasaba por su mejor momento, una vez al mes me enviaba un montón de cajas enormes, señal de que se acordaba de mí. Arroz dulce inflado con miel, veinticuatro paquetes de algas sazonadas en bolsitas individuales, arroz para cocer al microondas, galletas de gambas, cajas de palitos de galleta y chocolate y vasos de *ramen* instantáneo, de los que me alimentaba durante semanas, por lo que no tenía que pisar el comedor. También me mandaba planchas de vapor verticales, rodillos para las pelusas, cremas faciales, calcetines... Una falda «de esta marca buena» que había encontrado rebajada en T. J. Maxx. Las botas de vaquero habían llegado en una de esas cajas después de unas vacaciones que mis padres habían pasado en México. Cuando me las calcé vi que estaban cedidas. Mi madre se las había puesto en casa una hora cada día durante una semana, con dos pares de calcetines, para moldear la suela plana con los pies y ablandar el cuero para que no me hicieran daño.

Me miré en el espejo de cuerpo entero de mi habitación del colegio mayor en busca de defectos, de enganchones e hilos sueltos en la ropa. Traté de verme con los ojos escrutadores de mi madre, identificar todo con lo que ella no estaría conforme. Quería impresionarla, demostrarle lo mucho que había madurado, que viera que podía salir adelante sin su supervisión. Quería volver convertida en adulta.

Mi madre se preparó para nuestro reencuentro a su manera: puso a marinar tira de asado dos días antes de mi llegada, llenó la nevera con mis guarniciones favoritas y compró mi *kimchi* de rábano preferido con dos semanas de antelación y lo dejó en la encimera durante un día para que estuviera más fermentado y agrio cuando yo llegara a casa.

La tierna tira de asado, impregnada de aceite de sésamo, sirope y refresco azucarado, y caramelizada en la sartén, llenó la cocina de un intenso aroma ahumado. Mi madre lavó una lechuga de hoja roja y me la puso delante en la mesita baja de cristal antes de traer los *banchan*. Huevos duros con salsa de soja cortados por la mitad, crujientes brotes de soja aderezados con cebolleta y aceite de sésamo, *doenjang jjigae* bien caldoso y *chonggak kimchi* con el punto perfecto de amargor.

Julia, la *golden retriever* que llevaba con nosotros desde que yo tenía doce años, se tumbó boca arriba, con las patas levantadas, y nos mostró su gigantesca barriga, una postura a la que mi madre se refería como «¡pechos fuera!», mientras ella cocinaba el *galbi* que yo siempre asociaría al sabor del hogar.

—Julia está engordando —le dije mientras le acariciaba la prominente barriga—. No tendrías que darle tanta comida.

—Solo le doy pienso. Bueno, y un poco de arroz. Es una perra coreana; ¡le encanta el arroz!

Feliz, extendí la palma de la mano, coloqué encima una hoja de lechuga y la rellené como me gustaba: con un trozo de carne glaseada, una cucharada de arroz caliente, un poco de *ssamjang* y una lámina fina de ajo crudo. La doblé hasta formar un saquito perfecto y me lo metí en la boca. Cerré los ojos y lo saboreé. Hacía meses que mis papilas gustativas y mi estómago no sabían lo que era la comida casera. Ya solo el arroz estaba exquisito, ya que la arrocera había dotado a cada grano de textura, lo que lo diferenciaba del arroz pastoso de microondas del que me había estado alimentando en la universidad. Mi madre se me quedó mirando.

—¿Está bueno? *Masisseo?*

Abrió un paquete de algas y lo colocó al lado de mi cuenco de arroz.

—*Jinjja masisseo!* —respondí con la boca llena, haciendo como que me desmayaba de placer.

Mi madre se sentó detrás de mí en el sofá, me retiró el pelo de la cara y me lo colocó detrás de los hombros mientras yo daba buena cuenta del festín. Era un gesto habitual en ella, su mano fría y pegajosa por la crema hidratante, que descubrí que ya no me repelía, sino que la buscaba. Era como si poseyera un nuevo núcleo interno que gravitara hacia su cariño, su carga renovada por el tiempo que había pasado lejos de ella. De repente tenía ganas de volver a complacerla, de oír su risa cuando le contaba mis peripecias en el mundo de los adultos haciendo hincapié en los detalles que evidenciaban mi ineptitud. Le conté que había encogido un jersey dos tallas en la lavadora y que un día que había decidido darme un capricho en un restaurante de lujo había acabado pagando doce dólares por una botella de agua con gas que creía que era de cortesía. Confesiones que en el fondo querían decir: «Mamá, tenías razón».

MIENTRAS BAJABA POR LAS escaleras mecánicas del aeropuerto de Eugene, casi contaba con que estuviera esperándome como acostumbraba, sola, sin mi padre, en la terminal, justo detrás del control de seguridad, saludándome con la mano nada más verme. Siempre estaba allí para recibirme, vestida de negro, impecable, con un voluminoso chaleco de piel sintética y unas enormes gafas de sol de carey, fuera de lugar entre los demás residentes de Eugene y sus holgadas sudaderas verdes de los Oregon Ducks.

Pero, en esta ocasión, era mi padre el que me estaba esperando fuera, aparcado a la salida de la recogida de equipajes.

—Hola, colega —me dijo.

Me dio un abrazo y metió mi maleta en el maletero.

—¿Cómo está?

—Bien. Ayer fue a su primera sesión de quimioterapia. Dice que se encuentra un poco débil, nada más.

No hablamos mucho durante el trayecto y yo bajé la ventanilla para inspirar el aire de Oregón. Era cálido y olía a hierba cortada y a los primeros días del verano. Dejamos atrás el largo tramo de tierras baldías, las grandes tiendas de las afueras de la ciudad y la casa de una de mis mejores amigas, que no parecía la misma, pintada como estaba de otro color y con el césped vallado.

Como de costumbre, mi padre conducía de forma agresiva, adelantando a un coche tras otro, lo que no se ajustaba al ritmo pausado de una pequeña ciudad universitaria como la nuestra. Resultaba extraño estar con él sin mi madre. Nosotros no solíamos pasar mucho tiempo a solas.

Mi padre era feliz ejerciendo de cabeza de familia. Que fuera capaz de desempeñar ese papel era prueba suficiente de que había sabido sobreponerse a su infancia y a sus adicciones, algo digno de encomio.

Cuando era niña me cautivaban las historias de su pasado, su virilidad y su arrojo. Me contaba las peleas de su juventud sin escatimar detalles. Que había dejado ciego a un hombre, que en una ocasión lo habían retenido a punta de cuchillo, que en otra, cuando vivía debajo del paseo marítimo, había estado despierto durante veintitrés días, hasta las cejas de *speed*. Conducía una Harley y llevaba un pendiente, y su corpulencia siempre me hacía sentir segura y protegida. Y sabía beber. Cuando salía de trabajar se pasaba por el Highlands, un bar que había enfrente de su oficina. Se tomaba varios chupitos de tequila y media docena de cervezas como quien no quiere la cosa, y a la mañana siguiente se levantaba fresco como una lechuga.

A diferencia de mi madre, intentó criarme sin atender a estereotipos sexistas, y me enseñó a atrapar una pelota de béisbol y a encender una hoguera. Cuando yo tenía diez años incluso llegó a comprarme una moto Yamaha de 80 cc para que lo siguiera por el circuito de tierra que teníamos en el jardín trasero.

Pero durante la mayor parte de mi infancia estuvo ausente, en el trabajo o en el bar, y cuando estaba en casa, se pasaba casi todo el día dando voces al teléfono, buscando un palé de fresas o tratando de averiguar por qué un cargamento de lechuga romana llevaba tres días de retraso. Con el tiempo nuestras conversaciones se convirtieron en algo parecido a explicarle una película a alguien que ha empezado a verla cuando queda media hora para que termine.

Mi padre a menudo culpaba a su trabajo de nuestro distanciamiento. Yo tenía diez años cuando se hizo cargo del negocio de su hermano y empezó a trabajar prácticamente el doble. Pero lo cierto es que ese cambio coincidió con la compra del primer ordenador de la familia, que fue cuando descubrí que mi padre quedaba con mujeres por internet, mujeres a las que pagaba, un secreto que nunca le revelé a mi madre.

A pesar de lo pequeña que era, racionalicé sus infidelidades de inmediato. Era un hombre con necesidades y supuse que mis padres habían llegado a algún tipo de acuerdo. Pero, a medida que me hacía mayor, el secreto comenzó a supurar. Sus historias empezaron a parecerme tediosas y repetitivas; los lances de su violento pasado, más que las hazañas de un héroe, eran una excusa para justificar sus defectos. Su constante embriaguez perdió todo su encanto; el que condujera borracho después del trabajo ahora me parecía una irresponsabilidad. Lo que me cautivaba cuando era niña no tenía nada que ver con lo que mi yo adulto necesitaba de un padre. A diferencia de mi madre y de mí, él y yo no estábamos unidos de manera innata e intrínseca, y ahora que ella estaba enferma, no sabía si seríamos capaces de hacer frente a la situación juntos.

NOS DIRIGIMOS A LA CALLE Willamette por la empinada colina en la que se encontraba el cementerio, que estaba en pendiente. El pavimento cambiaba donde una señal indicaba que en ese punto se terminaba la ciudad, tras la cual se extendía un paisaje que había visto mil veces. Allí seguían las curvas en las que era muy probable que te toparas con un ciervo, las rectas en las que mi padre intentaba adelantar a todos los Volvos y Subarus que iban de camino al Spencer Butte Park a paso de tortuga. A continuación, el sinuoso tramo con los guardarraíles y el claro, donde las colinas de hierba amarillenta se abrían al oeste para ofrecer una ininterrumpida puesta de sol. Arriba, los pinos tomaban el control y oscurecían las casas que había detrás de ellos, pasada la colina y los Viveros Duckworth, entre cuyas macetas de árboles y arbustos ornamentales campaban los pavos reales. Dejamos atrás el vivero de abetos de Navidad de Fox Hollow Road y el camino de grava cubierto por un dosel de árboles, helechos y musgo que crecían entremezclados como una celosía hasta que la exuberante vegetación se aclaraba y emergía nuestra casa.

Mi padre aparcó el coche y yo me apresuré a entrar. Dejé los zapatos bien colocados en el recibidor, llamé a mi madre desde la cocina y ella se levantó del sofá.

—¡Hola, mi niña! —me saludó.

Me acerqué a ella y la abracé con cautela. Sentí el catéter de plástico duro entre nosotras. Le pasé la mano por el pelo.

—Te queda muy bien —le dije—. Me encanta.

Se volvió a sentar en el sofá de cuero y yo hice lo propio en la alfombra, entre ella y la mesita de centro. Julia jadeaba a nuestro lado, con la lengua sobre el hueco del canino que mi padre le había arrancado sin querer hacía unos años con una pelota de golf cuando estaba practicando su *swing* en el camino de entrada. Me abracé a las pantorrillas de mi madre y apoyé la cabeza en su regazo. Había imaginado un encuentro emotivo, pero ella parecía tranquila y circunspecta.

—¿Cómo te encuentras?

—Bien —me respondió—. Un poco débil, pero bien.

—Tienes que comer mucho para conservar las fuerzas. Quiero aprender a preparar todos los platos coreanos que te gustan.

—Oh, sí, por las fotos que has enviado, parece *que estás convirtiendo en buena cocinera*. ¿Y si mañana por la mañana me preparas un zumo de tomate? Compro dos o tres tomates ecológicos y los trituro en la Vitamix con un poco de miel y hielo. Está delicioso. Últimamente lo tomo mucho.

—Zumo de tomate. De acuerdo.

—Dentro de dos semanas va a venir Kye, la amiga de mamá. A lo mejor puede enseñarte a cocinar algunos platos coreanos.

Kye era una amiga suya de la época que mis padres pasaron en Japón. Era unos años mayor que mi madre y la había acogido bajo sus alas mientras mi padre vendía coches usados en Misawa. Le enseñó dónde comprar, dónde ir a tomar algo, a conducir y cómo ganar un poco de dinero extra vendiendo clandestinamente artículos del economato de la base. Crema de leche para el café, lavavajillas, botellas de licores extranjeros, carne enlatada... Mi madre compraba allí esas rarezas libres de impuestos por un dólar y las vendía por cinco.

Habían perdido el contacto cuando mis padres se mudaron a Alemania, pero lo habían retomado hacía un par de años. Kye vivía ahora en Georgia con su marido, Woody. Yo no la conocía y estaba deseando aprender de ella para demostrarle a mi madre lo útil que podía ser. Fantaseaba con las deliciosas recetas que cocinaríamos juntas, lo que me brindaría la oportunidad de saldar por fin mis deudas, de devolver parte del amor y el cuidado que durante tantos años había dado por sentados. Platos que la reconfortarían y le recordarían a Corea. Comidas preparadas tal como a ella le gustaban, para levantarle el ánimo y nutrir su cuerpo y proporcionarle la energía que necesitaría para recuperarse.

Vimos la televisión durante un rato en silencio mientras quitábamos cardos del pelaje de Julia y buscábamos garrapatas para quemarlas, y ella, tumbada de lado y jadeando, nos daba golpecitos con las patas en las muñecas para reclamar nuestra atención cada vez que desviábamos la vista hacia la pantalla. Mi madre se acostó pronto y yo llevé la maleta arriba.

Mi habitación se encontraba encima de la de mis padres, un amplio rectángulo del que salían dos huecos como dos capillas, cada uno con su tejado a dos aguas. Mi escritorio estaba encajado en uno de ellos, mientras que el otro estaba ocupado por el tocadiscos, los altavoces y un asiento de ventana con cojines azules. Los huecos estaban pintados de un color mandarina vivo, y la parte central, de verde menta, señal inequívoca de que ese lugar de la casa un día estuvo habitado por una adolescente.

—¡Deja de hacer *todo ese agujero*! —me regañaba mi madre desde la escalera mientras clavaba tapices psicodélicos en el techo y pegaba gigantescos pósteres de Janis Joplin y *La guerra de las galaxias* en las paredes. Encontré el anticuado mueble del tocadiscos y sus espantosos altavoces de madera en una tienda de segunda mano. «¡Podemos pintarlos!», le dije a mi madre, emocionada ante la perspectiva de hacer algo creativo con ella, pero, cuando los llevamos a casa, se desentendió. Sola, cubrí el suelo del garaje con hojas de periódico y pinté los muebles de negro con aerosol y, demasiado impaciente para dejar que se secaran bien, añadí unos enormes lunares blancos que, por supuesto, se escurrieron y se deformaron, por lo que los muebles parecían una vaca derretida. Otra de mis muchas decepciones adolescentes, sobre todo cuando puse un viejo disco de Leonard Cohen y me acordé de que estaba grabado en mono.

Abrí la ventana, cuya mosquitera había quitado y guardado años atrás, y salí al tejado. Me senté en la gruesa tela asfáltica y puse los pies encima del canalón para no caerme. Había muchas estrellas, más brillantes de lo que recordaba, sin corromper por las luces de la ciudad. El canto de los grillos y las ranas resonaba desde abajo. Cuando mis padres dormían, yo solía deslizarme por las columnas del pórtico desde el otro extremo del tejado para reunirme con el chico al que esa noche hubiera engatusado para que me diera una vuelta en coche. Después corría por el camino de grava hacia el rescatador de turno, que esperaba con el motor al ralentí, y era libre.

Tampoco es que hiciéramos gran cosa. La mayoría de las veces, los chicos que me recogían ni siquiera eran amigos míos, solo compañeros de clase aburridos o chavales mayores con permiso de conducir que todavía estaban despiertos y no tenían nada con lo que distraerse. De vez en cuando alguien organizaba una fiesta en el bosque y nos vestíamos con elaborados disfraces y bailábamos con los *hippies*, que iban puestos de éxtasis. En ocasiones robaba restos de alcohol de las fiestas de mis padres. Como una química meticulosa, sacaba cantidades discretas de las distintas botellas, las mezclábamos con refrescos y nos las bebíamos en el parque. Pero, por lo general, lo único que hacíamos era conducir por ahí escuchando música, aunque de tanto en tanto nos aventurábamos hasta el embalse Dexter o el Fern Ridge, que estaban a una hora en coche, solo para sentarnos en el muelle a mirar el agua negra, oscura como el petróleo en la noche, una inmensidad sombría que era como un reflejo de lo confundidos que estábamos con respecto a nosotros mismos y nuestros sentimientos. Otras noches subíamos a Skinner Butte para contemplar las vistas de la aburrida ciudad que nos tenía secuestrados, o íbamos al IHOP que abría las veinticuatro horas a beber café y comer tortitas de patata, o nos colábamos en la finca de un desconocido en la que había un columpio. En una ocasión incluso fuimos al aeropuerto simplemente para observar a los pasajeros, que volaban a ciudades que nosotros, un par de adolescentes nocturnos unidos por una profunda e inexplicable soledad y el servicio de mensajería instantánea de AOL, nos moríamos por visitar.

Ahora las circunstancias eran muy diferentes. Allí estaba de nuevo. Esta vez había vuelto por mi propia voluntad y no estaba planeando ninguna fuga alocada hacia la oscuridad, sino cruzando los dedos con todas mis fuerzas para que la oscuridad no nos alcanzara.

7

Medicina

Los dos primeros días transcurrieron en una calma silenciosa. Los pasamos a la expectativa, como si algo siniestro estuviera acechando, aproximándose lentamente al perímetro de la casa, pero mi madre se encontraba bien. Pasados tres días pensé que tal vez la cosa no fuera tan grave.

Cada mañana lavaba y cortaba tres tomates ecológicos y los batía con miel y hielo, como me había indicado. El resto de las comidas me causaban más quebraderos de cabeza. Había muchos platos coreanos que no sabía preparar por mi cuenta y los pocos que había aprendido a cocinar le resultaban demasiado pesados. Me sentía perdida. No hacía más que preguntarle qué le apetecía, pero no tenía ningún antojo y rechazaba mis sugerencias con desgana. Lo único que me pidió fue una crema instantánea de la marca Ottogi que vendían en el supermercado asiático, que tenía un sabor neutro y era fácil de digerir.

En Eugene no había ningún H Mart, por lo que, dos veces a la semana, mi madre y yo íbamos a comprar productos coreanos al Sunrise Market, un pequeño supermercado regentado por una familia coreana. El marido era bajito y moreno. Llevaba unas gafas de aviador enormes y guantes de trabajo amarillos, y se pasaba el día metiendo mercancías en el almacén, por lo que siempre estaba cansado. La mujer era guapa y menuda, y lucía una melena corta rizada. Era simpática y educada, y por lo general se ocupaba de la caja registradora. De vez en cuando, una de sus tres hijas ayudaba a embolsar la compra y a reponer los productos en las estanterías. Cada pocos años, una de las hijas crecía lo suficiente para sustituir a la que se había marchado a estudiar a alguna universidad de prestigio, cuyo nombre oía mencionar con orgullo entre las frases en coreano que su madre intercambiaba con la mía mientras le cobraba los brotes de soja y el tofu.

En la parte delantera de la tienda, en las estanterías industriales que flanqueaban una cámara frigorífica expositora, en la que podías encontrar diez clases de *kimchi* y *banchan*, había apilados un montón de sacos gigantescos de arroz. En el centro había varios pasillos de fideos y curris instantáneos, y, en el otro lateral, cámaras de congelados llenas de marisco y empanadillas. En el rincón del fondo tenían una especie de videoclub: estantes llenos de cintas VHS piratas, metidas en anónimas fundas blancas, con textos escritos a mano en el lomo. Era allí donde mi madre alquilaba las anticuadas series coreanas que sus amigas y su familia ya habían visto en Seúl y de las que le habían hablado durante años. Si me portaba bien, mi madre me compraba algún tentempié de los que había al lado de la caja, normalmente un yogur líquido Yakult o un vasito de gelatina de fruta, o compartíamos un paquete de *mochi* de camino a casa.

Cuando yo tenía nueve años, el Sunrise Market se trasladó a un local más grande. Mi madre, entusiasmada, estudiaba detenidamente las nuevas importaciones que llegaron con la expansión: huevas de abadejo congeladas en cajitas de madera; paquetes de fideos instantáneos con salsa de judías negras Chapagetti; *bungeo-ppang*, unos pastelitos con forma de pez rellenos de helado y pasta dulce de judías rojas; productos que evocaban los recuerdos de su infancia y le inspiraban nuevas recetas para plasmar los viejos sabores.

Me resultó extraño estar sola en un lugar al que siempre habíamos ido juntas. Estaba acostumbrada a seguirla mientras ella escrutaba las bolsas de preparado congelado de *pajeon* de marisco, probablemente para ver cuál se parecía más al que usaba mi abuela. De vez en cuando me pedía que fuera a por una sopa instantánea, y yo me alejaba del carrito y rebuscaba en las estanterías, leyendo lentamente los caracteres coreanos hasta dar con la marca correcta.

Aprendí a leer y escribir coreano en el *hangul hakkyo*. Desde primero hasta sexto de primaria, mi madre me estuvo llevando todos los viernes al pequeño edificio de la Iglesia Presbiteriana Coreana, que se encontraba al fondo de un aparcamiento y albergaba dos o tres clases divididas por nivel de dificultad. Las paredes de las aulas estaban cubiertas por los coloridos dibujos de escenas bíblicas que hacían los alumnos de catequesis. En lo alto de la colina había un edificio más grande con una cocina y otra aula, en cuya parte superior se encontraba la iglesia propiamente dicha, en la que nos congregábamos una o dos veces al año.

Cada semana, una de las madres se encargaba de llevar la cena. Aunque algunas abordaban la tarea con actitud piadosa y aprovechaban la oportunidad para preparar platos típicos coreanos, otras la veían como un deber rutinario y se limitaban a pedir diez pizzas a Little Caesars para el deleite de los alumnos. «No me puedo creer que de verdad les guste cenar pizza. Lo que pasa es que la *umma* de Grace es una vaga», refunfuñaba mi madre mientras volvíamos a casa en el coche. Todas las madres coreanas adoptaban los nombres de sus hijos. La madre de Jiyeon era la *umma* de Jiyeon. La madre de Esther era la *umma* de Esther. Nunca supe cómo se llamaban realmente. Su identidad había sido absorbida por la de sus hijos.

Cuando le llegaba el turno a mi madre, preparaba *gimbap*. Cocía una gran cazuela de arroz y se pasaba horas enrollando rábano amarillo encurtido, zanahorias, espinacas, carne de vacuno y tiras de tortilla en cilindros perfectos con una fina esterilla de bambú, y luego los cortaba en vistosas porciones redondas del tamaño de un bocado. Antes de clase, entre las dos nos merendábamos las sobras, los extremos en los que las verduras sobresalían anárquicamente.

Aparte de los del *hangul hakkyo*, no tenía ningún amigo coreano. En la pausa de la cena, a menudo me sentía fuera de lugar y me dedicaba a deambular por el aparcamiento, que también utilizábamos como patio durante el recreo de media hora. En él había una canasta de baloncesto de la que se apropiaban los chicos mayores. Los demás se sentaban en los bordillos de las aceras y se entretenían como podían. La mayoría de los alumnos eran cien por cien coreanos y a mí me costaba identificarme con su obediencia incondicional, inculcada por la fuerza conjunta de dos padres inmigrantes. Llevaban sin rechistar las viseras que les compraban sus respectivas madres y los domingos asistían al culto en familia, una práctica de la que mi madre se había desvinculado desde el principio, a pesar del papel tan relevante que el cristianismo parecía tener en nuestra reducida comunidad coreana. Tal vez debido a mi educación mixta, siempre me sentía como la niña mala, lo que me impulsaba a portarme aún peor. Cuando hacía alguna trastada, los profesores me mandaban a un rincón, donde debía permanecer con los brazos sobre la cabeza mientras los demás continuaban con la clase. Nunca llegué a hablar coreano con soltura, pero aprendí a leerlo y a escribirlo.

«KEU-REEM SEU-PEU», dije con voz queda en *konglish*. Para alguien como yo, que no dominaba el coreano, el *konglish* era un maravilloso salvoconducto, pues me daba acceso a gran cantidad de vocabulario. Se trata de una fusión entre el coreano y el inglés que sigue las normas coreanas de pronunciación. Puesto que en el alfabeto *hangul* no existe la *z*, en las palabras inglesas que contienen dicha letra se sustituye por la *y*, de modo que *pizza* se convierte en *pi-ya*, *amazing* se convierte en *ama-ying*, y *cheese*, una palabra en la que la *s* suena como la *z*, se transforma en *chi-yeu*. En este caso, sustituí la *r* por el sonido de la *l*. «Keu-reem seu-peu», susurré. Sopa cremosa. El envoltorio era muy llamativo, naranja y amarillo, y el logo consistía en un dibujo de un hombre que guiñaba el ojo y se lamía los labios. Compré distintas variedades, varios cuencos de gachas instantáneas coreanas de la misma marca y un paquete de *mochi* y volví a casa.

Me lavé las manos y coloqué un *mochi* rosa en un platito para llevárselo a mi madre, que estaba en la cama.

—No, gracias, cielo —me dijo—. No me apetece.

—Vamos, mamá. Cómete aunque sea la mitad.

Me senté a su lado y la observé. Le dio un mordisquito a regañadientes, lo devolvió al plato y se limpió los restos de la harina dulce de arroz de los dedos antes de dejarlo en la mesilla. Después fui a la cocina a prepararle la crema.

Mezclé el polvo seco con tres tazas de agua en una cazuela y la puse al fuego. Traté de recordar algunos de los consejos que había leído en internet. Servir cantidades pequeñas con frecuencia, crear una atmósfera agradable a la hora de comer. Las comidas pueden resultar más apetecibles si se sirven en platos grandes, ya que las raciones parecen más pequeñas y manejables. Eché la crema en un bonito cuenco azul lo suficientemente grande como para que pareciera una gota en un pozo. A pesar del efecto óptico, mi madre apenas comió unas cucharadas.

Esa misma noche se me ocurrió la brillante idea de preparar *gyeranjjim*, una especie de tortilla de huevo con una consistencia cremosa que se cocina al vapor y que normalmente se sirve como guarnición en los mejores restaurantes coreanos. Nutritivo, con un sabor suave y reconfortante, era uno de mis platos favoritos cuando era niña.

Busqué la receta en internet. Casqué cuatro huevos en un cuenco pequeño y los batí con un tenedor. Rebusqué en los armarios, encontré una de las cazuelas de barro de mi madre y la calenté al fuego. Luego añadí los huevos batidos, sal y tres tazas de agua. Le puse la tapa a la cazuela y, pasados quince minutos, el conjunto había adquirido una textura suave y blanda. Parecía tofu sedoso, pero de color amarillo claro.

Dejé la cazuela en la mesa sobre un salvamanteles y, entusiasmada, fui a buscar a mi madre y la ayudé a ir a la cocina.

—¡He hecho *gyeranjjim*!

Mi madre se estremeció al verlo. Volvió la cara con desagrado.

—Oh, no, cielo —dijo—, ahora no quiero comer eso.

Intenté disimular mi frustración, transformar mi decepción en la ansiosa paciencia de una madre primeriza con un bebé con cólicos. ¿Cuántas veces habría tenido que lidiar ella con mis remilgos infantiles?

—*Umma*, lo he hecho para ti —insistí—. Al menos tienes que probarlo, como tú me decías siempre.

Conseguí que tomara un único bocado antes de que volviera a acostarse.

En la mañana del cuarto día, tuvo náuseas y vomitó por primera vez. No pude evitar pensar, de manera egoísta, que todo mi trabajo se había ido por el desagüe. La obligué a beber agua a lo largo del día para que no se deshidratara, pero a cada hora salía disparada hacia el baño, incapaz de retener nada. A las cuatro de la tarde la encontré inclinada sobre el retrete, metiéndose los dedos en la garganta en busca de alivio. Mi padre y yo la levantamos y la llevamos a la cama. La regañamos y le dijimos que, si no hacía un esfuerzo por retener la comida, no mejoraría.

Por la noche llamé al Seoul Cafe y pedí *tteokguk*, una sopa de lenguas de arroz hecha con un caldo suave. Pensé que, si no comía nada de lo que yo le cocinaba, tal vez podría apetecerle algo de su restaurante preferido. En casa, le serví la sopa en un cuenco enorme y se la llevé a la cama. De nuevo se resistió y solo se tomó unas cucharadas, que más tarde vomitó.

Confiábamos en que los efectos secundarios pronto empezaran a remitir, pero al día siguiente empeoró. Agotada, estaba demasiado débil para levantarse de la cama e ir al baño, por lo que yo tenía que correr a su lado con el cubo de plástico rosa en forma de corazón en el que metía mis juguetes de la bañera cuando era niña. A menudo, aún no había terminado de lavarlo cuando tenía que llevárselo a toda prisa porque lo volvía a necesitar. Al sexto día empezamos a preocuparnos de verdad. Tenía que acudir a una revisión oncológica por la tarde, pero decidimos llevarla antes.

Fue entonces cuando nos dimos cuenta de que había perdido la cabeza. No podía sostenerse en pie por sí misma. No podía hablar y solo gemía quedamente y se mecía como si estuviera alucinando. Mi padre y yo la llevamos en volandas al coche. La sentamos en el asiento del copiloto y yo me senté detrás. Vi que tenía los ojos en blanco. Era como si no quedara rastro de ella y estuviera adentrándose en otro plano mental. En un intento de escapar del infierno que estaba viviendo, empezó a arañar la puerta violentamente para abrirla. Mi padre le pidió a voces que se estuviera quieta. Iba conduciendo con una mano mientras sujetaba a mi madre con la otra.

—¡Para el coche! —grité.

Tenía miedo de que lograra zafarse de él y acabara lanzándose al asfalto.

Mi padre la sacó del coche y yo la metí en el asiento trasero agarrándola de los brazos por detrás. La senté encima de mí y la sujeté mientras ella gemía y se revolvía, tratando de liberarse. Cuando por fin llegamos al centro oncológico, le echaron un vistazo y nos dijeron que teníamos que llevarla a urgencias.

En el hospital Riverbend, mi padre la agarró por los hombros y la acomodó en una silla de ruedas. Dos hombres con pijama sanitario azul que estaban en la recepción nos pidieron que nos sentáramos en la sala de espera. No había habitaciones disponibles. Ambos nos miraron a mi madre y a mí con indiferencia mientras yo intentaba evitar que se cayera de la silla. Ella gemía, se retorcía y estiraba los brazos como si estuviera luchando contra una fuerza invisible. Mi padre golpeó el mostrador con las palmas de las manos y gritó:

—¡¡Mírenla!! ¡¡Si no nos ayudan, se va a morir ahí!!

Estaba rabioso. Se le formó una espuma blanca en las comisuras de los labios y por un momento pensé que iba a abalanzarse sobre ellos para pegarles.

—¡Mirad! —dije, apuntando a una habitación vacía—. ¡En esa habitación no hay nadie! ¡Por favor!

Acabaron cediendo y nos dejaron instalarnos en ella. Después de lo que pareció una eternidad, por fin llegó el médico. Mi madre estaba deshidratada y, si no recuerdo mal, tenía los niveles de magnesio y potasio por los suelos, por lo que decidieron ingresarla. Unas enfermeras la trasladaron en una camilla a otra habitación de la planta de arriba, donde le administraron varios sueros por vía intravenosa para estabilizarla. Mi padre me mandó a casa para que cogiera una bolsa con lo que mi madre pudiera necesitar para pasar la noche.

CUANDO ME MARCHÉ, YA había anochecido. A solas, en la intimidad del coche, por fin dejé que la conmoción se transformara en lágrimas. Todo lo que había hecho en mi vida se antojaba sumamente egoísta e insignificante. Me odié a mí misma por no haberle escrito a Eunmi todos los días cuando estaba enferma, por no haberla llamado más a menudo, por no haber comprendido lo que Nami Emo había padecido como cuidadora. Me odié por no haber llegado antes a Eugene, por no haber acudido a las citas médicas, por no haber sabido reconocer las señales y, tal vez desesperada por eludir la responsabilidad, dirigí mi odio hacia mi padre por los indicios que había pasado por alto; quién sabía el sufrimiento que se podría haber evitado si la hubiéramos llevado al hospital cuando aparecieron los primeros síntomas.

Me sequé la cara con la manga y bajé las ventanillas. Era la primera semana de junio y se respiraba un aire cálido. La luna era una pequeña lúnula luminiscente, la forma de media luna favorita de mi madre. Yo solía burlarme de ella cada vez que lo comentaba; le decía que era una preferencia absurda, ya que solo había tres fases entre las que elegir. Tomé la I-5 pasado el Lane Community College y aceleré en Willamette. Traté de no pensar en nada y concentrarme en la carretera, no fuera a aparecer un ciervo en alguna curva.

En casa cogí una manta suave del salón; las cremas faciales, el limpiador, el tónico, el sérum y el bálsamo labial de mi madre del mueble del baño, y una chaqueta fina de punto de color gris de su armario. Yo me preparé una bolsa de mano, en la que también metí ropa limpia para ella, para que se la pusiera cuando le dieran el alta. Cuando regresé al hospital, estaba durmiendo. Mi padre propuso que volviéramos a casa, pero yo no podía soportar la idea de que se despertara sola en esa habitación, sin saber muy bien cómo había llegado hasta allí. Le dije que se fuera a descansar y que volviera por la mañana, y yo me estiré en el banco acolchado que había junto a la ventana.

Esa noche, tumbada a su lado, recordé las veces en las que, cuando era niña y tenía los pies fríos, los metía entre sus muslos para que me los calentara. Ella temblaba y susurraba que siempre estaría dispuesta a sufrir por mi bienestar, que así era como sabías que alguien te quería de verdad. Recordé las botas que se había estado poniendo antes de enviármelas para que no me hicieran daño. Ahora más que nunca, deseaba desesperadamente encontrar el modo de transferir el dolor, deseaba demostrarle cuánto la quería, que podía arrastrarme hasta su cama de hospital y apretar mi cuerpo contra el suyo para absorber su sufrimiento. Parecía justo que la vida ofreciera oportunidades como esa para demostrar piedad filial. Que los meses en los que mi madre me había llevado dentro de ella, en los que sus órganos habían cambiado y se habían retraído para dar cabida a mi existencia, y la agonía que había soportado durante el parto pudieran ser recompensados padeciendo en su lugar el dolor que sentía ahora. El deber de una hija única. Pero en realidad no podía hacer otra cosa que permanecer a su lado, como un ángel custodio, y escuchar los pitidos lentos y constantes de las máquinas, el sonido amortiguado de su respiración.

Mi madre tardó varios días en volver a hablar. Estuvo ingresada dos semanas. Mi padre se quedaba con ella durante el día y yo por la noche.

Esa nueva rutina no auguraba nada bueno para mi padre. Tenía la suerte de poder ausentarse del trabajo para ayudar a mi madre durante el tratamiento, pero dispensar cuidados no era lo suyo; para él, que no había tenido el privilegio de haber sido criado con cariño, esa situación suponía, quizá, un desafío funesto.

No había conocido a su padre, que había sido paracaidista durante la Segunda Guerra Mundial. Supuestamente, en un aterrizaje forzoso sobre Guam, su paracaídas se quedó enganchado en un árbol y estuvo atrapado allí durante días, viendo cómo su unidad era masacrada antes de que por fin lo rescataran. Cuando regresó, era una persona completamente distinta. Pegaba a sus hijos. Les hacía arrodillarse sobre trozos de cristal y les echaba sal en las heridas. Violó a su mujer, que se quedó embarazada de mi padre. Ella finalmente lo abandonó justo antes de dar a luz.

Criado por una madre soltera y trabajadora que apenas tenía tiempo ni aptitudes emocionales para ocuparse del más joven de sus cuatro hijos, mi padre creció sin demasiada supervisión. Dos de sus hermanos, Gayle y David, le llevaban diez y once años, respectivamente, y cuando mi padre empezó la escuela primaria, ellos ya se habían marchado de casa. Ron, que le sacaba seis años, lo maltrataba como su padre lo había maltratado a él, y le zurraba hasta que lo dejaba inconsciente o, cuando mi padre solo tenía nueve años, le daba ácido simplemente para ver qué ocurría.

Como era de esperar, mi padre tuvo una adolescencia turbulenta que culminó en su arresto, rehabilitación y unas cuantas recaídas posteriores, durante la veintena, mientras trabajaba como fumigador. Fue su traslado fortuito al extranjero lo que a la postre lo salvó. Si esta fuera su biografía, probablemente se titularía *El mejor vendedor de coches usados del mundo*. Más de tres décadas después, no hay nada que le emocione tanto como hablar de sus años en las bases militares de Misawa, Heidelberg y Seúl, donde se hizo a sí mismo. Para un hombre que venía de la nada, la vida como vendedor de coches usados en el extranjero se antojaba de lo más glamurosa.

En esos años mi padre conquistó el sueño americano en otro país. Aunque era un hombre de escasas habilidades y poca formación, lo compensaba con creces gracias a su capacidad de adaptación y una convicción inquebrantable. Había pocas cosas que su orgullo no le permitiera hacer: estaba decidido a salir adelante, costara lo que costara.

Se llevó su recién adquirida disciplina con él a Eugene, donde se convirtió en un próspero comerciante que disfrutaba afrontando los problemas y sabía delegar. Después de un cuarto de vida de fracasos, por fin había encontrado algo que se le daba bien y se entregó a ello en cuerpo y alma. Podría decirse que, en parte, vivía como un galgo: con la vista al frente, olfateando la sangre y corriendo como un cabrón.

Pero la enfermedad de mi madre no era un problema que él pudiera resolver o en el que pudiera seguir trabajando fuera del horario laboral, de modo que empezó a dejarse vencer por la impotencia y a encerrarse en sí mismo.

En una ocasión volví a casa a mediodía, aturdida y agotada tras haber pasado otra noche en el banco del hospital, y lo encontré sentado a la mesa de la cocina. La casa olía a quemado.

—No me reconozco —musitó, negando con la cabeza mientras miraba por encima los documentos del seguro del coche.

Con el teléfono en la oreja, estaba esperando para dar parte del segundo accidente que había tenido esa semana, que, como el primero, había sido culpa suya. En el cubo de la basura había dos tostadas ennegrecidas y otra estaba empezando a quemarse en la tostadora.

La saqué y raspé las partes quemadas en el fregadero con un cuchillo. La puse en un plato y lo dejé a su lado en la mesa.

—Yo no soy así —dijo.

Esa noche, antes de irme al hospital, me lo encontré en el mismo sitio, adormilado y murmurando incoherencias. Llevaba una camiseta interior y unos calzoncillos blancos.

Eran las nueve y ya se había ventilado dos botellas de vino y estaba chupando uno de los caramelos de marihuana que había comprado en el dispensario del hospital para mi madre.

—Ni siquiera es capaz de mirarme —dijo entre lágrimas—. Ni siquiera podemos mirarnos sin llorar.

Su corpachón temblaba como una hoja. Las grietas que poblaban sus labios estaban teñidas de un color morado oscuro por el vino. No era raro ver llorar a mi padre. A pesar de sus agallas, era un hombre sensible. Muy transparente. A diferencia de mi madre, no se guardaba el diez por ciento.

—Tienes que prometerme que vas a estar a mi lado —dijo—. Prométemelo, ¿vale?

Extendió la mano y me cogió la muñeca en busca de consuelo, con los ojos entornados. En la otra mano sostenía una loncha de queso Jarlsberg a medio comer, que se dobló flácidamente mientras él se inclinaba hacia mí. Luché contra el impulso de soltarme. Sabía que debía sentir simpatía o empatía, solidaridad o compasión, pero la sangre me hervía a causa del resentimiento.

Era un mal compañero en un juego muy arriesgado en el que había muy pocas probabilidades de que saliéramos victoriosos. Era mi padre y quería que me tranquilizara estando sobrio, no que me incitara a recorrer sola ese camino descorazonador. Ni siquiera me atrevía a llorar en su presencia por miedo a que se aprovechara del momento, a que comparara su dolor con el mío para ver quién la quería más y quién tenía más que perder. Además, me afectó mucho que hubiera dicho en voz alta lo que para mí era inefable: la posibilidad de que mi madre no superara el cáncer, de que pudiera haber un nosotros sin ella.

Dos semanas después, mi madre pudo por fin volver a casa. Instalé un calefactor en el cuarto de baño y, probando el agua con frecuencia para que estuviera a la temperatura perfecta, le preparé la bañera. La ayudé a levantarse de la cama y fuimos despacio hacia el baño. Estaba muy débil y caminaba como si se le hubiera olvidado y estuviera aprendiendo de nuevo. Le bajé el pantalón del pijama y le levanté la parte de arriba, como hacía ella conmigo cuando yo era pequeña. «Man seh», dije en broma, algo que ella solía decir cuando me desvestía para que alzara los brazos.

Cargué su peso en mi hombro y la ayudé a meterse en la bañera. Le recordé la anécdota del *jjimjilbang*, la apuesta que ella había ganado, lo incómodos que debieron de sentirse Peter y papá sentados desnudos uno al lado del otro. Le dije que era una suerte que nosotras nos sintiéramos tan cómodas la una con la otra. Que había familias que se avergonzaban de la desnudez. Le lavé su negro pelo con cuidado e hice todo lo posible para aclarárselo sin tocárselo, ya que temía quedarme con él en la mano.

—Mira mis venas —dijo, contemplándose la barriga a través del agua—. ¿No te dan miedo? Parecen negras. Ni siquiera cuando estaba embarazada mi cuerpo tenía un aspecto tan raro. Es como si tuviera veneno dentro.

—Medicina —la corregí—, para acabar con las células malas.

Quité el tapón de la bañera y la ayudé a salir. La sequé con una toalla amarilla de felpa. Lo hice lo más rápido que pude para que no se cayera.

—Apóyate en mí —le dije al tiempo que la envolvía en un albornoz.

Mientras la bañera se vaciaba, vi que a los lados se acumulaba un residuo negro. Cuando miré a mi madre, me di cuenta de que le faltaba pelo. Se le habían caído grandes mechones de distintas partes de la cabeza y habían dejado al descubierto su pálido cuero cabelludo. Indecisa entre ayudarla a levantarse o apresurarme a limpiar la bañera, no pude evitar que mi madre se viera en el espejo. Noté que su cuerpo se debilitaba y seguidamente se escurrió de mis brazos hacia la alfombra como si fuera arena.

Sentada en el suelo, se enfrentó a su reflejo. Se pasó la mano por la cabeza y contempló el pelo que se le había quedado entre los dedos. Era el mismo espejo de cuerpo entero ante el que la había visto posar durante más de la mitad de mi vida. El mismo espejo ante el que la había visto aplicarse crema tras crema para conservar su piel tersa e impecable. El mismo espejo ante el que la había visto probarse un atuendo tras otro, caminar con una postura tan perfecta como la de una modelo, analizarse con orgullo, posar con un bolso o una chaqueta de cuero nuevos. El espejo en el que se miraba con toda su vanidad. En ese espejo ahora había alguien irreconocible que escapaba a su control. Una persona extraña y repulsiva. Se echó a llorar.

Me agaché y abracé su cuerpo tembloroso. Quería llorar con ella ante esa imagen que yo tampoco reconocía, aquella enorme manifestación física del mal que había irrumpido en nuestra vida. Pero, en lugar de ello, sentí que mi cuerpo se tensaba, que se me endurecía el corazón y mis sentimientos se congelaban. Una voz interior me ordenó: «No te derrumbes. Si lloras, será como reconocer el peligro. Si lloras, ella no parará». Así que tragué saliva y con voz serena, no solo para consolarla con una mentira piadosa, sino para obligarme a mí misma a creerla, le dije:

—Solo es pelo, *umma*. Te volverá a crecer.

8

Unni

PASARON TRES SEMANAS Y, a finales de junio, mi madre comenzó a mejorar, a recuperar las fuerzas, justo a tiempo para su segunda sesión de quimioterapia.

Necesitábamos toda la ayuda posible, por lo que teníamos previsto que tres mujeres coreanas nos echaran una mano. Los amigos, la familia y el personal del hospital habían insistido en que cuidaríamos mejor de ella si disponíamos de tiempo para nosotros mismos. Si contábamos con más gente, no solo podríamos descansar, sino que también podríamos centrarnos en su dieta, en preparar platos que pudieran apetecerle, comida coreana que pudiera ingerir a pesar de las náuseas.

Kye sería la primera en llegar. A las tres semanas, LA King la sustituiría y, en principio, pasadas otras tres semanas, Nami ocuparía su lugar, pero, como Nami Emo había estado cuidando de Eunmi durante dos años antes de que Eunmi muriera, esperábamos poder apañárnoslas solos para que no tuviera que ver a su otra hermana pasar por lo mismo.

CUANDO KYE LLEGÓ, me sentí optimista. Emanaba calma y determinación, como una enfermera concienzuda. Bajita, robusta y con cara de pan, era varios años mayor que mi madre; calculé que tendría unos sesenta y cinco. Llevaba el pelo largo y castaño recogido en un moño, como una mujer decente. Cuando sonreía, sus labios formaban una línea que no acababa de curvarse hacia arriba, como si a medio camino hubiera cambiado de opinión.

Los tres nos apiñamos a su alrededor en la mesa de la cocina. Kye había llegado con objetivos y distracciones, un montón de información impresa, mascarillas faciales coreanas, pintaúñas y unas bolsitas de semillas. Mi madre estaba en pijama y bata. Tenía la cabeza llena de calvas; parecía una muñeca a la que nadie quería.

—Mañana por la mañana plantaremos estas semillas —dijo Kye.

Nos mostró tres paquetitos que contenían semillas de lechuga de hoja roja, de la que se usa para los *ssam*, de tomates cherry y de guindillas verdes coreanas. Una vez, cuando era pequeña, me había ganado la admiración de mi madre al mojar de manera intuitiva una guindilla cruda en *ssamjang* en un restaurante de barbacoas de Seúl. El amargor y el picante de la verdura casaban perfectamente con el intenso y salado sabor de la salsa, que estaba hecha de habas de soja y guindillas fermentadas. Se trataba de una combinación poética, juntar algo en su forma cruda con su prima dos veces muerta. «Este sabor es muy antiguo», había dicho mi madre.

—Por las mañanas podemos pasear alrededor de la casa —continuó Kye—. Y después podemos regar las plantas y ver cómo crecen.

Kye era inteligente e inspiradora, y me hizo recuperar la esperanza que había perdido. Con mi padre hecho un lío, su presencia supuso un alivio. Dijo con firmeza: «Estoy aquí». Con la ayuda de Kye, mi madre podría superar el cáncer, podría curarse.

—Muchas gracias por venir, Kye *unni* —le dijo mi madre.

Alargó la mano por encima de la mesa y la posó sobre la de Kye. *Unni* es el modo en que las mujeres coreanas se refieren a sus hermanas mayores y a sus amigas íntimas de más edad. Significa 'hermana mayor'. Mi madre no tenía muchas *unnis* en Eugene. La única vez que recordaba haberla oído pronunciar esa palabra había sido en casa de mi abuela, mientras hablaba con Nami. La hacía parecer una niña y me pregunté si la veteranía de Kye podría cambiar las tornas. Para ella sería más fácil apoyarse en alguien mayor, que compartía su cultura, que no era la hija que, instintivamente, quería proteger. Ante la fortaleza de una *unni*, mi madre podría capitular.

A LA MAÑANA SIGUIENTE plantamos las semillas que había traído Kye y volvimos a casa caminando despacio. Mi padre estaba trabajando y Kye me animó a que también me tomara un respiro; insistió en que mi madre y ella podían arreglárselas sin mí. Decidí tomarme mi primer descanso y me fui a la ciudad.

Durante muchos años me había empeñado en que todas las formas de actividad física eran una pérdida de tiempo, pero de repente me sentí extrañamente impelida a ir al gimnasio al que iban mis padres. Antes de que mi madre enfermara, no paraba de enviarme artículos sobre la frecuencia con la que aquellos que habían triunfado en la vida hacían ejercicio, y me convencí de que, si corría ocho kilómetros al día, podría transformarme en una persona responsable, en una buena cuidadora y en el apoyo perfecto, en la hija que mi madre siempre había querido.

Estuve una hora corriendo en la cinta mientras mentalmente jugaba con las cifras. Me decía que, si corría a doce kilómetros por hora durante un minuto más, la quimio funcionaría. Si corría ocho kilómetros en media hora, mi madre se curaría.

No había corrido con tanta convicción desde primero de secundaria, cuando, el primer día de clase, el profesor de gimnasia anunció que teníamos que correr un kilómetro y medio cronometrado alrededor del patio del colegio. Estaba convencida de que no tendría rival. El año anterior había sido la corredora más rápida de mi curso y estaba lista para deslumbrar, ansiosa por impresionar a mis nuevos compañeros con mi supervelocidad, pero la dura realidad se impuso. Superada en cuestión de segundos, me sentía como una suricata entre una manada de gacelas.

Así es la pubertad, una gran broma masoquista que hay que soportar en ese centro de reinserción social que es el instituto, donde los jóvenes pasan los años más confusos y emotivos de su vida, donde las chicas que ya llevan sujetador y saben lo que es una mamada se sientan al lado de chicas que calzan zapatillas de Gap y están enamoradas de personajes de anime. Una época en la que todo lo que nos hace únicos, todo lo que nos aleja, aunque sea ligeramente, de la visión colectiva y prototípica de la belleza popular se convierte en un defecto angustioso que solo se puede subsanar mediante la negación de uno mismo.

Después de la clase de gimnasia y todavía aturdida por la vergüenza que me producía haber sido destronada como atleta, una compañera se me acercó en el baño para plantearme una serie de preguntas que acabarían convirtiéndose en el pan nuestro de cada día.

—¿Eres china?

—No.

—¿Japonesa?

Negué con la cabeza.

—Bueno, ¿y qué eres entonces?

Quise explicarle que el continente asiático estaba formado por más de dos países, pero mi confusión era tal que ni siquiera pude responder. Había algo en mi cara que hacía que para algunos resultara difícil ubicarme, como si yo fuera una especie de alienígena o de fruta exótica. «¿Y qué eres entonces?» era lo último que quería que me preguntaran a los doce años porque confirmaba que era distinta, inidentificable, que aquel no era mi sitio. Hasta entonces, siempre había estado orgullosa de ser medio coreana, pero de repente tuve miedo de que eso se convirtiera en el rasgo que me definía, así que empecé a camuflarlo.

Le pedí a mi madre que dejara de prepararme los almuerzos para poder salir a comer a las cafeterías que había fuera del centro con los chicos y las chicas populares. En una ocasión, me dio tanto miedo que una chica me juzgara que pedí lo mismo que ella, un *bagel* con queso para untar y una taza de chocolate semidulce, la insulsez encarnada, una combinación que yo jamás habría elegido. Dejé de posar en las fotos haciendo el signo de la paz por miedo a parecer una turista asiática. Cuando mis amigas empezaron a salir con chicos, me sentía acomplejada y creía que la única razón por la que alguien querría salir conmigo era porque estaba obsesionado sexualmente con las asiáticas y, si no le gustaba a nadie, me torturaba pensando en si era por los chistes crueles que los chicos de mi clase hacían sobre que las orientales tenían el coño ladeado y que se te pegaban como una lapa.

Lo peor de todo es que fingí que no tenía un segundo nombre de pila, que era de hecho el de mi madre, Chongmi. Con un nombre como Michelle Zauner, sobre el papel era neutra. La omisión me parecía elegante y moderna. Era como si me hubiera deshecho de un lastre que hacía que me sintiera mortificada cada vez que alguien lo pronunciaba sin querer como *chow mein*, pero en el fondo lo que ocurría era que me avergonzaba de ser coreana.

—No sabes lo que es ser la única coreana de la escuela —le dije a mi madre, que se me quedó mirando desconcertada.

—Pero tú no eres coreana —repuso ella—. Eres estadounidense.

CUANDO VOLVÍ A CASA del gimnasio, Kye y mi madre estaban comiendo en la mesa de la cocina. Kye había cocinado las habas de soja que había dejado en remojo la noche anterior y las había batido con semillas de sésamo y agua para preparar un caldo frío de leche de soja. Había cocido unos fideos *sōmen*, los había enjuagado bajo el grifo del agua fría y los había servido en un cuenco con pepino cortado en juliana y el lechoso caldo blanco vertido por encima.

—¿Qué es eso? —pregunté.

—*Kongguksu* —contestó Kye—. ¿Quieres probarlo?

Asentí con la cabeza y me senté frente a mi madre, en el que solía ser mi sitio en la mesa. Siempre había pensado que conocía bien la gastronomía coreana, pero estaba empezando a dudar de ello. Nunca había oído hablar del *kongguksu*. Mi madre nunca lo había hecho y yo no lo había visto en ningún restaurante. Kye me sirvió un cuenco y se sentó al lado de mi madre. Tomé un poco. Tenía un sabor agradable y limpio, con un regusto a frutos secos. Los fideos eran elásticos y el caldo, ligero, con trocitos de habas de soja. El plato perfecto para el verano y el plato perfecto para mi madre, a quien los olores y sabores que antes del tratamiento le encantaban ahora le producían náuseas.

Mi madre se encorvó sobre el gran cuenco azul de cerámica y se llevó el resto de los finos fideos a la boca. Vi que las zonas desiguales del cuero cabelludo estaban rasuradas.

—Te has afeitado la cabeza —le dije.

—Sí, lo ha hecho Kye *unni* —me contestó—. Queda mejor, ¿no te parece?

—Mucho mejor.

Me sentí culpable por no habérselo sugerido yo antes y no pude evitar sentirme un poco excluida por que lo hubieran hecho sin mí.

—*Gungmul masyeo* ('Bébete el caldo') —dijo Kye.

Mi madre, obediente, inclinó el cuenco y se bebió el líquido. Desde que había empezado la quimioterapia, era la primera vez que la veía terminarse un plato.

A última hora de la tarde, Kye preparó *yaksik* en nuestra olla arrocera. Mezcló arroz con miel de la zona, salsa de soja y aceite de sésamo, y añadió piñones, azufaifas deshuesadas, pasas y castañas. Extendió la mezcla sobre una tabla de cortar y la dividió en cuadraditos. Recién salido de la arrocera, el *yaksik* estaba humeante y pegajoso. Tenía unos colores áureos y otoñales: el intenso rojo oscuro de las azofaifas, el beis claro de las castañas y el dorado del arroz caramelizado. Se lo llevó a mi madre a la cama con una taza de infusión de cebada.

Por la noche, Kye sacó las mascarillas coreanas que había dejado en el congelador y preparó una bandeja de frutos secos, galletitas saladas, queso y fruta. Las tres nos pusimos las frías mascarillas blancas en la cara y dejamos que la viscosa crema hidratante penetrara en los poros. Nos turnamos con el vapeador que mi padre había comprado en el dispensario de marihuana medicinal, que nos llevábamos a los labios como si fuera la elegante boquilla de Holly Golightly.

Después Kye desplegó unas revistas sobre el edredón de mi madre, señaló con la mano la colección de esmaltes de uñas que se había traído de casa y le pidió que eligiera un color para hacerle la pedicura. Yo me reproché no haber pensado antes en esas cosas. Ver a mi madre deleitarse con aquellos pequeños actos de vanidad era tranquilizador, sobre todo después de que hubiera perdido el cabello. Me sentí agradecida por que Kye estuviera con nosotros, alguien con la madurez necesaria para guiarnos.

A LA MAÑANA SIGUIENTE, me encontré a Kye en la cocina preparando *jatjuk*, una papilla de piñones que mi madre solía hacerme cuando estaba pachucha. Recordé que me decía que el *jatjuk* era bueno para los enfermos porque era fácil de digerir y muy nutritivo, y que se consideraba un lujo porque los piñones eran muy caros. Mientras Kye lo removía con una cuchara de madera y yo observaba cómo engordaba en la cazuela, rememoré su textura espesa y cremosa y su reconfortante sabor a frutos secos.

—¿Me puedes enseñar a hacerlo? —le pregunté—. Mi madre me dijo que podrías enseñarme a cocinar para ella. Quiero ayudar para que tú también puedas descansar.

—No te preocupes por la comida de tu madre —dijo Kye—. Deja que me encargue yo. Tú me puedes ayudar a preparar la cena para ti y para tu padre.

No sabía si debía explicarle lo importante que era para mí. Que cocinar para mi madre sería como invertir los papeles; que esa debería ser mi función. Que la comida era un lenguaje tácito entre nosotras que simbolizaba nuestro reencuentro, nuestra unión, nuestros intereses comunes. Pero estaba tan agradecida por la ayuda de Kye que no quería importunarla. Atribuí esos sentimientos al injustificado egoísmo de mi condición de hija única y decidí que, si Kye no quería enseñarme a cocinar, me ocuparía de otras tareas.

Así que me convertí en la secretaria de la familia. Anotaba todos los medicamentos que tomaba mi madre, las horas a las que los tomaba y los síntomas de los que se quejaba, que aprendí a contrarrestar con los otros fármacos que le habían recetado. Vigilaba la consistencia y la textura de sus deposiciones y le daba laxantes cuando era necesario, como había prescrito el médico. En un cuaderno verde de espiral que guardaba junto al teléfono de la cocina empecé a apuntar de manera obsesiva todo lo que ingería; buscaba el valor nutritivo de cada ingrediente para calcular las calorías de cada comida y, al final del día, las sumaba y comprobaba en cuánto diferían de las dos mil calorías de una dieta normal.

Dos tomates tenían unas cuarenta calorías, y una cucharada de miel, sesenta y cuatro, por lo que con su zumo de tomate matutino consumía alrededor de cien calorías.

Los batidos nutricionales como los de la marca Ensure no le gustaban porque le sabían a tiza, pero una de las enfermeras del centro oncológico le recomendó que probara los productos de la línea Ensure Clear, que tenían un sabor más parecido al del zumo. Mi madre los toleraba mucho mejor, lo que supuso una gran victoria. Mi padre compró cajas de todos los sabores en Costco y las apiló en el garaje, donde mi madre solía guardar sus botellas de vino blanco. Intentábamos que se tomara dos o tres al día, por lo que le rellenábamos compulsivamente la copa de vino que antes utilizaba para el chardonnay. Eso sumaba al menos seiscientas o setecientas calorías.

El *misutgaru*, un polvo fino de color marrón claro con un sutil sabor dulce que añadíamos al *patbingsu* en verano, se convirtió en otro ingrediente básico. Una o dos veces al día, lo mezclaba con agua y un poco de miel. Con dos cucharadas casi llegábamos a las mil calorías.

Para las comidas, Kye preparaba *nurungji*, una especie de gachas. Extendía una capa fina de arroz recién cocido en el fondo de una cazuela, dejaba que se tostara hasta que se convertía en una lámina crujiente y después vertía agua caliente por encima y lo servía como unas gachas de avena aguadas y saladas.

Que de postre comiera helado Häagen-Dazs de fresa fue un gran triunfo, ya que cada media taza tenía nada más y nada menos que doscientas cuarenta calorías.

Con el tiempo le salieron llagas en los labios y en la lengua, por lo que comer le resultaba casi imposible. Cualquier alimento con sabor hacía que se le irritaran las diminutas heridas de la boca, lo que nos dejó con pocas opciones dietéticas que no fueran insípidas o líquidas, por lo que alcanzar las dos mil calorías ahora era muy difícil. Cuando las llagas empeoraron tanto que no podía tragar los analgésicos, los trituraba con el dorso de una cuchara y espolvoreaba las migas, de un azul vivo, sobre el helado como virutas narcóticas. Nuestra mesa, antes espléndida y atípica, se convirtió en un campo de batalla de proteínas en polvo y papillas pretenciosas; la hora de la cena transcurría entre cálculos y discusiones para que comiera algo.

Esta obsesión con la ingesta calórica de mi madre acabó con mi apetito. Desde que estaba en Eugene había perdido cinco kilos. La barriguilla que a ella tanto le gustaba pellizcar había desaparecido y cuando me duchaba se me caían grandes mechones de pelo por el estrés. De un modo perverso, me alegré de ello. Mi propia pérdida de cabello me hacía sentirme unida a mi madre. Quería encarnar una advertencia física: si ella empezaba a desvanecerse, yo también lo haría.

LAS SEMILLAS QUE HABÍAMOS plantado comenzaron a brotar gracias al sol de julio, que absorbían vorazmente. Mi madre recibió un segundo ciclo de quimioterapia. Después de los incapacitantes efectos secundarios del primero, el oncólogo redujo la dosis casi a la mitad, pero la semana posterior también fue complicada.

Kye llevaba con nosotros quince días y mis padres confiaban cada vez más en ella. Empecé a temer que, cuando se marchara, mi padre y yo no fuéramos capaces de cuidar de mi madre. Mi padre casi nunca estaba en casa y mi madre se sentía más cómoda pidiéndole ayuda a Kye.

Creo que le hería el orgullo depender de mí. Incluso en la agonía de la quimioterapia, a menudo me preguntaba qué tal estaba o si mi padre y yo habíamos comido.

A pesar de nuestra insistencia, Kye se negaba a tomarse un descanso. Se pasaba todo el día con mi madre, masajeándole los pies y satisfaciendo todas sus necesidades. No se separaba de su lado ni siquiera cuando yo insinuaba que quería estar a solas con ella. Aunque me ausentara tan solo una hora para ir a correr al gimnasio, me sentía culpable. Las dos se volvieron inseparables y, si bien era consciente de cuánto tenía que agradecerle a Kye, empecé a sentirme marginada. Pese a que había desterrado el miedo a lo peor a los rincones más remotos de mi mente y trataba de ser optimista, en el fondo sabía que existía la posibilidad de que aquellos fueran los últimos momentos que pasara con mi madre y quería aprovecharlos.

Cuando nos dieron cita para que le administraran una infusión intravenosa para corregir el déficit de electrolitos, me ofrecí a llevarla. Kye se mostró reacia a quedarse en casa, pero yo me mantuve en mis trece. Quería ir sola con mi madre.

—Por favor, descansa un poco, Kye. Te lo mereces.

No había llevado a mi madre en coche a ningún sitio desde que tenía quince años y estaba aprendiendo a conducir. Entonces era un manojo de nervios y creía que me salía de la carretera por su lado todo el rato. No hacíamos más que gritarnos la una a la otra, lo que empeoraba la situación. Discutíamos por cualquier menudencia, como cuándo poner el intermitente o qué ruta tomar para atravesar la ciudad.

Ahora en el coche reinaba el silencio. Nos cogimos de la mano. Fue agradable poder estar a solas con ella por fin. Pensé que Kye no nos hacía falta, que yo sola podría con todo.

Cuando llegamos, una enfermera nos llevó a una habitación individual tranquila e iluminada con una luz suave. La clínica estaba en un edificio del campus de la Universidad de Oregón, enfrente de una tienda en la que, en verano, cuando era cría, solía comprarme un helado antes de pasar por el agujero de una verja metálica cercana para ir a una zona rocosa del río Willamette. Mis amigos y yo saltábamos desde las irregulares rocas resbaladizas y dejábamos que los rápidos nos arrastraran río abajo durante medio kilómetro. Después volvíamos nadando a la orilla, saltábamos de nuevo y nos dejábamos llevar otra vez por la corriente.

Rememoré aquellos veranos apacibles. Cuando tenía las manos pegajosas por el helado cubierto de caramelo y el sol me daba en el cuello mientras enganchaba la cadena de mi anticuada bicicleta, ansiosa por sumergirme en el agua fría. No tenía ni idea de qué era ese edificio que había al otro lado. Entonces un hospital tenía un significado muy distinto. Si hubiera sabido lo suficiente para identificarlo, habría sido incapaz de imaginarme a la gente que había dentro. Cómo era su sufrimiento, tanto el de los pacientes como el de sus seres queridos; a qué se enfrentaban exactamente. Algunas personas tenían una situación mucho peor que la nuestra: algunas no contaban con ningún familiar a quien recurrir, otras no disponían de seguro y había quienes ni siquiera podían permitirse estar de baja durante el tratamiento. A pesar de que nosotros éramos tres, la tarea de cuidar de mi madre a veces se antojaba un esfuerzo hercúleo.

Cuando volvíamos a casa, decidí que sería mejor no decirle a mi madre cómo me sentía con respecto a Kye. En lugar de ello, eché un vistazo a los discos que tenía cargados en el reproductor de CD de su coche. El primero era el álbum de debut de mi banda; el segundo era de su nuevo cantante favorito, «Bruno Mar», y el tercero era el álbum de Barbra Streisand *Higher ground*. Mi madre no escuchaba mucha música, pero adoraba a Barbra Streisand y *Tal como éramos* y *Yentl* eran dos de sus películas preferidas. Recordé cómo cantábamos la canción «Tell him» y pasé las pistas del álbum hasta que la encontré.

—¿Te acuerdas?

Me eché a reír y subí el volumen. Era un dúo entre Babs y Celine Dion, dos poderosas divas que se habían unido para cantar un tema excepcional. Celine interpreta el papel de una joven que teme confesarle sus sentimientos al hombre que ama, y Barbra es su confidente, que la anima a dar el paso.

«I'm scared, so afraid to show I care… Will he think me weak, if I tremble when I speak?», comienza Celine.

Cuando era pequeña, mi madre hacía temblar su labio inferior para darle un efecto dramático a la palabra *tremble* cuando cantaba la canción conmigo en la sala de estar. Yo era Barbra y ella era Celine. Añadíamos unos pasos de baile interpretativo y unos gestos anhelantes para darle más veracidad a la actuación.

«I've been there, with my heart out in my hand…». Ahí era donde entraba yo, acompañada por un rastro de campanas de viento. «But what you must understand, you can't let the chance to love him pass you by!», exclamaba mientras me paseaba de un lado a otro y levantaba la mano para impulsar la voz y hacer alarde de mi amplio registro vocal.

Después, triunfantes, cantábamos a coro: «Tell him! Tell him that the sun and moon rise in his eyes! Reach out to him!». Y bailábamos en círculo en la alfombra, mirándonos a los ojos mientras entonábamos el estribillo.

Mi madre, sentada en el asiento del copiloto, dejó escapar una risita suave y fuimos cantando en voz baja durante el resto del trayecto. Al pasar por el claro justo cuando se ponía el sol, las nubes festoneadas se tiñeron de un naranja tan intenso que parecían de magma.

CUANDO LLEGAMOS A CASA, creí que Kye se había vuelto loca. Salió del dormitorio de mis padres con la cabeza rapada, como mi madre. Ladeó una cadera, levantó los brazos y entornó los ojos lánguidamente mientras posaba en el pasillo.

—¿Qué os parece?

Nos obsequió con un aleteo de pestañas e inclinó la cabeza recién afeitada hacia mi madre, que estiró la mano y se la acarició. Esperé a que mi madre la regañara como me habría regañado a mí si se me hubiera ocurrido hacer tal cosa o que retrocediera como Eunmi cuando le había planteado la idea tres años antes, pero, en lugar de ello, se emocionó.

—Oh, *unni* —dijo con lágrimas en los ojos mientras se abrazaban antes de que Kye la llevara a la cama.

CUANDO PASARON LAS TRES SEMANAS que Kye tenía previsto quedarse con nosotros, insistió en prolongar su estancia. ¿Por qué hacer venir a otra persona? Ella ya estaba allí y no quería marcharse. Mi madre se sintió aliviada y agradecida, pero tanto a mi padre como a mí su presencia hacía días que había empezado a incomodarnos.

Era muy distinta a nosotros: reservada y meticulosa. Se había criado en Ulsan, una ciudad de la costa sureste de Corea, y, tras dejar la base de Japón hacía veinte años, ella y su marido, Woody, se habían instalado en Georgia. Yo creía que, al proceder de una región del sur de Corea y vivir en el sur de Estados Unidos, tendría una personalidad más comunicativa, pero era bastante hermética. No se parecía en nada a las mujeres coreanas con las que me había criado, que eran, en su mayoría, afectuosas y maternales y habían adoptado el nombre de sus hijos. Kye no tenía hijos y a mi padre y a mí nos trataba con frialdad. Su indiferencia hacia nosotros nos causaba desazón.

Kye tenía la costumbre de dejar que las frutas y las verduras se pudrieran en la encimera. La cocina se llenaba de moscas de la fruta y, con el sistema inmunitario de mi madre tan debilitado, a mi padre y a mí cada vez nos preocupaba más la calidad de algunos de los ingredientes que utilizaba. Cuando mi padre le reprochó que unos caquis hubieran atraído a un montón de mosquitos, se molestó y se burló de él por ser tan precavido.

Una noche, durante la cena, coloqué mis cubiertos al lado de los de mi madre, pero Kye los cambió de sitio para sentarse junto a ella. Cuando terminamos, le entregó una carta muy larga, escrita a mano en coreano, y le pidió que la leyera en silencio mientras mi padre y yo todavía estábamos sentados a la mesa. Era una carta de tres páginas y, cuando iba por la mitad, mi madre empezó a sollozar y le cogió la mano.

—Gracias, *unni* —le dijo.

Kye le sonrió con solemnidad.

—¿Qué dice? —quiso saber mi padre.

Mi madre guardó silencio y continuó leyendo. De no ser por la neblina inducida por los medicamentos, habría percibido nuestro malestar, pero, en su estado, era incapaz de ver lo preocupados que estábamos.

—Es solo para nosotras —dijo Kye.

¿Qué hacía esa mujer en nuestra casa? ¿No echaba de menos a su marido? ¿No era extraño que una mujer de sesenta y tantos años dejara su hogar en Georgia para quedarse con nosotros durante más de un mes sin recibir ningún tipo de retribución? No sabía si mis suspicacias eran fundadas o estaba paranoica o, peor aún, si sentía celos de que cuidara de mi madre mejor que yo. ¿Hasta dónde llegaba mi narcisismo para envidiar a una persona que se había ofrecido a ayudar de manera desinteresada?

A causa de la medicación, mi madre cada vez estaba más aletargada y pálida, y cada día que pasaba le costaba más comunicarse. Empezó a hablar en su lengua materna, lo que sacaba de quicio a mi padre. Había hablado inglés con soltura durante casi treinta años y nos extrañó que se olvidara de traducir, que nos excluyera. En ocasiones parecía que Kye se aprovechaba de ello y respondía solo en coreano, desoyendo los ruegos de mi padre de que hablaran en inglés.

Cuando fuimos a la consulta del médico de la unidad del dolor, me sorprendí regateando con las cifras porque temía que, si le aumentaban la dosis de los analgésicos, se alejara todavía más de nosotros. ¿Estás segura de que tu dolor es realmente un seis y no un cuatro? Con el cuaderno de espiral apretado contra el pecho, una parte de mí quería ocultar las cantidades que había anotado, el número de veces que habíamos tenido que administrarle hidrocodona líquida a pesar de llevar su parche de fentanilo de veinticinco microgramos diarios. Sentí el impulso de decir que la situación no era tan mala como parecía. No quería que sufriera, pero tampoco quería perderla por completo.

El médico percibió mi frustración y le recetó una dosis baja de Adderall para contrarrestar los efectos de los analgésicos. La primera vez que lo tomó estaba tan pletórica que tuvimos que sujetarla para que no se pusiera a limpiar la casa. Durante un breve período fue como si hubiera recuperado a mi madre. La siguiente vez que estuvimos a solas, aproveché para comentarle cómo me sentía con respecto a Kye.

—Hace tantas cosas por mí… —dijo ella con voz temblorosa—. Nadie ha hecho por mí lo que está haciendo ella. Pero si hasta me limpia el culo, *Michelle-ah*.

Yo también quiero limpiarte el culo, quise replicar, consciente de lo ridículo que sonaba.

—Kye ha tenido una vida muy dura —continuó—. Su padre era un mujeriego. Cuando abandonó a su madre por su amante, obligó a la amante a criarla. Después, cuando conoció a otra mujer, las abandonó a ambas. La amante crio a Kye y nunca le dijo que no era su verdadera madre. Pero Kye lo sabía, porque oía los rumores que *circulaba* por la ciudad. Entonces, cuando la amante *cogió* cáncer, Kye la cuidó hasta que murió. Ni siquiera en su lecho de muerte le confesó que no era su verdadera madre, y Kye nunca le dijo que lo sabía.

»Y ya sabes que es la segunda esposa de Woody, y que sus hijos nunca la han aceptado porque había sido su amante —añadió—. Aunque llevan casados más de veinte años, los hijos de él todavía *portar* mal con ella por lo que piensan que le hizo a su madre. Una vez me dijo que la hicieron sentir tan desgraciada que *tuvo que ir a hospital psiquiátrico*.

A LA MAÑANA SIGUIENTE, Kye preparó huevos pasados por agua para desayunar. Retiró la parte superior de la cáscara de uno de ellos y se lo dio a mi madre para que se lo comiera con una cuchara. La yema amarilla flotaba en su membrana sedosa y traslúcida. Parecía casi cruda.

—¿Estás segura de que es una buena idea? —le pregunté.

A mí siempre me habían gustado los huevos con la yema líquida, pero la enfermedad de mi madre me había vuelto cada vez más paranoica. La intoxicación alimentaria ya no era un rito iniciático. Era un riesgo que no podíamos permitirnos. Kye, concentrada en romper la cáscara de su huevo, hizo caso omiso de mis palabras.

—Si me preocupa es porque tiene las defensas muy bajas —agregué—. No quiero que enferme.

Kye me miró con los ojos entornados, como si yo fuera una mancha en una lente. Dejó escapar un leve suspiro burlón.

—Así es como se comen los huevos pasados por agua en Corea —dijo.

Mi madre estaba sentada a su lado en silencio, como una mascota obediente. Yo esperaba que saliera en mi defensa, pero se quedó callada, sujetando el huevo con ambas manos, ausente.

«Las vueltas que da la vida», pensé con tristeza mientras me ruborizaba y luchaba por contener las lágrimas. Había pasado la adolescencia tratando de no destacar entre mis amigos de clase media acomodada y había llegado a la mayoría de edad sin sentirme aceptada del todo, algo que en realidad nunca había estado en mi mano, sino en la de los demás. No era yo quien decidía de qué lado estaba, con quién podía sentirme identificada. Nunca podría pertenecer a ambos mundos por entero, solo en parte, siempre a la espera de ser expulsada por alguien con más derechos que yo. Alguien pleno. Alguien puro. Durante mucho tiempo había intentado ser una estadounidense más, lo había deseado con toda el alma, pero en ese momento lo único que quería era ser aceptada como coreana por dos personas que no parecían estar por la labor. *Tú no eres una de nosotras*, parecía decir Kye. *Y, por mucho que te esfuerces, nunca llegarás a comprender lo que tu madre necesita.*

9

¿Adónde vamos?

—TE VAS DE VIAJE Y tienes cinco animales —dijo Eunmi—: un león, un caballo, una vaca, un mono y un cordero.

Estábamos sentadas en la terraza de una cafetería y me estaba explicando un juego que le había enseñado un compañero de trabajo. Durante el trayecto había cuatro paradas en las que debías ir desprendiéndote de los animales para, al final, quedarte solo con uno.

Ese era mi primer viaje a Seúl desde la muerte de mi abuela. Tenía diecinueve años, había terminado el primer curso en Bryn Mawr y me había apuntado a un curso de verano de coreano en la Universidad Yonsei. Durante mi estancia de seis semanas en la ciudad, me alojaría con Eunmi Emo.

Nunca había ido a Corea sin mi madre. Por primera vez, solo estábamos Eunmi y yo en el piso en el que tantos momentos había pasado durante la infancia y la adolescencia. Nosotras y el odioso caniche blanco que había adoptado y al que había llamado Leon porque, al combinar ese nombre con el apellido de la familia, Yi, sonaba como la palabra coreana para decir «ven aquí».

Yo dormía en la antigua habitación de Nami, que para entonces se había casado con Emo Boo, con quien ahora vivía a pocas manzanas de distancia. Seong Young se había ido a San Francisco a buscar trabajo como diseñador gráfico. La habitación de mi *halmoni* estaba exactamente igual, con la puerta cerrada. El piso, antes bullicioso, al principio parecía vacío, pero a lo largo de las seis semanas se transformó en un alegre piso de solteras. Por la noche, Eunmi Emo pedía pollo frito al estilo coreano y unas cervezas Cass. Le hincábamos el diente a la tostada piel frita, de la que brotaba el aceite caliente, devorábamos la jugosa carne y terminábamos con el crujido frío de los dados de rábano blanco encurtido que venían con cada pedido.

Después de cenar, metíamos las piernas debajo de la mesita del cuarto de estar y Eunmi me ayudaba con los deberes de coreano. Los fines de semana nos sentábamos en las elegantes cafeterías de Garosugil y nos dedicábamos a observar a la gente. Mujeres jóvenes con peinados perfectos y bolsos de diseño pasaban cogidas del brazo de hombres de aspecto igual de perfecto, el noventa por ciento de los cuales lucía el mismo corte de pelo.

—¿Cuál dejarías primero? —me preguntó Eunmi.

—El león, sin duda —contesté—. Se comería a los demás animales.

Eunmi asintió con la cabeza. Tenía cara de bebé, más redonda y llena que la de sus hermanas. Iba vestida con recato, con un pantalón pirata de color caqui y una fina chaqueta de punto blanca.

Era julio y habíamos pedido un *patbingsu* para compartir y combatir la humedad. Este era mucho más elaborado que el que yo hacía en casa cuando era pequeña. La base estaba compuesta por hielo muy picado y judías rojas dulces, con fresas troceadas, unos cuadrados perfectos de mango maduro y unos cojincitos multicolores de harina de arroz encima y, para rematar, una bola de helado cremoso de vainilla y una fina telaraña de leche condensada a cada lado.

—¿Y cuál dejarías en segundo lugar? —me preguntó Eunmi mientras cogía un poco de helado y de judías rojas dulces con la cuchara, de la que colgaba un hilo de leche condensada.

No contesté de inmediato, sino que me imaginé en un viaje que requeriría muchos medios de transporte. Me vi forcejeando con los animales más grandes para que cooperaran mientras subía a un barco de vapor, a un tren o a un transbordador. Pensé que lo mejor sería descartarlos primero a ellos.

—Supongo que primero me desharía de la vaca y después del caballo —dije.

Decidir entre el cordero y el mono fue más complicado. Ambos animales eran pequeños y fáciles de manejar. El cordero me parecía el más afable. Me imaginé acurrucada en su cálida lana, sola en un tren que se adentraba a toda velocidad en la oscuridad. Pero el mono me parecía más humano, un compañero de viaje más conveniente.

—Creo que… me quedaría con el mono.

—Interesante —dijo Eunmi—. Cada uno de los animales simboliza tus prioridades en la vida. El que dejas primero representa aquello que consideras menos importante; el que decides conservar representa tu mayor prioridad. El león representa el orgullo, que es de lo que antes te deshiciste.

—Tiene sentido —dije—. Me preocupaba que devorara a los otros animales, como el orgullo devora tus otras prioridades. Es decir, no puedes querer a nadie si tienes demasiado orgullo ni hacer las cosas bien si te crees mejor que los demás.

—La vaca representa la riqueza, porque se puede ordeñar. El caballo representa tu carrera profesional, porque te lleva de un lugar a otro. El cordero es el amor y el mono es tu hijo.

—¿Con cuál te quedaste tú? —le pregunté.

—Con el caballo.

Eunmi fue la única de las hermanas que estudió una carrera, Filología Inglesa, y se graduó entre las primeras de su clase. Consiguió un empleo, que la obligaba a viajar entre Corea y Holanda, como intérprete en la compañía aérea KLM, lo que la convirtió en la intérprete ideal para mi padre y para mí. Cuando me daba por pensar que podía quedarme huérfana como consecuencia de algún extraño accidente, aterrada, les rogaba a mis padres que designaran a Eunmi como mi tutora legal en su testamento. No solo era mi amiga; para mí era como una segunda madre.

—¿Jugaste a este juego con mi madre? ¿Qué animal eligió ella? —quise saber.

Tenía la esperanza de que hubiera escogido el mismo que yo, que me hubiera escogido a mí.

—Tu madre eligió el mono, por supuesto.

DOS AÑOS Y MEDIO DESPUÉS, mi madre me llamó para decirme que Eunmi tenía cáncer de colon en estadio IV. Había vendido el piso de mi *halmoni*, había guardado sus pertenencias en un *officetel* (un apartamento con oficina incorporada) y se iba a mudar con Nami y Emo Boo para que la ayudaran durante la quimioterapia.

Yo era incapaz de asimilar el diagnóstico. Eunmi era muy disciplinada. Solo tenía cuarenta y ocho años. No había fumado en su vida. Hacía ejercicio y asistía al culto. Aparte de las cervezas que se tomaba en nuestras esporádicas cenas de solteras a base de pollo, no bebía. Nunca la habían besado. Las personas como ella no tenían cáncer.

Busqué en Google información sobre los pólipos adenomatosos, unos pequeños tumores en forma de hongo, hongos venenosos que habían brotado en racimos grandes y malignos en la mucosa marrón rosáceo del colon de mi tía. Ahora sé que para entonces el cáncer había invadido los órganos adyacentes, con metástasis en tres ganglios linfáticos, pero en ese momento no comprendía la enfermedad. No hice un seguimiento clínico, como en el caso de mi madre, de las cambiantes estadísticas ni de los pronósticos. Solo sabía que tenía cáncer de colon, que le iban a administrar quimioterapia y que estaba decidida a superarlo, y eso era suficiente para que yo creyera que sería así.

Tras veinticuatro sesiones de quimioterapia, Eunmi murió el Día de San Valentín. Un destino demasiado cruel para una mujer que nunca había conocido el amor. Sus últimas palabras fueron: «¿Adónde vamos?».

VOLÉ A SEÚL DESDE Filadelfia para reunirme con mis padres y asistir al funeral, que se celebró a lo largo de tres días en una anticuada sala de madera con puertas correderas de papel de arroz. Grandes coronas funerarias adornadas con cintas se alineaban en los pasillos, y dentro, sobre un caballete de madera colocado encima de una tarima llena de flores, había una fotografía enmarcada de Eunmi sosteniendo a Leon. Nami y mi madre iban vestidas con un *hanbok* negro y estuvieron atendiendo a un flujo constante de invitados, a los que ofrecían aperitivos y servían bebidas mientras ellos les daban el pésame. Me pareció injusto que tuvieran que atender a nadie cuando su dolor era sin duda el más hondo.

—A Nami este tipo de cosas se le dan mucho mejor que a mí —me confesó mi madre mientras observábamos cómo su hermana mayor intercambiaba las acostumbradas cortesías con un grupo de recién llegados.

Que mi madre, a quien siempre había visto como un dechado de aplomo y autoridad, reconociera su torpeza me hizo sentir más cerca de ella. Me hizo ver una verdad que a menudo me resultaba difícil de creer: que no siempre fue la elegancia personificada, que una vez poseyó la misma rebeldía poco femenina y sintió el mismo rechazo por la etiqueta por los que a menudo me regañaba, y que el tiempo que había pasado fuera de Seúl quizá había contribuido al distanciamiento que sentía con respecto a determinadas tradiciones, tradiciones que para mí eran un misterio.

El último día, vestida con mi propio *hanbok* negro y un par de guantes blancos de algodón, encabecé el cortejo fúnebre hasta el crematorio. Hacía un frío inclemente. El aire era tan cortante que parecía que se te clavaba en cada poro de la cara como si fuera escarcha, y cada ráfaga helada me hacía lagrimear. Una vez dentro, esperamos en una antecámara y después nos apiñamos ante una ventana. Un hombre con pijama sanitario y mascarilla quirúrgica aguardaba delante de un mostrador a que llegaran los restos en una cinta transportadora. El montoncito de polvo gris no era uniforme, sino que parecía un cúmulo de cascotes. Distinguí algunos trozos de hueso, sus huesos, y de repente sentí que perdía el equilibrio. Mi padre me sujetó cuando ya me estaba cayendo hacia atrás. El hombre con la mascarilla quirúrgica envolvió a mi tía con aire despreocupado en lo que parecía papel de charcutería, como si fuera un sándwich, y a continuación metió el paquetito en una urna.

Después del funeral, Nami y mi madre me llevaron al apartamento en el que Eunmi había guardado sus pertenencias. En la puerta de la nevera había fotografías de Seong Young y mías. Como no tenía hijos, nos había dejado todo a nosotros dos. Mi madre y yo le echamos un vistazo a su joyero. Encontré un sencillo colgante de plata en forma de corazón con una cadena y le pregunté si podía quedármelo.

—De hecho, yo se lo regalé a Eunmi por su cumpleaños —dijo mi madre—. ¿Qué te parece si me lo quedo yo y cuando volvamos a casa te compro uno a juego? Así, cuando lo llevemos, pensaremos en ella.

Mi padre y yo cogimos el autobús para ir al aeropuerto de Incheon, pero mi madre se quedó unos días más para ocuparse del resto de la herencia de Eunmi. Mientras nos alejábamos de Seúl, me volví para contemplarla y no la reconocí. Ahora era una ciudad que nada tenía que ver con la utopía idílica de mi infancia. Tras la muerte de mi abuela y de Eunmi, parecía que me pertenecía un poco menos.

Mi madre cambió mucho después de que Eunmi falleciera. Antes era una coleccionista obsesiva y ansiosa, pero dejó de lado esa compulsión y empezó a interesarse por otras cosas, a pasar tiempo con otras personas. Se apuntó a clases de pintura con algunas de sus amigas coreanas. Una vez a la semana me enviaba fotos de sus trabajos a través de la aplicación de mensajería Kakao. Al principio eran muy malos. Hizo un dibujo a lápiz de Julia, en el que parecía una salchicha con extremidades, que era tronchante, pero poco a poco fue mejorando. Yo estaba emocionada por que mi madre hubiera encontrado por fin una manera de expresarse, aunque fuera pintando pequeños objetos de su vida cotidiana —adornos de casa, una borla, una tetera—, y se aplicara en perfeccionar algo tan sencillo como el sombreado de un huevo. Para Navidad, me hizo una tarjeta de color amarillo claro en la que pintó unas flores de lavanda con unos tallos de un verde marino acuoso. «Esta tarjeta es especial. La primera tarjeta hecha por mí para ti», escribió dentro.

Una de las últimas peticiones de Eunmi fue que mi madre empezara a ir a la iglesia, pero ella nunca lo hizo. Mi madre era la única de su familia que no era cristiana practicante. Creía en un poder superior, pero no le gustaba el culto de la religión organizada, aun cuando era lo que unía a la mayoría de la comunidad coreana de Eugene. «¿Cómo se puede creer en Dios cuando sucede algo así?», decía.

Si algo había sacado en claro de la muerte de Eunmi era que podías recibir veinticuatro sesiones de quimioterapia y aun así morir, y ella no estaba dispuesta a pasar por eso. Cuando le diagnosticaron el cáncer, se comprometió a recibir dos ciclos, y, si no funcionaban, nos dijo que no quería continuar. Si no llega a ser por mi padre y por mí, no creo que le hubieran administrado ni siquiera uno.

A FINALES DE JULIO, mi madre se hallaba en la fase final de su segundo ciclo de quimioterapia. Los efectos secundarios habían disminuido y dos semanas después el oncólogo comprobaría si el tamaño del tumor se había reducido.

Yo decidí regresar a la Costa Este. Tenía programada una gira con mi banda para la primera semana y media de agosto, los últimos conciertos que teníamos previsto ofrecer durante un tiempo. Luego recogería las pertenencias que había dejado en Filadelfia y me mudaría a Oregón para siempre.

Mi madre me aseguró que no le importaba que me fuera, pero, cuando estaba en el porche con Kye diciéndome adiós con la mano mientras mi padre y yo nos marchábamos al aeropuerto, vi que estaba llorando. Una parte de mí quería bajar del coche y correr hacia ella como si fuéramos las protagonistas de una película romántica, pero sabía que eso no resolvería nada. Lo único que podíamos hacer a esas alturas era esperar y ser optimistas. Al menos me quedaba el consuelo de saber que en el fondo se alegraba de que hubiera estado a su lado durante ese tiempo.

EN FILADELFIA HABÍA MUCHA humedad. El aire estaba tan cargado de agua que en vez de moverte parecía que nadabas. Me sentí extraña al volver a estar rodeada de tanta gente tras pasar los últimos tres meses aislada en una casa en el bosque. Me di cuenta de que mis amigos no sabían qué decirme. Por su manera de mirarme se notaba que habían estado pensando en mí, pero no sabían cómo verbalizar esos pensamientos. Ese no era nuestro estilo. Nosotros demostrábamos nuestro afecto metiéndonos los unos con los otros, pero este era un territorio inexplorado para la mayoría.

Unas semanas después, Peter iba a empezar a trabajar como profesor adjunto de Filosofía en una pequeña universidad de las afueras de la ciudad. Yo le había animado a solicitar el puesto antes de que mi madre enfermara y ahora él no sabía si aceptarlo porque eso significaba que volveríamos a estar separados otra larga temporada, pero a mí me parecía que era una oportunidad profesional demasiado importante para dejarla escapar. Le dije que al menos probara durante un semestre y que en las vacaciones de invierno valoraríamos nuevamente la situación. Al final decidimos que nos mudaríamos a Portland cuando mi madre se recuperara. Allí podríamos conseguir otro empleo y yo podría ir a visitarla los fines de semana.

Entretanto, Peter pidió una semana y media libre en el restaurante para tocar el bajo en la gira con Ian, Kevin y conmigo, ya que Deven estaba en la carretera con otra banda, intentando ser «tan famoso como Jimmy Fallon». Nuestro primer concierto tuvo lugar en un pequeño bar de Filadelfia cuyo nombre, The Fire, le iba como anillo al dedo, puesto que estaba al lado de un parque de bomberos. Después pusimos rumbo al sur a través de Richmond y Atlanta para tocar varias fechas en Florida, tras lo cual nos dirigimos al oeste, a Birmingham y Nashville. Recuerdo que en esa gira pasamos muchísimo calor. La mayoría de los lugares en los que actuamos eran almacenes y casas sin ventanas ni aire acondicionado. Acabábamos todas las noches empapados en sudor y a menudo las viviendas en las que nos alojábamos eran tan sórdidas que lo que menos te apetecía era darte una ducha. La furgoneta apestaba a sudor y cerveza rancia. En un contexto de vida y muerte, la carretera —en su día tan llena de posibilidades, los desconocidos que la habitaban, tan creativos y generosos, lo mejor de esa manera de vivir—, que antes me parecía tan fascinante, empezó a perder su encanto.

Mis padres insistían en que en casa no me estaba perdiendo nada; mi madre estaba recuperando las fuerzas y, aparte de esperar, no había mucho más que hacer. Sin embargo, me sentía culpable. Creía que debía estar con ellos en Oregón, no sentada en el asiento trasero de una furgoneta Ford de quince plazas en algún lugar de las afueras de Fort Lauderdale, comiendo tacos comprados en una gasolinera. Contemplé por la ventanilla los largos tramos de la I-95 y supe que esa era la última gira que haría en mucho tiempo.

Después del concierto de Nashville, condujimos trece horas seguidas hasta Filadelfia. Al día siguiente empaqueté todas mis cosas. Peter estaba trabajando en el restaurante, recuperando los turnos que debía por la gira, cuando recibí la llamada.

—Deberías sentarte —me dijo mi padre.

Me senté en el suelo de mi habitación, entre cajas de cartón a medio llenar. Contuve la respiración.

—No ha funcionado —dijo con la voz rota, y empezó a llorar de manera convulsa.

—¿No ha mejorado… nada? —le pregunté.

Sentí como si me hubiera metido el brazo por la garganta y me estuviera oprimiendo el corazón con la mano. Todo ese tiempo conteniendo las lágrimas, intentando ser un dechado estoico de optimismo para convencerme a mí misma de que el milagro era posible. ¿Cómo podía haber sido todo en vano? Las venas negras, la pérdida de pelo, las noches en el hospital, el sufrimiento de mi madre… ¿De qué habían servido?

—Después de que nos dieran los resultados, nos quedamos sentados en el coche, mirándonos. Lo único que dijimos fue: «Supongo que se acabó».

Se notaba que mi padre no estaba preparado para que mi madre abandonara el tratamiento. Parecía que estaba esperando a que yo me rebelara, a que me uniera a él para animarla a continuar. Pero era difícil no ver que la quimioterapia ya le había arrebatado a mi madre casi toda su dignidad y que otro ciclo la despojaría de la poca que le quedaba. Desde que le diagnosticaron el cáncer, había delegado en nosotros para que tomáramos muchas decisiones por ella, para que fuéramos sus portavoces, para que habláramos con los médicos y el personal de enfermería, para que cuestionáramos la medicación en su nombre. Pero yo sabía que, después de lo de Eunmi, si dos ciclos de quimioterapia no habían servido de nada, su deseo era dejar el tratamiento. Creí que era una decisión que debía respetar.

Mi madre le quitó el teléfono a mi padre y, con un tono suave pero resuelto, me dijo que quería que los tres hiciéramos un viaje a Corea. Su situación era estable y, aunque el médico se lo había desaconsejado, creía que era el momento de elegir la vida antes que la muerte. Quería despedirse de su país y de su hermana mayor.

—Hay algunos mercados pequeños en Seúl en los que todavía no has estado —me dijo—. Nunca te he llevado al mercado Gwangjang, donde las *ajummas* llevan muchos años haciendo *bindaetteok* y distintos tipos de *jeon*.

Cerré los ojos y dejé que las lágrimas fluyeran. Traté de imaginarnos juntas de nuevo en Seúl. Traté de imaginar la masa de judías mungo crepitando en el aceite, las empanadillas de carne y las chorreantes ostras empapadas en huevo; a mi madre explicándome todo lo que debía saber antes de que fuera demasiado tarde, enseñándome todos los lugares que siempre habíamos dado por sentado que tendríamos tiempo de ver.

—Después, pasada una semana, Nami nos reservará unas habitaciones en un bonito hotel de la isla de Jeju. En septiembre el tiempo será perfecto. Hará calor, pero no habrá demasiada humedad. Podremos relajarnos y contemplar la playa juntas, y podrás ver las lonjas, donde venden todo tipo de pescados y mariscos.

La isla de Jeju era famosa por sus *haenyo*, buceadoras entrenadas durante generaciones para contener la respiración, dedicadas a recoger orejas y pepinos de mar y otras delicias submarinas.

—A lo mejor puedo grabarlo todo con mi cámara. Puedo hacer un documental o algo. De nuestra estancia allí —dije.

Siempre había sentido la necesidad de documentarlo todo, pero capturar algo tan delicado, personal y trágico y transformarlo en un artefacto creativo... Tan pronto como lo dije en voz alta me di cuenta de que no estaba bien y me enfadé conmigo misma. La vergüenza que sentí me expulsó del sueño que ella había fabricado y la realidad se impuso con una claridad nauseabunda.

—Es que... *Umma*, no me puedo creer que...

Me apreté las rodillas contra el pecho y empecé a llorar de manera estruendosa, con un hipo acelerado y superficial, la cara roja por la angustia. Me mecí hacia delante y hacia atrás en el suelo entarimado de mi dormitorio. Creía que me iba a desmayar. Por primera vez, no me regañó. Quizá porque ya no podía echar mano de su frase de cabecera. Porque ahí estaba el llanto que había estado guardando.

—*Gwaenchanh-a, gwaenchanh-a* —dijo.

No pasa nada, no pasa nada. Unas palabras coreanas que conocía muy bien, el suave arrullo que había escuchado toda mi vida, una promesa de alivio. A pesar de estar muriéndose, mi madre me ofrecía consuelo; su instinto de protección era mayor que el miedo que pudiera estar sintiendo y que tan hábilmente ocultaba. Era la única persona del mundo que podía decirme que todo iba a salir bien. El ojo del huracán, un testigo sereno del ciclón que se precipitaba hacia su final.

10

Vivir y morir

Mi padre me reservó un vuelo de Filadelfia a Seúl. Me reuniría con ellos allí y, tras pasar dos semanas en Corea, los tres volveríamos juntos a Oregón. Cuando llegó el día de mi partida, Peter me llevó al aeropuerto temprano. El sol estaba empezando a asomar y arrojaba una luz romántica sobre nuestra calle, tan sucia, con sus envases vacíos de Arctic Splash encima de las hojas de los árboles que se amontonaban en el suelo y su campo de béisbol rodeado por una cerca alta de malla metálica.

—Tal vez deberíamos casarnos —dije, como quien no quiere la cosa—. Para que mi madre pueda asistir a la boda.

Peter entornó los ojos. Estaba medio dormido y concentrado en el tráfico. La cálida luz anaranjada del amanecer, como una celosía, se agitaba en su campo visual. No respondió; simplemente me agarró la mano y la apretó. Su silencio me molestó. Como el resto, tampoco sabía qué decir. Para consolarme lo que solía hacer era tumbarse a mi lado en silencio hasta que yo me quedaba sin lágrimas y me calmaba. En su defensa diré que tampoco podía hacer mucho más.

Me pasé durmiendo la mayor parte de las dieciocho horas que duró el vuelo. Una vez en tierra, cogí un autobús en Incheon hasta Seúl y luego un taxi hasta el piso de Nami. Cuando llegué, un poco después de las nueve, ya había anochecido. Atravesé el patio cerrado hacia el edificio de viviendas. La brisa fresca acariciaba las hojas de los árboles, que emitían un agradable murmullo. Llamé y subí en el ascensor. Mientras me quitaba los zapatos en la entrada, oí los ladridos de Leon a lo lejos.

Nami me abrazó y llevó mi maleta a la habitación de invitados. Iba en camisón y parecía nerviosa. Rápidamente me condujo a su dormitorio. El vuelo de mis padres no había ido bien. Mi madre estaba en la cama de Nami, temblando de manera descontrolada y ardiendo por la fiebre. Mi padre estaba acostado a su lado, sobre las sábanas, abrazándola. Antes de salir de casa ya tenía fiebre, reconoció. No querían cancelar el viaje y él estuvo apretando el cuerpo de mi madre contra el suyo durante todo el vuelo, deseando que se le pasara, deseando que su calor corporal la curara.

Me quedé a los pies de la cama viendo cómo le castañeteaban los dientes y le temblaba el cuerpo. Emo Boo, ataviado con un pijama holgado, estaba agachado a su lado, clavándole agujas de acupuntura en los puntos de presión de las piernas.

—Tenemos que llevarla al hospital —dije.

Nami se había quedado en el umbral, con los brazos cruzados y el ceño fruncido, sin saber qué hacer. Seong Young apareció detrás de ella; le sacaba más de treinta centímetros. Era increíble que alguien tan alto pudiera ser hijo de una mujer tan pequeña. Mi madre decía que era por la influencia de la comida estadounidense. Nami dijo algo en coreano y él lo tradujo.

—Mi madre cree que... si *ir* al hospital, es posible que *no dejen marchar*.

—La última vez que esperamos para ir al hospital casi se muere —repliqué—. Yo creo que deberíamos llevarla.

La habitación se quedó en silencio durante unos instantes y mi madre dejó escapar un gemido. Nami suspiró con vehemencia y fue a preparar sus cosas. Los seis nos repartimos entre dos coches y nos dirigimos a un hospital que había al otro lado del río Han. Yo seguía en plena fase de negación. Estaba convencida de que para estabilizarla solo haría falta otra infusión intravenosa. Creía que podríamos continuar así durante años, poniendo un parche tras otro.

Teníamos la esperanza de que se recuperara y la semana siguiente pudiera volar a Jeju. Nami ya había reservado los billetes de avión y el hotel, pero mi madre continuó empeorando. Pasaron siete días y seguía postrada en la cama, aquejada de una fiebre espantosa y temblando sin parar. Cancelamos nuestro viaje a Jeju. Una semana más tarde tuvimos que anular los billetes de regreso a Eugene.

De nuevo fui yo la que se quedó a pasar las noches con mi madre en el hospital. Llegaba por la tarde, sobre las seis, y me marchaba a la mañana siguiente, cuando venía mi padre. Agotada, cogía un taxi que me llevaba por el puente Hannam hasta el piso de Nami y me acostaba en la habitación de invitados para intentar recuperar el sueño perdido.

En el hospital me despertaba cada vez que lo hacía ella, como un ángel custodio. Cuando se quejaba por el dolor, pulsaba el timbre que había junto a su cama, y si consideraba que el personal de enfermería no acudía con la rapidez suficiente, gritaba y señalaba nuestra habitación desde los pasillos iluminados con fluorescentes, balbuceando ruegos desesperados en un coreano farragoso. Me deshice de una enfermera que le dejó los brazos llenos de marcas porque fue incapaz de encontrarle una vena. Me metía en la cama con ella y la abrazaba mientras esperábamos a que los analgésicos hicieran efecto. «Ya lo verás, un minuto más y se te pasará el dolor. *Gwaenchanh-a, umma, gwaenchanh-a*», le susurraba en la oscuridad.

La manera en la que los síntomas de su enfermedad se ensañaron con ella parecía sacada de una película de catástrofes. En cuanto conseguíamos controlar uno, aparecía otro más dañino. Se le hinchó el estómago aunque apenas comía. Las piernas y los pies se le llenaron de edemas. El virus del herpes le atacó los labios y el interior de las mejillas, y tenía la lengua cubierta de vesículas blancas. La doctora nos dio dos tipos de colutorio bucal, ambos hechos con plantas medicinales, y un bálsamo, un ungüento espeso de color verde, para las erupciones de los labios. Seguimos sus instrucciones al pie de la letra, con la esperanza de poder curar al menos una de sus dolencias. Cada dos horas, le llevaba una taza para que escupiera y agua para enjuagarse, y le secaba los labios con un pañuelo de papel antes de aplicarle el emplasto verde oscuro. Me preguntaba si las vesículas estaban mejorando y abría la boca para que las viera. La lengua parecía podrida, como un pedazo de carne pasada, como si una araña la hubiera envuelto en una tela gruesa y gris.

—Sin duda —le respondía—. ¡Tienen mucho mejor aspecto que ayer!

Puesto que apenas podía comer, la engancharon a una bolsa lechosa que le aportaba la mayor parte de los nutrientes que necesitaba para subsistir. Cuando ya no podía levantarse para ir al baño, ni siquiera con ayuda, le colocaron un catéter y empezamos a utilizar una bacinilla que yo tenía que vaciar. Cuando ya no podía evacuar el vientre, comenzaron a administrarle enemas. Le pusieron un pañal enorme y, cuando descargaba el intestino, se salía todo por la parte superior y por los agujeros de las piernas como si fuera limo. Ya no había lugar para la vergüenza; lo único que importaba era sobrevivir. Acción y reacción, a eso se reducía nuestra existencia.

POR LAS MAÑANAS, si mi madre no se había despertado, me ponía un par de zuecos sanitarios y bajaba a la calle en el ascensor. Fuera, daba vueltas a la manzana en busca de algo que pudiera llevarle para recordarle dónde estábamos.

Cerca había un Paris Baguette, un establecimiento de una cadena coreana en el que vendían bollería francesa con un toque local. Volvía con una selección de pasteles y batidos de colores vivos, con la esperanza de despertar su apetito. Un *soboro ppang*, un bollito tierno con cacahuetes molidos por encima que solíamos compartir cada vez que íbamos a Seúl. Un dónut de judías rojas, una porción de una tarta suave de queso y boniato. O maíz al vapor que le compraba en la calle a una *ajumma* que estaba sentada en una caja de cartón. Entre mi madre y yo sacábamos los granos firmes de la mazorca uno a uno, con la misma meticulosidad que Eunmi, que dejaba unas hileras perfectas de membranas limpias, cuadradas y transparentes cuando había terminado. También compraba *jjajangmyeon* en un restaurante coreano-chino y lavaba el *kimchi* con agua en el lavabo del baño para que la guindilla roja no le irritara la lengua.

—¿Qué me queda en esta vida, Michelle? —me preguntó, con los ojos llenos de lágrimas, mientras miraba el repollo fermentado—. Ni siquiera puedo comer *kimchi*.

—El pelo te está creciendo —dije, intentando cambiar de tema. Le puse la mano en la cabeza y la pasé con cuidado por la pelusa blanca—. Para estar enferma, se te ve muy joven y guapa.

—¿De verdad?

—De verdad —contesté—. Es como si… ¿Te has maquillado?

No me había dado cuenta de que mi madre se había tatuado las cejas. Parecían tan naturales que no se notaba. Me acordé de su amiga Youngsoon, a la que se las habían tatuado mal y la derecha le había quedado torcida.

—Me las tatué hace mucho tiempo —dijo con desdén. Estiró las piernas y apoyó la espalda en la almohada—. Sabes que es tu padre el que debería estar aquí.

—A mí me gusta estar aquí.

—Sí, pero él es mi marido —dijo—. Aunque, cuando viene, no sabe cuidar de mí. Cuando le pido que me ayude a *enjuagar* la boca, solo me pasa el colutorio; ni siquiera me da un vaso.

Me recosté en la silla de los acompañantes y me quedé mirándome los pies mientras golpeaba suavemente el zueco izquierdo contra el talón desnudo. Un par de años antes, en un Olive Garden, me había contado que una vez habían discutido por algo que nunca revelaría. Que eso estropearía la imagen que yo tenía de mi padre, como un plato roto que has pegado y tienes que seguir usando, pero lo único que ves es la grieta.

—¿Crees que volverá a casarse?

—Seguramente —contestó.

Lo dijo como si no le importara, como si ya lo hubieran hablado.

—Probablemente se casará con otra asiática —añadió.

La idea me produjo tal desasosiego que sentí un escalofrío. Me mortificaba imaginar lo que pudiera pensar la gente, que simplemente podía sustituirla, que estaba obsesionado con las mujeres asiáticas. Eso degradaba su vínculo. Nos degradaba como familia.

—No sé si podría soportarlo —dije—. No sé si podría aceptarlo. Es asqueroso.

El futuro se me antojaba incierto; un futuro sin mi madre como nexo en el que mi padre y yo nos distanciaríamos. Yo no era tan imprescindible para él como sabía que lo era para mi madre, y presentía que, cuando ella ya no estuviera, nuestra convivencia no sería fácil. Había muchas posibilidades de que nos alejáramos el uno del otro, de que nuestra familia se disgregara por completo. Creía que mi madre me regañaría, que me recordaría que era mi padre, mi sangre. Que me diría que estaba siendo egoísta, que me estaba comportando como una niña mimada al pensar así del hombre que nos había mantenido casi toda la vida. En lugar de ello, me puso la mano en la espalda, consciente de que no podía evitar que quedaran cosas por decir.

—Haz lo que tengas que hacer.

Dos semanas y media después de haber comenzado nuestras desastrosas vacaciones, llegué al hospital y me encontré a mi padre chillando a Seong Young y a una de las enfermeras en el pasillo mientras toda el ala del hospital miraba boquiabierta a aquel estadounidense corpulento y temperamental.

—¡Es mi mujer! —gritaba—. ¡Háblame en inglés!

—¿Qué ha pasado? —pregunté.

Mi padre acusaba a Seong Young de no traducir todo lo que decía la enfermera, de estar ocultándole la verdad para que no se disgustara. Seong Young se quedó callado y asintió con la cabeza. Se llevó las manos a la espalda como si fuera a hacer una reverencia y escuchó atentamente mientras mi padre se desahogaba. La enfermera parecía nerviosa y ansiosa por marcharse. Dentro, mi madre yacía inconsciente y llevaba una mascarilla de oxígeno que estaba conectada a lo que parecía una aspiradora de tecnología avanzada. Nami estaba junto a su cama con un puño tenso en los labios. Debía de saber desde el principio que eso era lo que nos esperaba.

Seong Young y mi padre entraron en la habitación seguidos por nuestra joven y bella doctora. Me sorprendía la cantidad de tiempo que pasaba con nosotros. En Oregón, no recordaba que ningún médico nos hubiera dedicado más de un minuto antes de irse corriendo a otra habitación y dejar al personal de enfermería al cargo. Aquí, la doctora parecía realmente interesada en ayudarnos; incluso le había cogido la mano a mi madre la primera vez que la había visto. Aunque su inglés era bastante bueno, siempre se disculpaba por no hablarlo bien. Nos informó de que mi madre había entrado en choque séptico. Tenía la presión arterial muy baja y era probable que hubiera que conectarla a un respirador para mantenerla con vida.

Solía tenerlo tan claro, la diferencia entre vivir y morir. Mi madre y yo siempre habíamos estado de acuerdo en que preferíamos morir antes que vivir como un vegetal. Pero ahora que teníamos que enfrentarnos a ello, con su autonomía física cada vez más mermada, todo era más confuso. Estaba postrada en la cama, era incapaz de caminar por sí misma y sus intestinos ya no se movían. Se alimentaba de una bolsa que tenía enganchada al brazo y no podía respirar sin una máquina. Cada día resultaba más difícil llamar a eso vida.

EN EL ASCENSOR CON MI padre observé cómo el arco de luces pasaba del cinco al tres y se saltaba un inexistente cuarto piso. En Corea se considera que da gafe porque la pronunciación del número cuatro en coreano recuerda al carácter chino de la muerte. Ninguno de los dos dijo nada. Queríamos salir a tomar el aire antes de decidir cuánto tiempo la mantendríamos intubada si es que esa situación llegaba a darse. Ya había anochecido. Las farolas amarillas de la calle, acosadas por los insectos del final del verano, iluminaban las pocas manzanas que recorrimos antes de meternos en el primer bar que encontramos. Pedimos dos pintas de Kloud y subimos con ellas a la terraza de la azotea, que estaba vacía. Nos sentamos en una mesa de pícnic y mi padre me cogió la mano y la encerró en la suya, grande y callosa.

—Ahora sí que se ha acabado, ¿no? —dijo.

Miró la mesa con los ojos entornados y pasó el índice de la mano libre por encima de uno de los nudos de la madera. Después se sorbió los mocos ruidosamente y limpió la mesa con la palma, como si estuviera quitándole el polvo. Tomó un sorbo de cerveza y se volvió hacia la ciudad como si quisiera saber su opinión.

—Dios… —dijo, y me soltó la mano.

Se levantó una brisa fresca y sentí un escalofrío. Llevaba el mismo vestido de algodón veraniego y los mismos zuecos sanitarios que había llevado prácticamente cada día desde que habían ingresado a mi madre. Oí el zumbido del motor de una moto que pasaba por la calle y me acordé de cuando tenía cinco años y mi padre me llevaba de paseo en la suya. Me sentaba delante, entre sus piernas, y yo me agarraba al tapón del depósito para no caerme. En los trayectos largos, el ruido del motor y el calor del depósito de gasolina me daban sueño y, a veces, cuando me despertaba, estábamos de nuevo en casa. Deseaba poder regresar a esa época, cuando todavía no sabía lo que era sufrir.

Nos habíamos aventurado a viajar a Corea desoyendo las recomendaciones del médico. Habíamos querido hacer algo que valiera la pena, pero cada día había sido peor que el anterior. Habíamos elegido vivir en lugar de morir y habíamos metido la pata hasta el fondo. Pedimos otra ronda para olvidar.

No creo que estuviéramos fuera más de dos horas, pero, cuando volvimos, nos encontramos a mi madre sentada. Tenía los ojos muy abiertos y alerta; parecía una niña desconcertada que acabara de entrar en una habitación y hubiera interrumpido una tensa discusión entre adultos.

—¿Habéis comido algo? —nos preguntó.

Lo tomamos como una señal. Mi padre empezó a organizarlo todo para trasladarla a Oregón. Tendríamos que volar con una enfermera colegiada y, cuando llegáramos a Eugene, llevarla inmediatamente al hospital Riverbend. Salí de la habitación para llamar a Peter con la esperanza de que cuando colgara pudiera darles a mis padres otra buena noticia.

Me escabullí por la puerta de la escalera de incendios del pasillo, que daba a un rellano de hormigón rodeado de barrotes metálicos de color óxido. Me senté en un escalón. Peter estaba pasando el fin de semana con su familia en Martha's Vineyard, donde todavía no había amanecido.

—Tenemos que casarnos —le dije.

Lo cierto es que yo nunca había pensado en casarme. Desde que era adolescente me había gustado salir con chicos y enamorarme, pero, cuando pensaba en el futuro, me veía triunfando con una banda de rock. Esa fantasía me mantuvo ocupada durante una década. No conocía los nombres de los escotes ni de las siluetas, ni de los tipos de flores ni de los cortes de diamantes. Ni siquiera había pensado en cómo me gustaría llevar el pelo ni de qué color sería la lencería. Lo que sí sabía con certeza era que mi madre tenía ideas suficientes por las dos. De hecho, lo único que siempre había sabido era que, si alguna vez me casaba, sería mi madre la que se encargaría de que todo saliera perfecto. Sin ella a mi lado, estaba segura de que me pasaría el día preguntándome qué le habría parecido todo. Si la decoración de las mesas estaba a la altura, si los arreglos florales eran mediocres, si yo llevaba demasiado maquillaje o si mi vestido era poco favorecedor. Me resultaría imposible sentirme guapa sin su aprobación. Si ella no estaba presente, sabía que sería una novia triste.

—Si te ves casándote conmigo dentro de cinco años y no lo hacemos ahora, no creo que sea capaz de perdonarte —le dije.

Al otro lado de la línea se produjo una pausa elocuente y entonces me di cuenta de que ni siquiera sabía dónde estaba Martha's Vineyard. De verdad creía que Peter estaba con su familia visitando un viñedo polvoriento. Yo me había criado en la Costa Oeste y esas diferencias, como cuando Peter se refería a la costa como «la orilla» o se mostraba indiferente ante la aparición de una luciérnaga, me fascinaban.

—Vale.

—¿Vale? —repetí.

—Sí, vale —dijo—. ¡Casémonos!

Me precipité por el aséptico pasillo, iluminado con tubos fluorescentes. Con el corazón desbocado, pasé por delante de los cuartos de los otros pacientes, con sus monitores cardíacos parpadeando, las líneas verdes zigzagueando arriba y abajo en la oscuridad. Entré en la habitación de mi madre y le dije que tenía que mejorarse. Tenía que volver a Eugene y asistir al enlace de su única hija.

Al día siguiente empecé a buscar organizadores de bodas en internet. Mientras caminaba de un lado a otro por el pasillo del hospital, hablé con varios y les expliqué la situación. Uno de ellos, una mujer, se comprometió a organizarlo todo en tres semanas. Una hora después me mandó un correo electrónico con una lista de cosas que tenía que hacer.

Seong Young me acompañó a probarme vestidos de novia. Le envié a mi madre fotografías de los diferentes corpiños y faldas a través de Kakao. Nos decidimos por un vestido de cuatrocientos dólares sin tirantes con una sencilla falda de tul hasta los tobillos. Me tomaron medidas y dos días más tarde lo entregaron en la habitación de hospital de mi madre, donde me lo probé para ella.

Sabía que Nami y Seong Young pensaban que me había vuelto loca. ¿Y si moría el día antes de la boda? ¿Y si estaba demasiado enferma para levantarse de la cama? Yo sabía que era demasiado arriesgado añadir todavía más presión a unas circunstancias ya de por sí complicadas y, sin embargo, creía que era la forma perfecta de arrojar luz sobre la más oscura de las situaciones. En lugar de pensar en anticoagulantes y analgésicos opiáceos, pensaríamos en sillas *chiavari*, *macarons* y zapatos de vestir. En lugar de hablar de úlceras de decúbito y catéteres, hablaríamos de combinaciones cromáticas, peinados y cócteles de gambas. Algo por lo que luchar, una celebración que esperar con ilusión.

Seis días después por fin dejaron marchar a mi madre. Mientras la llevábamos en silla de ruedas hacia el ascensor, la doctora nos paró para darle un regalo de despedida. «La vi y pensé en ti», le dijo, cogiéndole la mano. Era una pequeña talla de una familia: un padre, una madre y una hija fundidos en un abrazo. No tenían rostro, estaban muy juntos, unidos como si estuvieran tallados en el mismo trozo de madera.

11

¿Qué procelosa maravilla no abunda en ti?

CONOCÍ A PETER A los veintitrés años. Una noche de febrero, Deven invitó al grupo a tomar algo después del ensayo. Un amigo suyo de la infancia acababa de volver a la ciudad después de estudiar un posgrado en Nueva York e iba a celebrar su vigesimoquinto cumpleaños en el 12 Steps Down, un bar para fumadores del sur de Filadelfia en el que había que bajar exactamente doce escalones para entrar. En esa época todos fumábamos, y poder fumar dentro en pleno invierno era incentivo suficiente para que fuéramos. Antes siquiera de pedir una cerveza, ya nos habíamos encendido un cigarrillo.

Esa noche había karaoke y Peter se subió al escenario justo cuando entrábamos nosotros. Eligió una canción de Billy Joel titulada «Scenes from an Italian restaurant». Yo nunca la había oído, pero me impresionó que ese tío, a diferencia de los demás hípsteres que había en el local, que habían elegido temas clásicos de Weezer y Blink 182, se decidiera por una canción de rock melódico con un interludio instrumental de cuarenta y ocho compases. Llevaba unas gafas de aviador con montura fina de metal que le tapaban prácticamente la mitad de la cara, y una camiseta blanca con un cuello de pico exagerado que dejaba al descubierto una buena mata de pelo moreno rizado. Sujetaba el micrófono como si fuera el pie de una copa de vino —con delicadeza, con la punta de los dedos— y se puso a bailar de forma extravagante al ritmo de la canción, moviendo la cabeza adelante y atrás como si lo hubieran decapitado parcialmente y marcando el compás con el pie como un Mick Jagger aficionado a los bailes country.

Después de haber cantado durante seis minutos y medio y haber provocado la indignación de los que estaban esperando su turno, es decir, de la mitad del bar, se acercó a nosotros y abrazó a Deven, que le dijo algo que no pude oír por el volumen de la música. Lo que sí oí fue la risa de Peter, un graznido agudo que parecía una mezcla entre la risa de un teleñeco y la de una niña de cinco años. No hizo falta nada más: me había enamorado.

A Peter le llevó mucho más tiempo descubrir que sus sentimientos eran recíprocos, o, para ser más exactos, fui yo la que tardó en hacer que se enamorara de mí. Estaba fuera de mi alcance, era objetivamente más atractivo; de hecho, su atractivo acabó convirtiéndose en motivo de cachondeo entre nuestro desaliñado grupo de amigos. Era un buen guitarrista, pero tenía otros intereses más sofisticados, como recopilar poemas censurados o traducir tres cuartas partes de una novela corta. Tenía un máster, hablaba francés con soltura y se había leído los siete tomos de *En busca del tiempo perdido*.

A pesar de todo, yo no estaba dispuesta a tirar la toalla y me pasé los seis meses siguientes persiguiéndolo, presentándome en las mismas fiestas que él, hasta que le conseguí un empleo a tiempo parcial como camarero en el restaurante mexicano de fusión en el que yo trabajaba y me aseguré de que me viera cada semana. Pero incluso entonces, después de casi tres meses de camaradería hostelera —haciendo crucigramas en la barra, limpiando vasos y doblando servilletas codo con codo, saliendo a toda prisa después de hacer el arqueo de caja para ir a tomar algo—, él seguía considerándome solo su amiga.

En octubre empezamos a prepararnos para la Semana de los Restaurantes, la más ajetreada del año. Cada otoño, un montón de familias de barrios acomodados acudían a restaurantes mexicanos «de lujo» como el nuestro para cenar tres platos por treinta y tres dólares, mientras los cocineros sudaban y maldecían al tiempo que preparaban un cebiche embarullado tras otro, cientos de tamales deconstruidos y tres leches en miniatura para alimentar a las ahorradoras hordas. Ese año, la Semana de los Restaurantes se convirtió en las Semanas de los Restaurantes para regocijo de los propietarios de los establecimientos participantes, deseosos de hacer el agosto, y el disgusto de plantillas mermadas como la nuestra, de las que se esperaba que trabajaran el triple sin librar ni un solo día.

A Peter y a mí nos tocó currar por la noche en la jornada inaugural. Yo llegué a las tres y media para prepararme para el turno de cenas y me sorprendió encontrar a Adam, nuestro calvo y agresivo gerente, que amenazaba con multarnos cada vez que se rompía un vaso, sentado a la barra mirando fijamente su móvil, algo inusual en él.

—Peter ha tenido un accidente —dijo.

«Un accidente» era una forma extraña de referirse a lo que había ocurrido, aunque, en los meses posteriores, a menudo yo misma lo denominaría así, como si de manera inconsciente no quisiera verlo como lo que realmente era. Peter había sufrido una agresión. Adam se levantó de la banqueta y me enseñó una foto en la que Peter estaba recostado en una cama de hospital, con una bata desechable abierta por delante y varios círculos adhesivos pegados en el pecho. Tenía la cara deformada hasta el punto de que no se le reconocía, con la parte superior izquierda morada e hinchada.

La noche anterior, Peter y su amigo Sean habían vuelto caminando a casa después de una fiesta. Doblaron la esquina del callejón en el que vivía Peter y, al llegar a la puerta del edificio, alguien los llamó y les pidió un cigarrillo. Cuando volvieron la cabeza, su cómplice los golpeó con un ladrillo y los dejó inconscientes. Para cuando recobraron el sentido, los agresores habían huido. A Sean le faltaban varios dientes y se puso a buscarlos en la oscuridad del callejón. Peter tenía el hueso de la órbita, la cuenca que alberga el ojo, destrozado. Ni siquiera les habían robado. El compañero de piso de Peter los encontró ensangrentados en la escalera y los llevó al hospital. Peter estuvo ingresado varios días en el hospital Hahnemann porque el golpe le había producido una hemorragia cerebral.

Esa noche, mientras corría arriba y abajo para atender sola las mesas de las dos plantas del restaurante, no hacía más que pensar en Peter, en lo que podría haber pasado si le hubieran golpeado con un poco más de fuerza o si el hueso hubiera penetrado un poco más en el cerebro. Y cuanto más pensaba en ello, más cuenta me daba de lo enamorada que estaba de él. A la mañana siguiente, llené mi mochila con los libros más impresionantes que tenía en las estanterías, compré un ramo de girasoles y dos calabazas en miniatura y me acerqué al hospital en bicicleta.

Peter estaba acompañado de sus padres, a quienes yo había conocido en el restaurante. En persona tenía todavía peor aspecto; estaba aturdido y hasta arriba de medicamentos, pero me tranquilizó que se riera cuando la enfermera trajo un frasco de drenaje para poner mis flores.

Cuando le dieron el alta, volvió a casa de sus padres, al condado de Bucks, donde permaneció varias semanas hasta que se recuperó. Cuando por fin regresó al trabajo, pensé que las cosas serían distintas, que estaría nervioso y asustado, que le daría miedo caminar de noche por la calle sin compañía. No creía que le apeteciera salir de copas con nosotros después de cerrar. Pero parecía que lo único que había cambiado realmente eran sus sentimientos hacia mí, así que nuestros colegas, en broma, empezaron a decir que yo había pagado a aquellos dos tíos para que le hicieran entrar en razón de un ladrillazo.

La perspectiva de la boda obró milagros. Salvo una pequeña disputa con la Administración de Seguridad en el Transporte por una manta eléctrica, la evacuación médica de mi madre fue como la seda. La compañía de seguros pagó nuestros billetes en clase *business* y la enfermera incluso hizo la vista gorda cuando mi madre se tomó dos sorbos de champán para celebrar su mejoría. Después de otra semana de recuperación en Riverbend, por fin pudo volver a casa.

Era como si hubiéramos subido una persiana y la habitación se hubiera llenado de luz. Mi madre tenía algo por lo que luchar y lo utilizamos para chantajearla y hacer que se moviera y comiera. De repente llevaba puestas sus gafas de lectura y estaba buscando en el móvil un anillo de compromiso que recordaba haber visto en Costco. Me mostró la pantalla para enseñármelo. Un sencillo anillo de plata con pequeños diamantes engastados. «Pídele a Peter que te compre este», me dijo.

Le envié el enlace a Peter. Organizamos sus viajes por teléfono en función de su horario de trabajo. Vendría en avión un fin de semana para la pedida de mano y visitaría el local propuesto por la organizadora de bodas. Dos semanas más tarde volvería con su familia para el casamiento.

—Siempre podemos divorciarnos si las cosas no salen bien —le dije por teléfono—. Podemos ser unos modernillos divorciados.

—No nos vamos a divorciar —repuso él.

—Ya lo sé, pero, si lo hacemos, ¿no crees que decir «mi primer marido» me hará parecer una mujer madura y sofisticada?

El día acordado fui a buscarlo al aeropuerto de Portland. Hacía casi un mes que no nos veíamos y, aunque prácticamente lo había obligado a proponerme matrimonio e incluso yo misma había elegido el anillo, sentí una pasión renovada por él. Fuimos a la ciudad y aparcamos el coche. De camino al restaurante en el que íbamos a comer, en una calle cualquiera del barrio de Pearl, se arrodilló.

Al día siguiente fuimos a una tienda de mobiliario para bodas e hicimos fotos de varios modelos de sillas y mantelerías para enviárselas a mi madre. Pensamos que lo más sencillo y asequible sería celebrar una boda íntima en el jardín de mis padres. Había espacio para cien personas y, si mi madre se encontraba mal, podría retirarse a su habitación.

Cuando volvió a la Costa Este, Peter preparó las invitaciones y las envió por correo urgente. También hizo los carteles con la distribución de los invitados, a los que añadió lemas heráldicos para darles su toque personal. En uno escribió «Kunst, Macht, Kunst» ('Arte, poder, arte') debajo de un emblema que había diseñado con nuestras iniciales y parecía un escudo de armas. Había otro que rezaba: «Cervus non servus» ('El ciervo no es un esclavo').

Encargué una tarta en un supermercado, pero antes llevé unas muestras a casa para que mi madre las probara. Les pregunté a mis amigos del grupo And And And si querían tocar en la boda y busqué un camarero, un fotógrafo y un oficiante. Me tumbé con mi madre en la cama e intercambiamos opiniones sobre la lista de invitados y la distribución de las mesas. Pensé que, si mi madre se hubiera encontrado bien, si hubiéramos tenido tiempo, si ella no hubiera estado bajo los efectos de la oxicodona y el fentanilo, podríamos haber prescindido de la organizadora de bodas.

HABÍA OTROS ASUNTOS no tan agradables que también debíamos atender. Mi padre concertó una cita en la unidad de cuidados paliativos. El suicidio asistido era una opción legal en Oregón, pero el médico insistía en que era su trabajo que mi madre no padeciera dolor.

En cuanto Peter se marchó, Kye volvió de Georgia y reclutó a un grupo de religiosas coreanas para que se reunieran en el dormitorio de mi madre y la convirtieran al cristianismo. Durante la *ceremonia*, me asomé a la puerta con timidez. Estaban cantando himnos coreanos y agitando sus biblias mientras mi madre participaba vagamente, asintiendo con la cabeza.

Sabía que mi madre agradecía la generosidad de Kye y que se había prestado a aquella farsa para complacerla, pero yo siempre había estado orgullosa de su rechazo al conformismo espiritual y me apenó ver cómo se rendía. Mi madre nunca había sido religiosa, ni cuando vio que eso la apartaba de una comunidad coreana ya de por sí escasa en una ciudad tan pequeña como la nuestra, ni cuando su hermana se lo pidió en su lecho de muerte. Me gustaba que no temiera a Dios, que creyera en la reencarnación, en la idea de que, después de todo por lo que estaba pasando, podría comenzar de nuevo. Cuando le preguntaba cómo le gustaría regresar, siempre me decía que en forma de árbol. Era una respuesta extraña y reconfortante: en lugar de reencarnarse en algo grandioso y heroico, mi madre prefería volver a la vida como algo humilde y estático.

—¿Has aceptado a Jesús en tu corazón? —le pregunté.

—Sí, supongo —me contestó.

Entré en su habitación y me dirigí hacia la cama, pero, antes de que me tumbara a su lado, mi madre me pidió que le acercara su joyero. Era como un armarito de madera de cerezo con dos cajones en la parte inferior y un compartimento con un espejo que se abría por arriba. El interior estaba forrado de terciopelo azul oscuro y cada cajón estaba dividido en nueve compartimentos. Ninguna de sus joyas era especialmente antigua. Mi madre no había heredado nada. Todas las piezas habían sido compradas a lo largo de su vida, la mayoría, regalos que se había hecho a sí misma y que significaban mucho para ella precisamente por eso.

—Esta semana voy a regalar algunas de mis joyas —dijo—, pero quiero que antes elijas tú las que quieras.

Esto, más que ninguna otra cosa, era una muestra de la espiritualidad de mi madre. Para ella, nada era más sagrado que los accesorios de una mujer. Pasé los dedos por sus collares y pendientes, deseando de manera egoísta quedarme con todos, aunque sabía que no me pondría casi ninguno.

Yo no entendía de joyas. No sabía lo que hacía que una pieza fuera más valiosa que otra, cómo distinguir la plata del acero ni los diamantes del cristal, si una perla era auténtica o de plástico. Las que tenían más significado para mí no valían mucho. Se trataba de piezas que evocaban recuerdos concretos, más fichas de *Monopoly* que joyas ostentosas. Un colgante en forma de muñequito con los brazos y las piernas de cadenas de oro falso y mi piedra de nacimiento engastada en la barriga. Una pulsera barata de cuentas de cristal que mi madre le había comprado a un vendedor ambulante durante unas vacaciones en México. El broche del terrier escocés que se prendía en la solapa mientras esperábamos en el sofá a que mi padre saliera del baño y nos llevara a casa del tío Ron para celebrar el Día de Acción de Gracias. Un llamativo anillo en forma de mariposa por el que le tomé el pelo durante una cena navideña. Y lo más importante, el collar de Eunmi que hacía juego con el mío.

Los días previos a la boda, mi madre y yo estuvimos caminando alrededor de la casa. Se había propuesto bailar un lento con su yerno y queríamos aumentar su resistencia. Estábamos a finales de septiembre y las agujas de los pinos habían comenzado a amarillear y a caer, y las mañanas eran más frescas. Agarradas del brazo, salíamos por la puerta corredera del salón y bajábamos los tres escalones de madera del porche, caminábamos despacio por el césped y llegábamos hasta la zona de mantillo de corteza que había un poco más allá de los rododendros que mi madre había plantado unos años antes. Julia nos seguía de cerca, desesperada por que mi madre, de quien la manteníamos alejada por miedo a los gérmenes, le diera un poco de cariño. De vez en cuando, se paraba para arrancar una mala hierba, y después rodeábamos el camino de cemento y nos metíamos en casa, victoriosas.

LA Kim vino una semana antes de la boda, con un elegante corte de pelo y las uñas decoradas con un montón de cristalitos. Ella y mi madre se pusieron al día en su dormitorio mientras Kye las observaba como una monja reprobadora. LA Kim era tan afable y alegre como fría y distante era Kye. A mí siempre me había caído bien y estaba ansiosa por tener a otra persona de mi parte, una coreana que pudiera plantarle cara a Kye y viera las cosas con perspectiva. Además, mi madre siempre había elogiado su cocina.

A la mañana siguiente, LA Kim se levantó temprano para prepararle a mi madre *nurungji*, como había hecho Kye. Presionó el arroz contra el fondo de la cazuela, lo cocinó hasta dorarlo y después añadió agua caliente para darle la textura de unas gachas ligeras. También incorporó unos trocitos de pollo escalfado para que el plato tuviera un poco más de proteína.

—Uy, sabe muy fuerte —dijo mi madre.

—¿Por qué le das eso? —saltó Kye, que puso los ojos en blanco y se llevó el cuenco.

Sin poder cocinar, LA King centró sus energías en otra cosa. Revisó los armarios de la cocina, llenó varias bolsas de basura con todas las latas caducadas que mi madre había acumulado y se ofreció a preparar el *galbi*, mi plato coreano festivo preferido, para la boda.

En una ocasión, cuando estaba en la universidad, mi madre me explicó la receta por teléfono. Me fue diciendo los ingredientes sin orden ni concierto, qué marca de *mulyeot* (un jarabe dulce de malta de cebada) debía comprar y cómo era la lata de aceite de sésamo que ella utilizaba, mientras yo corría por los pasillos de un H Mart. En casa, la volví a llamar para que me explicara el proceso, frustrada por que sus instrucciones fueran siempre tan enrevesadas, incluso cuando se trataba de cocinar arroz.

—¿Qué quieres decir con que ponga la mano encima del arroz y añada agua hasta que la cubra?

—¡Que eches agua hasta *que agua* te cubra la mano!

—¿Que me cubra la mano? ¿Que me cubra la mano, hasta dónde?

—¡Hasta que cubra la parte superior de la mano!

Sujeté el teléfono con el hombro, sumergí la mano izquierda en el agua y la coloqué encima del arroz.

—¿Cuántas tazas son eso?

—Cielo, no lo sé, ¡mamá no utiliza *taza*!

Observé atentamente a LA Kim mientras preparaba la receta. En lugar de picarlos con el cuchillo, trituró una pera asiática, el ajo y la cebolla con la batidora para preparar una marinada espesa para la tira de asado. Ella utilizaba fruta como endulzante natural, mientras que mi madre siempre había usado *mulyeot* y una lata de 7Up. Le llevé la marinada a mi madre para que la probara. Introdujo el dedo índice en el líquido y se lo chupó. «Creo que hay que añadirle más aceite de sésamo», dijo.

PETER Y SUS PADRES, Fran y Joe, y su hermano menor, Steven, llegaron dos días antes del enlace. Me preocupaba que estuvieran enfadados conmigo por haber presionado a su hijo para que se casara en una boda chapucera, pero, en cuanto entraron por la puerta, mi preocupación se desvaneció.

Fran era una madraza, la típica que levantaba a su hijo del suelo si se caía y le decía «¡Qué preciosidad!» cuando le regalaba alguna porquería por Navidad. Cuando sus hijos eran pequeños, dirigía una guardería en su casa y se vestía de payaso en los cumpleaños. Le gustaba preparar aperitivos con frutos secos, unos dulces caseros hechos con cereales, chocolate y mantequilla de cacahuete, y caldo de pollo, y te daba las sobras en envases de requesón reutilizados. Era tan maternal y cariñosa que siempre te hacía sentir bienvenida.

—¿Qué tal estás, cielo? —me preguntó al tiempo que me envolvía en un gran abrazo.

Mientras me estrechaba entre sus brazos, casi pude sentir que mis preocupaciones habían sido sus preocupaciones, que mi dolor había sido su dolor.

—Qué alegría conocerte, Pran —le dijo mi madre en *konglish*, cambiando la *f* de Fran por una *p*.

—¡Es un placer conocerte por fin! ¡Qué casa tan bonita! —contestó Fran.

Las dos se fundieron en un abrazo y fue como si Peter y yo viéramos fusionarse nuestros respectivos mundos. Nos íbamos a casar de verdad.

AL DÍA SIGUIENTE LLEGARON LAS FLORES, para mi madre, el elemento más importante de todos. Había rosas color melocotón y hortensias blancas para decorar las mesas; lirios en flor, de color crema y verde pálido, para esparcir sobre la pérgola de madera bajo la que pasaríamos durante la ceremonia. En una antigua caja de madera de botellas de leche había ramilletes para que los hombres se los pusieran en la solapa, rosas individuales envueltas en unas hojas suaves como las de la salvia y unos ramos atados con una cinta gris claro para las damas de honor y para mí.

Por la tarde, un camión enorme aparcó en la entrada y unos hombres montaron una gran carpa blanca sobre el césped del jardín trasero y la llenaron con las mesas y las sillas que habíamos elegido. Vi que mis padres salían a ver la carpa. Luego se quedaron unos minutos mirando el horizonte, más allá de la empinada colina. El sol se estaba poniendo y el cielo se había teñido de rosa anaranjado.

Estaban contemplando su propiedad, pensando en los muchos veranos que habían trabajado en ella, en lo que habían ahorrado para llegar a esa edad en la que se suponía que podrían descansar y empezar a disfrutarla de verdad juntos. Recordé una ocasión en la que, durante un viaje en coche a Portland, los estuve observando desde el asiento trasero, los dos cogidos de la mano, hablando sin cesar durante dos horas. Entonces pensé que eso era lo que debería ser un matrimonio.

Mi padre no ocultaba el hecho de que apenas tenían relaciones íntimas. A pesar de todo lo que yo sabía, siempre había creído que la amaba de verdad. Que así era la vida a veces.

Cuando mi padre entró en casa, parecía un niño apurado.

—¿De qué hablabais? —le pregunté.

—Tu madre acaba de agarrarme el pene —me respondió, riéndose—. Me ha dicho que todavía tengo un revolcón.

La mañana de la boda estaba muy nerviosa. Mis amigas llegaron al mediodía y me ayudaron a prepararme en la planta de arriba. Taylor me hizo unas trenzas que unió en una corona floja, Carly me maquilló, y Corey y Nicole, mis mejores amigas y damas de honor, me echaron una mano con el vestido.

—No me puedo creer que te vayas a casar —dijo Corey mirándome escéptica, con los ojos llorosos.

Parecía que tan solo hacía cuatro días que teníamos doce años y estábamos pensando en nombres para nuestras pelotas de tenis.

Abajo, Kye y LA Kim estaban ayudando a mi madre a arreglarse en el baño de mis padres. Iba en contra de la lógica estar separadas y me sentía insegura sin su supervisión. Cuando terminamos, bajé, ansiosa, para que me diera el visto bueno.

Se sentó en un pequeño sofá de mimbre a los pies de su cama, con el precioso *hanbok* que Nami le había enviado la semana anterior. El *jeogori* estaba confeccionado en seda de un color rojo vivo, con el cuello azul oscuro y oro y un *goreum* azul eléctrico que Kye había anudado correctamente. Los puños de las mangas eran blancos y tenían bordada una flor roja, y la falda, que le llegaba hasta los pies, era de color amarillo miel. Llevaba una peluca larga y morena con flequillo, recogida en una sencilla coleta baja. Casi no parecía enferma y fue agradable fingir por un momento que no lo estaba. Fingir que no ocurría nada malo, que no era más que un hermoso día de boda.

—¿Qué te parece? —le pregunté, nerviosa, de pie ante ella.

Se quedó en silencio durante un momento, mirándome.

—Estás preciosa —dijo por fin, con una sonrisa y lágrimas en los ojos.

Me arrodillé a su lado y puse los brazos sobre su falda.

—¿Y el peinado? —le pregunté, preocupada porque no había hecho ningún comentario al respecto.

—Te queda muy bien.

—¿Y el maquillaje? ¿No te parece exagerado? ¿No crees que las cejas están muy marcadas?

—No, así está bien. *Mejor para fotos.*

No había nadie en el mundo que fuera tan crítico ni que pudiera hacerme sentir tan fea como mi madre, pero tampoco había nadie, ni siquiera Peter, que me hubiera hecho sentir nunca tan guapa. En el fondo, siempre la había creído. Que nadie me diría la verdad si llevaba el pelo hecho un asco o se me había ido la mano con el maquillaje. Seguía esperando que enmendara algún descuido, pero no puso ninguna objeción. Simplemente sonrió, medio inconsciente, quizá demasiado medicada para darse cuenta de los fallos. O tal vez sabía que era mejor así, que las pequeñas críticas ya no tenían sentido.

En total éramos cien personas. En una mesa se sentaron los compañeros de trabajo de mi padre. En otra, las amistades coreanas de mi madre. Otra estaba compuesta en su totalidad por nuestros amigos de Filadelfia. La que había cerca del altar improvisado la ocupaban nuestros padres, Kye, LA Kim, la hermana de mi padre, Gayle, y su marido, Dick, que habían volado desde Florida. Enfrente tenían al séquito nupcial: Corey y Nicole y sus respectivos novios, y el hermano de Peter y su mejor amigo, Sean. Heidi, la única amiga de mi madre de sus solitarios años en Alemania, vino desde Arizona. Dos jóvenes coreanas con las que había trabado amistad en los últimos años en la clase de pintura acudieron con su familia, deseosas de estar con la amiga a la que no veían desde hacía meses. Mi madre se había mostrado reservada con respecto a su enfermedad, por lo que la boda era también una celebración de su vida sin la presión añadida de decirlo abiertamente. Todo salió como estaba previsto, con todas aquellas personas que la habían acompañado en distintas etapas reunidas en un mismo lugar.

Peter recorrió el pasillo con su madre y yo los seguí del brazo de mi padre. Llevaba unos sencillos zapatos blancos de tacón que se hundían en el blando césped, por lo que no me resultó fácil avanzar con elegancia por el pasillo de hierba, ya que me trababa en el barro a cada paso que daba.

Peter había preparado lo que parecían diez páginas de votos. «Prometo amarte sin reservas, y con esto quiero decir…», comenzó. Sujetaba el micrófono como la noche que lo conocí, delicadamente, con tres dedos. Me resultó difícil entender lo que estaba diciendo. Por lo que deduje, se trataba de una lista de diez promesas, pero había tantas palabras que nunca había oído que no pude evitar soltar una carcajada cuando, casi al final, dijo: «¿Qué procelosa maravilla no abunda en ti?». Los invitados agradecieron la oportunidad de poder reírse también. Cuando terminó, leí mis votos.

—Jamás pensé que fuera a casarme —dije—, pero, tras haber sido testigo durante los últimos seis meses de lo que significa mantener la promesa de permanecer al lado de alguien en la salud y en la enfermedad, me encuentro aquí, convertida en una mujer más sabia.

Dije que el amor era una actitud, un instinto, una respuesta provocada por momentos imprevistos y pequeños gestos, una inconveniencia a favor de otra persona. Hablé de lo intensamente que lo había sentido cuando Peter condujo hasta Nueva York tras salir del trabajo a las tres de la madrugada solo para abrazarme en un almacén de Brooklyn después de que yo me enterara de que mi madre estaba enferma. Conté que en los últimos meses había recorrido cinco mil kilómetros en avión siempre que yo lo había necesitado, que había sido a menudo. Que me había escuchado con paciencia las cinco veces que lo había llamado por telefono cada día desde junio. Y que, aunque habría deseado que nuestro matrimonio hubiera comenzado en unas circunstancias más idóneas, había sido precisamente eso lo que me había hecho ver que él era todo lo que necesitaba para afrontar el futuro. No quedó un ojo seco bajo la carpa.

Comimos *galbi ssam*, carne curada, queso tierno, pan crujiente, gambones, *kimchi* agrio y unos cremosos huevos rellenos. Bebimos margaritas y negronis, champán, vino tinto y cerveza, y tomamos chupitos de ginebra Crater Lake, de cuyo origen local mi padre se sentía más desproporcionadamente orgulloso con cada trago. El primer baile con Peter fue al ritmo del «Rainy days and Mondays», de los Carpenters, un tema que habíamos escuchado sin cesar durante un viaje por carretera a Nashville. Mi padre estaba tan nervioso por tener que bailar conmigo que a los quince segundos de haber empezado la canción ya se había metido en la pista. Peter agarró a mi madre por la cintura y empezaron a moverse despacio de manera acompasada. Estaba muy guapo con su traje nuevo, y con la mano izquierda de mi madre en su hombro derecho y las otras dos entrelazadas, casi parecía que eran pareja. Me di cuenta de que Peter iba a ser el último hombre al que ella diera el visto bueno.

Después del baile, mi madre se retiró a su habitación. Vi que lloraba mientras se alejaba con Kye y con mi padre. No sabía si era de felicidad o de frustración por no poder disfrutar de la fiesta hasta el final. Me bebí otra copa de champán. Me sentía tan aliviada por que la boda se hubiera celebrado, por que mi madre no hubiera empeorado, por que no hubiéramos tenido que anularlo todo… Dejé de darle vueltas a la cabeza. Me quité los zapatos y caminé descalza por la hierba, por lo que los bajos del vestido acabaron llenos de barro. Le di a Julia unos trozos de tarta, canté en el karaoke con mis amigas y, aprovechando que nadie podía echarme de mi propia boda, me colgué de las vigas de la carpa. Se suponía que una limusina nos iba a llevar a un hotel para pasar la noche, pero se quedó atascada en el camino de grava cuando el conductor intentó dar la vuelta, así que diez de nosotros nos apiñamos con el trompetista de And And And en la parte trasera de la furgoneta de la banda y nos dirigimos a la ciudad. Cuando llevábamos apenas quince minutos en el hotel, los huéspedes llamaron a la policía y nos vimos obligados a cambiar de sitio. Fuimos a un bar del centro, donde no dejaron entrar a la mitad. Dentro, los que sí pudimos entrar nos atiborramos de perritos calientes y nos pusimos los trajes y los vestidos perdidos de mostaza. Después de tomarnos la última, Peter y yo volvimos al hotel, demasiado borrachos para hacer nada, y nos dormimos uno al lado del otro como marido y mujer.

12

Ley y orden

Los días siguientes transcurrieron sin sobresaltos. Teníamos la sensación de que después de la boda, o bien mi madre se curaría milagrosamente, o bien desaparecería en el cielo como un globo. Pero, tras la resaca de los festejos, todo volvió a ser como antes: la misma enfermedad, los mismos síntomas, los mismos medicamentos, la misma casa enmudecida.

Mi padre se puso a organizar un viaje para que fuéramos a catar vinos a Napa, una treta apenas velada para intentar prolongar la situación. Si enlazábamos un plan tras otro, podríamos engañar a la enfermedad. Ahora no, cáncer, ¡hay una boda! ¡Y después un viaje a Napa! Y luego un aniversario, un cumpleaños. Vuelve cuando no estemos tan ocupados.

Esas distracciones comenzaron a parecer poco realistas. Yo pasaba la mayor parte del tiempo viendo la televisión en la cama con mi madre, cogidas de la mano, en silencio. No volvimos a pasear alrededor de la casa. Ella cada vez tenía menos energía y no podía hacer casi nada.

Dormía mucho y apenas hablaba. El personal de cuidados paliativos trajo una cama articulada que colocaron en el dormitorio de mis padres, pero no llegamos a trasladarla a ella. Nos parecía demasiado triste.

Una semana después de la boda, Kye por fin se tomó un descanso y cogió el coche de mi madre para ir al Highlands a apostar. Mi padre se refugió en la cocina con su portátil. Mi madre y yo estábamos en la cama viendo el programa *Inside the Actors Studio*, en el que James Lipton estaba entrevistando a Mariska Hargitay, de la serie *Ley y orden*. En un momento dado, le preguntó sobre la prematura muerte de su madre y entonces esa hermosa y estoica mujer se echó a llorar. Casi cuatro décadas después, la sola mención de su madre todavía le provocaba ese tipo de reacción. Me imaginé a mí misma, pasados varios años, haciendo frente a esas mismas emociones. Durante el resto de mi vida tendría una espina clavada que me pincharía desde el momento en el que mi madre muriera hasta que fuera enterrada conmigo. Se me saltaron las lágrimas y, cuando miré a mi madre, vi que ella también estaba llorando. Nos abrazamos y sollozamos, cobijadas en la camiseta de la otra. Ninguna de las dos había visto nunca un episodio de *Ley y orden* ni sabía quién era esa actriz, pero era como si estuviéramos contemplando mi futuro, el dolor que me acompañaría toda la vida.

—Cuando eras pequeña, siempre estabas abrazada a mí. Fuéramos adonde fuéramos —susurró mi madre con gran esfuerzo—. Y ahora que eres mayor, aquí estás, todavía abrazada a mí.

Entonces rompimos a llorar desconsoladamente mientras nos aferrábamos la una a la otra, como habíamos hecho durante veinticinco años, y las lágrimas nos calaban la camiseta. Por encima de los aplausos televisados, oí las ruedas de un vehículo en el camino de grava, seguidas por el estruendo de la puerta del garaje. Luego oí que Kye entraba en casa y lanzaba las llaves del coche sobre la encimera de la cocina.

Mi madre y yo nos separamos y nos secamos las lágrimas al tiempo que Kye irrumpía, exultante, en el dormitorio. Mi padre, que iba detrás de ella, se detuvo en el umbral.

—¡He ganado un televisor! —dijo, y se dejó caer en la cama junto a mi madre.

Había estado bebiendo.

—Kye, tal vez deberías acostarte —le dijo mi padre—. Tienes que estar agotada.

Ella no le hizo caso, tomó las manos de mi madre entre las suyas y apoyó la cabeza en la almohada. Yo solo les veía la coronilla, el cabello negro con las raíces blancas de Kye y la cabeza calva de mi madre, que estaba de espaldas a mí y me impedía verles la cara. Le susurró algo a Kye en coreano.

—¿Qué ha dicho? —le preguntó mi padre.

Kye se levantó. Yo me incorporé para poder verlas a las dos. La expresión de Kye se había quedado congelada en esa sonrisa suya plana, inconclusa. No apartaba la vista de mi madre, que le devolvía la sonrisa.

—¿Qué ha dicho? —volvió a preguntarle mi padre.

Kye cerró los ojos y esbozó una mueca iracunda.

—¡Sois un par de egoístas! —exclamó, y salió de la habitación hecha un basilisco.

Mi padre la siguió hasta la cocina. Yo me quedé junto a mi madre, que continuaba sonriendo con los ojos cerrados, en una nebulosa de paz.

—No lo hagas —dijo mi padre—. Sabes que podría morir en cualquier momento.

Oí que los dos subían al dormitorio de Kye, ella con la intención de marcharse, él tratando de convencerla para que se quedara. Escuché en silencio el crujido de las escaleras cuando bajaron, los pesados pasos de mi padre, que no lograba persuadirla. Su voz grave y estruendosa amortiguada por el techo; la de Kye, quebradiza pero firme; y después a mi padre volviendo a bajar las escaleras de dos en dos.

Mi padre entró en la habitación sin resuello, con el pánico reflejado en el rostro, como si acabara de cometer un gran error. Me pidió que subiera a hablar con ella. Fui a regañadientes, con el corazón acelerado. Lo último que me apetecía era suplicarle que se quedara. Quería que se fuera.

Cuando entré en la habitación de invitados, tenía la maleta abierta sobre la cama y estaba metiendo sus pertenencias en ella apresuradamente.

—Kye, ¿por qué haces esto?

—Ya es hora de que me vaya —me contestó.

No parecía enfadada, sino decidida y esquiva. Cerró la maleta y bajó las escaleras con ella.

—Por favor, no te marches así —le dije, siguiéndola—. Al menos no te vayas enfadada. Márchate mañana. Mi padre te llevará al aeropuerto.

—Lo siento, cielo, pero tengo que irme ahora.

Se sentó en el banco del porche con su equipaje. Supuse que habría llamado a un taxi. Hacía frío y se oía el tintineo del carillón de viento que había colgado en la pérgola bajo la que yo había pasado el día de mi boda. En ese momento me pregunté qué sabía Kye sobre mi madre que yo ignoraba. Y adónde la llevaría el taxista. Era más de medianoche y tendría que esperar hasta la mañana siguiente para volar a Georgia.

Volví a la habitación de mis padres y mi padre fue a hablar de nuevo con Kye.

—Mamá, Kye se marcha —le dije, y me tumbé a su lado.

Temía que no supiera lo que estaba ocurriendo, que se molestara con nosotros por haber hecho enfadar a Kye, que me pidiera que fuera tras ella y la convenciera de que se quedara. Sin embargo, me miró con una gran sonrisa ensimismada.

—Creo que se lo ha pasado bien —dijo.

13

El peso de la pérdida

DOS DÍAS DESPUÉS DE que Kye se marchara, mi madre, que llevaba mucho tiempo sin sentarse, se incorporó en la cama como un resorte, aquejada de un dolor espantoso, completamente distinto a todos los que había padecido hasta entonces. Algo en su vientre hinchado debía de haber crecido y mutado, y estaba ejerciendo tal presión sobre sus órganos que le producía una sensación tan insoportable que atravesaba el velo acolchado de los opiáceos como una bala. Abrió los ojos aterrorizada y nos miró, pero era como si no nos viera. Se agarró la barriga y gritó: «Ah peo!! Ah peo!!».

Dolor.

Mi padre y yo le administramos hidrocodona líquida bajo la lengua a toda velocidad. Los minutos parecían horas mientras la abrazábamos y le asegurábamos una y otra vez que pronto se le pasaría. Al final se sumió en un sueño profundo. Al verla allí, dormida entre ambos, me invadió una tristeza abrumadora. El médico nos había mentido. Nos había dicho que no sentiría dolor; nos había dicho que era su trabajo asegurarse de ello. La había mirado a los ojos y le había hecho una promesa, y el cabrón la había incumplido. Las últimas palabras de mi madre fueron: «Dolor, dolor».

Nos asustaba tanto que volviera a ocurrir que decidimos sedarla. Cada hora más o menos, le introducíamos un cuentagotas de plástico entre los labios y le administrábamos lo que parecían suficientes opiáceos para tumbar a un caballo. El personal de cuidados paliativos venía dos veces al día para ver cómo se encontraba y traer más medicación si era necesario. Nos dijeron que estábamos haciendo lo correcto y nos dejaron unos panfletos con unos números de teléfono a los que llamar cuando llegara su hora y explicaciones acerca de lo que ocurriría después. Ya no podíamos hacer nada por ella, excepto darle la vuelta de vez en cuando, colocarle unas almohadas debajo para que no le salieran úlceras de decúbito y pasarle una esponja por los labios para que no se le agrietaran. Eso era todo.

Los días se sucedían y mi madre no se movía. Sin control sobre su cuerpo, no hacía más que mojar la cama. Dos veces al día, mi padre y yo cambiábamos las sábanas y le poníamos unas bragas y unos pantalones de pijama limpios. Pensamos en trasladarla a la cama articulada, pero no pudimos.

Con mi madre incapacitada, mi padre y yo de repente nos sentimos impelidos a limpiar la casa. Abrimos cajones que nunca habíamos abierto y los vaciamos frenéticamente en bolsas de basura. Era como si tratáramos de adelantarnos a lo inevitable, como si supiéramos que el proceso resultaría mucho más angustioso una vez que ella muriera.

Salvo por su respiración, un horrible sonido como el del último borboteo de una cafetera, la casa estaba en silencio. A veces la respiración se interrumpía y mi padre y yo nos quedábamos callados durante unos segundos, preguntándonos si todo habría acabado. Entonces mi madre comenzaba a jadear de nuevo. En el panfleto de la unidad de cuidados paliativos habíamos leído que los intervalos se irían alargando hasta que dejara de respirar definitivamente.

Estábamos esperando a que muriera. Los últimos días se prolongaron de manera mortificante. Todo ese tiempo había temido que muriera repentinamente, pero ahora me parecía increíble que su corazón siguiera latiendo. Hacía días que no comía ni bebía. Me atormentaba pensar que pudiera estar muriéndose de hambre.

Mi padre y yo pasábamos la mayor parte del tiempo tumbados en silencio, flanqueando su cuerpo, observando cómo su pecho se agitaba, cómo luchaba por respirar, contando los segundos entre cada inspiración y cada espiración.

—A veces pienso en taparle la nariz —dijo mi padre.

Entre sollozos, apoyó la cara en su pecho. Debería haberme indignado al oírle decir eso, pero no fue así. Era comprensible. Hacía días que no salíamos de casa, asustados por lo que pudiera ocurrir en nuestra ausencia. Me preguntaba cómo mi padre podía siquiera dormir por las noches.

—Sé que desearías que fuera yo. Yo también.

Le puse la mano en la espalda.

—No —dije en un susurro, aunque en el fondo, por horrible que suene, era así.

Debería haber sido él. Nunca nos habíamos planteado que pudiera darse esa circunstancia, que ella pudiera morir antes. Mi madre y yo incluso habíamos hablado de qué haría si enviudaba, si regresaría a Corea o se volvería a casar, si viviríamos juntas. Pero nunca había hablado con mi padre sobre lo que haríamos si mi madre fallecía primero porque no parecía posible. Él había sido drogadicto y había compartido jeringuillas en New Hope en plena crisis del sida, fumaba un paquete de tabaco diario desde que tenía nueve años, había trabajado como fumigador, por lo que prácticamente se había bañado en plaguicidas ahora prohibidos durante ni sé cuánto tiempo, se bebía dos botellas de vino cada noche y conducía borracho y tenía el colesterol alto. ¿Cómo iba a morir antes mi madre, que hacía el *spagat* y a la que todavía le pedían el carné de identidad en la licorería?

Mi madre habría sabido qué hacer y, cuando todo hubiera terminado, ella y yo estaríamos más unidas que nunca. Pero mi padre estaba muy asustado, tanto que habría preferido que me lo hubiera ocultado. Estaba desesperado por liberarse de ese dolor atroz como fuera, por lo que era probable que acabara abandonándome.

CUANDO SE MARCHÓ para empezar a hacer los preparativos del funeral, yo decidí quedarme en casa. Esperaba escuchar unas últimas palabras, algo más. El personal de cuidados paliativos nos dijo que eso podía suceder. Que los moribundos pueden oírnos. Que existía la posibilidad de que recobrara el conocimiento durante unos instantes, me mirara a los ojos y dijera algo definitivo, unas palabras de despedida. Tenía que permanecer a su lado por si eso ocurría.

—*Umma*, ¿estás ahí? —susurré—. ¿Me oyes?

Empecé a llorar y las lágrimas le cayeron sobre el pijama.

—*Umma,* por favor, despierta —le grité—. No estoy preparada. Por favor, *umma*. No estoy preparada. *Umma! Umma!*

Le chillé en su idioma, en mi lengua materna. Mi primera palabra. Con la esperanza de que oyera a su niña llamarla y, como la típica madre que de repente se llena de una fuerza sobrehumana para levantar el coche y salvar a su hija atrapada debajo, volviera en sí. Se despertaría durante un momento. Abriría los ojos y me diría adiós. Me diría algo, lo que fuera, para ayudarme a seguir adelante, me haría saber que todo saldría bien. Pero, por encima de todo, deseaba que su última palabra no fuera *dolor*. Cualquier cosa, cualquier cosa menos eso.

Umma! Umma!

La misma palabra que mi madre repetía cuando su madre murió. Ese lamento coreano, gutural, profundo y primario. El mismo que oía en las películas y en las telenovelas coreanas, el sonido que mi madre había emitido cuando había llorado por su madre y su hermana. Un vibrato doloroso que se convierte en un *staccato*, en notas sueltas que descienden como si cayeran de una serie de pequeños precipicios.

Pero no abrió los ojos. No se movió. Simplemente siguió respirando, con un ritmo cada vez más lento; el rumor de sus inspiraciones, cada vez más espaciado.

PETER LLEGÓ a finales de esa semana. Fui a recogerlo al aeropuerto y lo llevé a cenar a un pequeño restaurante japonés. Compartimos una botella de sake y yo, incapaz de comer, me desmoroné una vez más. Volvimos a casa a las nueve y nos quedamos en la puerta del dormitorio de mis padres. Mi padre estaba tumbado junto a mi madre.

—Mamá, Peter está aquí —dije, sin saber muy bien por qué—. Voy a dormir arriba. Te quiero.

Nos quedamos dormidos en la cama de mi infancia. Todavía no nos habíamos acostado desde que nos habíamos casado y, mientras trataba de conciliar el sueño, me pregunté si alguna vez sería capaz de hacerlo. No podía concebir la alegría ni el placer, la posibilidad de volver a dejarme llevar. Quizá porque parecía inapropiado, como una traición. Si la quería de verdad, no tenía derecho a volver a sentir esas cosas.

Me despertó la voz de mi padre, que me llamaba desde la planta de abajo.

—Michelle, ha ocurrido —gimió—. Ha muerto.

Bajé las escaleras y entré en su habitación con el corazón desbocado. Tenía el mismo aspecto que los últimos días, boca arriba e inmóvil. Mi padre estaba tumbado en su lado de la cama, de espaldas a la puerta, mirando hacia ella. Rodeé la cama y me acosté al otro lado. Eran las cinco de la mañana y se oían los trinos de los pájaros en el bosque; el día amenazaba con comenzar.

—Quedémonos aquí media hora antes de llamar a nadie —dijo mi padre.

El cuerpo de mi madre ya estaba frío y rígido, y me pregunté cuánto había tardado mi padre en darse cuenta de que había dejado de respirar. ¿Se había quedado dormido? ¿Había emitido ella algún sonido? Ahora estaba llorando aparatosamente sobre la suave camiseta gris de mi madre. Me di cuenta de que Peter estaba en el pasillo sin saber qué hacer.

—Puedes entrar —le dije.

Se acurrucó a mi lado en el borde de la cama. Estábamos todos en silencio. Me sentí mal por él. Yo nunca había visto un cadáver y no sabía si para él era también la primera vez. Pensé en lo cíclico que era estar entre mi marido y mi difunta madre. Imaginé los cuatro cuerpos desde un plano cenital. A la derecha, dos recién casados que estaban comenzando el primer capítulo de su vida en común; a la izquierda, un viudo y un cadáver cerrando el libro de más de treinta años de matrimonio. Era como si estuviera en una atalaya. Como si no formara parte de la escena, como si solo la estuviera contemplando. No sabía cuánto tiempo era apropiado permanecer así, qué se suponía que iba a descubrir en esos instantes. Su cuerpo llevaba un tiempo sin ser realmente suyo, pero la idea de sacarlo de casa era aterradora.

—Vale —dije al cabo de un rato, a nadie en particular.

Los tres nos incorporamos lentamente y Peter salió de la habitación.

—Espera —me dijo mi padre. Me detuve a su lado mientras él tomaba la mano izquierda de mi madre y le quitaba con cuidado la alianza matrimonial—. Toma.

Me la puso en el anular de la mano derecha con pulso tembloroso. Yo me había olvidado de ella. Me parecía mal quitársela, aunque tampoco parecía lógico enterrarla con ella. Estiré la mano para verla bien. Era un anillo de plata y diamantes, con un engarce en el que descansaba el diamante más grande. Ella misma lo había elegido cuando ya llevaban unos quince años casados para sustituir la gastada alianza de oro con su diminuto diamante que mi padre le había comprado cuando tenían nuestra edad.

Yo todavía me estaba acostumbrando al anillo que lucía en la mano izquierda, no tanto a lo que representaba como al propio objeto, a la sensación de llevarlo. Era como habituarse a llevar un corsé o alguna otra prenda sofisticada. Con el anillo de mi madre en la mano derecha me sentía como una niña de cinco años con la cara embadurnada de maquillaje. Lo giré de un lado a otro para acomodarlo. Los diamantes brillaban a la luz del amanecer, descomunales y fuera de lugar en un dedo tan poco exigente como el mío. Pesaba mucho. Era el peso de la pérdida, un peso que notaría cada vez que levantara la mano.

Como no quería que se la llevaran de casa en pijama, mi padre me pidió que escogiera un conjunto para incinerarla. Sola en su pequeño vestidor, me peleé con las perchas que colgaban a cada lado, que a duras penas soportaban el peso de las muchas chaquetas y chalecos, pantalones, gabardinas, cazadoras, chaquetones y americanas de mi madre. Elegí una sencilla falda negra con un detalle de encaje a la altura de la rodilla y unos leotardos negros para cubrirle las piernas, que ahora eran aún más huesudas y que yo estaba segura de que querría ocultar, aunque no sabía de quién. Un gorro suave de lana gris para taparle la cabeza, una blusa holgada y una americana negra ajustada.

Fue muy difícil vestirla a causa del *rigor mortis*. Tenía los brazos tan rígidos que temía rompérselos al introducirlos por las mangas. Pesaba mucho y, cuando la tumbé, la cabeza cayó con un topetazo seco sobre la almohada y los ojos se le abrieron de golpe. Solté un chillido tan angustiado que ni Peter ni mi padre se atrevieron a entrar. Seguí empujando sus miembros muertos, aunque cada dos por tres me derrumbaba a su lado, me retorcía, lloraba, gritaba. Abrumada por el dolor, en un momento dado tuve que parar para serenarme. No estaba preparada para eso. Nadie me había preparado para eso. ¿Por qué tenía que pasar por ello? ¿Por qué debía tener ese recuerdo? Iban a meterla en una bolsa, como si fuera basura. Iban a quemarla.

CUANDO TERMINÉ, los tres esperamos sentados a la mesa de la cocina. Llegaron tres hombres, cubiertos de pies a cabeza con ropa sanitaria desechable. Traté de no mirar cuando la sacaron de la habitación, pero alcancé a ver cómo se la llevaban en una camilla, metida dentro de una bolsa negra para cadáveres. Medio segundo que todavía me atormenta.

—¿Por qué no os vais a dar un paseo? —dijo mi padre.

¿Adónde va uno después de haber presenciado la muerte?, me pregunté. Peter sacó el coche de mi madre del garaje y, por algún motivo, le pedí que fuéramos a Detering Orchards, una finca que había al otro lado de la ciudad a la que mi padre solía llevarme cada octubre cuando era pequeña y en la que cultivaban diferentes variedades de frutas y verduras. Mi padre y yo nos pasábamos el día cogiendo manzanas y, cuando terminábamos, volvíamos al mercado para pesarlas y comprar tres calabazas para llevar a casa. Un año, cuando yo tenía siete o así, mi padre me tiró un tomate podrido y desde entonces siempre acabábamos la jornada con una guerra de tomates.

Era 18 de octubre y allí era adonde quería ir. Al echar la vista atrás, me pregunto si ese deseo se debía a que se trataba de un lugar que a mi madre no le gustaba especialmente. Era uno de los pocos sitios que solo nos pertenecían a mi padre y a mí, en el que, si los escasos árboles que había daban fruta, cogíamos una pera asiática para ella antes de marcharnos. Tal vez quise ir allí porque era un lugar en el que podía fingir que mi madre seguía viva y me estaba esperando en casa.

Cuando llegamos, el aparcamiento estaba abarrotado, repleto de familias que llevaban a sus hijos en carritos rojos mientras estos chupaban pajitas de plástico llenas de miel aromatizada y bebían zumo de manzana en vasos de papel. Hacía sol y la temperatura era agradable; el frío otoñal todavía no había llegado. No parecía un día en el que hubiera muerto nadie.

Entorné los ojos cuando la luz del sol me dio en la cara. Era como si estuviera drogada. Ninguna de esas personas podía saber lo que acababa de ocurrir, pero yo me preguntaba si me lo notarían en la cara. Cuando comprobé que, evidentemente, no era así, por alguna razón también me sentí mal. Me sentía mal cuando hablaba con alguien, cuando sonreía o reía o comía sabiendo que ella estaba muerta.

Paseamos entre balas de heno. Cerca de la entrada había unos tableros con temática de Halloween y un agujero para meter la cabeza y hacerte una foto, y unas cuantas atracciones. Más abajo había un corral con cabras y un pequeño comedero en el que, por veinticinco centavos, podías darles de comer. Introduje una moneda en la ranura y extendí la mano para recoger un montoncito de bolitas. Peter me siguió hasta la cerca y se quedó a mi espalda, con las manos apoyadas en mis hombros. Dos cabras se acercaron corriendo cuando pasé el brazo por encima de la valla. Sentí cómo cogían el pienso con los labios y lamían el anillo de mi madre con su lengua húmeda mientras miraban en varias direcciones con sus gigantescas pupilas horizontales.

14

Magnífica

Aunque mi padre se encargó de la mayoría de los preparativos del funeral, me encomendó la elección del cementerio, la lápida y el epitafio. Mi madre había dejado claro que quería que la incineraran, pero, aparte de eso, nunca mencionó nada sobre la ceremonia religiosa ni, por supuesto, nosotros nos atrevimos a preguntar. Yo no creía en el más allá, pero no podía evitar querer contentarla; su espíritu estaba muy vivo en los reproches que imaginé que me haría por cómo la había vestido o por la lápida que había elegido. Escogí la que me pareció más elegante, una lápida de bronce con una hiedra grabada en los bordes. Acordamos que en ella inscribirían su nombre, su fecha de nacimiento y la de su muerte, y las palabras «Magnífica madre, esposa y amiga del alma».

Magnífico era un adjetivo que a mi madre le encantaba. Una vez me dijo que, si alguien le pidiera que me describiera con una sola palabra, elegiría esa: magnífica. Creía que englobaba una belleza y una pasión ideales. Me pareció un epitafio apropiado. Ser una madre devota era ser conocida por prestar un servicio, ser una madre magnífica era poseer un carisma propio.

En cuanto al cementerio, me decanté por uno que se hallaba a medio camino entre nuestra casa y la ciudad, en la colina. Estaba rodeado por un largo muro de ladrillos y tenía una puerta de hierro. Mi padre me confesó que el tema del enterramiento le daba un poco de miedo; estaba convencido de que los insectos le impondrían un castigo kármico por los años que había trabajado como fumigador, pero para mí era importante que sus cenizas fueran enterradas. Quería poder llevarle flores y tener un sitio en el que ponerlas. Quería disponer de un lugar en el que poder derrumbarme y llorar sobre la hierba y la tierra en las distintas estaciones, no verme obligada a quedarme de pie ante una hilera de nichos como si estuviera en un banco o en una biblioteca.

Mi padre compró dos parcelas contiguas. Se reunió con un pastor para organizar un funeral cristiano, al que no me molesté en oponerme aunque me pareciera bastante hipócrita. Sabía que era lo más sencillo y que complacería a la gente, que era en definitiva lo que ella hubiera querido.

En el escritorio azul del dormitorio de mi infancia, donde redacté todos los trabajos del instituto, donde solo dos semanas antes había escrito mis votos matrimoniales, traté de componer un panegírico en su honor, de encontrar las palabras para abarcarla en una sola página.

No me resultó fácil escribir acerca de alguien a quien creía que conocía tan bien. Todo lo que se me ocurría sonaba torpe y pretencioso. Quería contar algo especial sobre ella que solo yo supiera. Que era mucho más que una ama de casa, que una madre. Que era un ser humano espectacular. Tal vez, en mi arrogancia, seguía menospreciando los dos papeles que ella había desempeñado de los que, en última instancia, estaba más orgullosa, incapaz de aceptar que aquellos que desean criar y amar pueden sentirse tan realizados como los que aspiran a ganar dinero o a consagrar su vida al arte. Su arte era el amor que latía en sus seres queridos, una contribución al mundo que podía ser tan colosal como una canción o un libro. Una cosa no podría existir sin la otra. Es posible que simplemente me diera miedo pensar que yo fuera lo más parecido a un legado que ella pudiera dejar.

El día antes del funeral, mi padre fue a recoger a Nami y a Seong Young al aeropuerto. Cuando entraron en casa, Nami parecía un pajarillo agitado; sus gestos eran inestables y caóticos. Emitió un gemido gutural y salvaje, un sonido que yo conocía muy bien.

Nunca la había visto así. Nami Emo era una mujer muy contenida. Contemplar el interior de nuestra casa, que era un reflejo de mi madre y que tanto acusaba su ausencia, le provocó una crisis nerviosa. No podía ni imaginar cómo debía de sentirse al ser la hermana mayor y haber visto a sus dos hermanas pequeñas morir con pocos años de diferencia de la misma enfermedad. Era como si el mundo estuviera dividido en dos tipos de personas, aquellas que habían sentido dolor y las que todavía no lo habían hecho. Mi tía, como yo, pertenecía al primer grupo. Conocía ese tipo de dolor demasiado bien.

Seong Young fue un gran apoyo para su madre. Se comportó con estoicismo a pesar de que había pasado un año en nuestra casa cuando vino a Estados Unidos a estudiar inglés. Él también tenía por lo que llorar, pero, por el momento, dejó su pena a un lado. Cuando una persona se derrumba, hay otras que cargan su peso instintivamente.

PARA EL FUNERAL me puse un vestido negro que mi madre me había comprado en una de nuestras salidas para «actualizar mi imagen» y lo combiné con una americana negra para tapar los tatuajes que tan poco le gustaban. Me puse el collar de plata que me había regalado después de que Eunmi falleciera y llevé el otro a juego abajo.

—Este... De Eunmi... Mamá me da... —traté de explicarme lo mejor posible en coreano.

Desesperada, le pedí ayuda a Seong Young con la mirada.

—Mi madre me lo compró después de que Eunmi muriera para tener las dos el mismo. Pero ahora que ya no está, quiero que ella tenga el otro —le dije.

Seong Young le tradujo lo que yo había dicho y Nami cogió el collar y lo apretó en su mano. Bajó la mirada con una mueca de dolor y se lo llevó al corazón.

—Oh, *Michelle-ah* —dijo mientras se lo ponía—. Gracias.

EL FUNERAL FUE EXTRAÑO, sobre todo porque yo llevaba más de una década sin pisar una iglesia y no sabía lo peculiares que los rituales religiosos le pueden parecer a un ateo. Una anciana ataviada con un manto profusamente bordado apareció con una vara enorme rematada en una gran cruz que movió arriba y abajo alrededor del pastor mientras él celebraba la liturgia. Después llegó la oración de acción de gracias, que sonó más como un especial en VHS de Charlie Brown que como una lectura apropiada para un funeral.

Miré a Nami, que tenía las manos juntas. Lloraba y asentía con la cabeza solemnemente a las palabras que no entendía pero a las que se unía con puntualidad en cada «amén». El cristianismo era un idioma que comprendía. La religión era un consuelo y en ese momento agradecí que pudiera apoyarse en ella.

Me llamaron para que leyera el panegírico. Peter no me quitó los ojos de encima por si me derrumbaba. Me temblaba la voz y estaba nerviosa, pero lo leí de principio a fin. Casi me asustó que fuera capaz de leer todo lo que había escrito sin romper a llorar. Lo cierto es que no lloré mucho durante el funeral.

Después ofrecimos un refrigerio. Alguien había servido cuencos de galletitas saladas y frutos secos y sentí un ligero remordimiento por no haber participado más en la organización. Me sentía incómoda, como mi madre en el funeral de Eunmi, sin saber muy bien cómo comportarme. Mientras atendía a los invitados tenía la misma sensación que si estuviera conteniendo un estornudo.

Cuando nos quedamos solos, recogí todos los ramos; no quería que se extraviara ni una flor. Tenía un deseo egoísta y desesperado de que en su tumba hubiera tantas flores que pudieran verse desde la carretera. Ansiaba que todo el mundo supiera lo querida que había sido mi madre, que todo el que pasara por delante se preguntara si a él le profesaban un amor así.

Llevamos sus restos a la tumba. El cortejo fúnebre no fue muy numeroso, solo dos coches con los familiares que se alojaban con nosotros. Su parcela estaba bajo un árbol situado en lo alto de la colina del cementerio. Miré la lápida.

—Papá, pone «Amada…» —susurré.

—Déjalo estar —dijo él.

Después del funeral, invité a Corey y a Nicole a cenar con mi familia en un restaurante francés. Mi padre se quejó porque los precios le parecieron abusivos, pero yo pedí el plato más caro de la carta. Un pequeño círculo perfecto de solomillo de vacuno poco hecho, reluciente por la salsa de tuétano, dispuesto sobre un charquito de puré de tupinambo. Corté un trozo tras otro de la sabrosa carne, que devoré junto con el cremoso puré. Era como si llevara años sin comer.

Mientras mi padre pagaba la cuenta, me quedé sentada en silencio, atiborrada de comida y vino, y por fin me dejé llevar por mis emociones. Me había contenido tanto… Me había matado de hambre, no solo de comida, sino de afecto. Había tratado de comportarme de manera estoica. Había tratado de ocultarle mis lágrimas a mi familia y ahora brotaban a borbotones. Notaba que todo el restaurante me estaba mirando mientras sollozaba y temblaba, pero me dio igual. Liberar el llanto me sentó bien.

Nos levantamos para marcharnos y sentí que me flaqueaban las piernas. Me dejé caer en los brazos de mis dos mejores amigas, que se apresuraron a sujetarme. Lloré durante todo el trayecto de vuelta a casa, unos lagrimones que nada tenían de sutiles, y después, a solas en mi habitación, derramé unas lágrimas minúsculas y calientes hasta que me quedé dormida.

Me despertée al amanecer con la sensación de que mi cara había absorbido media piscina. Tenía los ojos hinchados y enrojecidos. Estaba agotada pero inquieta. Pensé en Nami y Seong Young, que dormían dos puertas más allá, en la habitación de invitados. Los envidiaba porque estaban juntos, unidos, mientras que mi padre y yo teníamos problemas para comunicarnos. Quise hacer algo por ellos, para que se sintieran cómodos, como hubiera hecho mi madre. Ahora yo era la mujer de la casa.

Después de mucho pensar, decidí prepararles *doenjang jjigae*, el plato casero coreano por excelencia, para desayunar. Mi madre solía servir este suculento guiso repleto de verduras y tofu, junto a otras elaboraciones coreanas, a la hora de la comida. Yo nunca lo había hecho, pero sabía qué ingredientes llevaba y qué sabor debía tener. Todavía en la cama, me tumbé de lado y busqué en Google cómo preparar un guiso caldoso coreano de soja fermentada.

El primer enlace me llevó a la página de una mujer llamada Maangchi. Al principio de la entrada había un vídeo de YouTube, seguido de la receta. Las imágenes del vídeo eran inestables y estaban muy pixeladas. Una mujer coreana que aparentaba más o menos la edad de mi madre se encontraba de pie junto al fregadero de una cocina mal iluminada. Llevaba una camiseta verde sin mangas con unos brillantes adhesivos alrededor del cuello, el pelo recogido en una coleta floja con un pañuelo naranja y amarillo, y unos pendientes largos. «Es un plato casero que se come a menudo en Corea. Lo comemos con otras guarniciones y arroz», le decía a la cámara. Su acento era reconfortante; sus palabras, tranquilizadoras. Había hecho bien en confiar en mi instinto.

Copié la lista de ingredientes. Una patata mediana, ciento veinte gramos de calabacín troceado, cinco dientes de ajo, una guindilla verde, siete anchoas secas sin la cabeza y evisceradas, dos tazas y media de agua, una cebolleta, tofu, cinco cucharadas de pasta de soja fermentada y cuatro gambas grandes. Nada demasiado intimidante.

Me aseé y fui al cuarto de la colada para ver qué había en la nevera para *kimchi* de mi madre, un electrodoméstico diseñado para mantener los alimentos fermentados a la temperatura adecuada. En teoría, imita el suelo del invierno coreano, en el que las mujeres enterraban vasijas de barro para guardar el *kimchi* para la primavera. Dentro había un recipiente grande de pasta de soja. Los demás ingredientes los podía comprar en el Sunrise Market.

Me puse un par de sandalias de mi madre y una cazadora fina y fui en coche a la ciudad. Llegué al supermercado justo cuando estaban abriendo. Cogí las verduras que necesitaba y un bloque de tofu firme. Recordé que mi madre a este plato le añadía carne de vacuno, así que decidí pasar de las gambas y en su lugar compré tira de asado marinada.

Volví a casa y cocí el arroz en la olla arrocera Cuckoo de mi madre. Pelé una patata y la troceé junto con un calabacín y una cebolla. Luego piqué un poco de ajo y corté la tira de asado marinada en pedazos del tamaño de un bocado. Después busqué el *ttukbaegi* en los armarios de la cocina.

Puse el *ttukbaegi* directamente sobre el fuego a intensidad media, calenté un poco de aceite y eché las verduras y la carne. Agregué una cucharada de *doenjang*, otra de *gochugaru* y agua. Cada pocos minutos probaba el caldo e iba añadiendo *doenjang* y aceite de sésamo hasta que el guiso supo casi como el de mi madre. A continuación, incorporé los dados de tofu y dejé que se calentaran durante un minuto antes de rematar el plato con cebolleta laminada finamente. En unos platitos de cerámica serví unos *banchan* que encontré en la nevera para *kimchi*: unos pedazos de *baechu kimchi*, soja negra braseada y unos crujientes brotes de soja marinados con aceite de sésamo, ajo y cebolleta. Puse la mesa con cucharas y palillos y abrí unos paquetitos de algas. Mientras trajinaba en la cocina, en la que había visto a mi madre preparar tantos de mis platos preferidos, me sentí como si estuviera canalizando sus movimientos.

Seong Young y Nami se levantaron a las diez y, en cuanto bajaron por las escaleras, serví dos cuencos de arroz blanco suelto. Los acompañé hasta la mesa y les coloqué delante el *jjigae*, encima de un plato caliente.

—¿Lo has hecho tú? —preguntó Nami con incredulidad.

—Espero que esté bueno —respondí.

Me senté junto a ellos y observé cómo se echaban el caldo sobre el arroz y desmenuzaban el tofu con el borde de la cuchara mientras les salía vapor de la boca. Por un momento me sentí útil, feliz de que, después de todos esos años en los que ambos se habían ocupado de mí, pudiera tener ese pequeño gesto con ellos.

ESA MISMA TARDE mi padre llevó a Seong Young y a Nami al aeropuerto. Estaba sola en la cocina y oí que llamaban a la puerta principal, pero, cuando abrí, no había nadie, aunque quien fuera había dejado una bolsa de papel en el felpudo. Dentro, envuelta cuidadosamente en papel de seda, había una tetera de cerámica de color jade, con dos grullas en pleno vuelo pintadas en un lateral. La reconocí vagamente; era un regalo que alguien le había hecho a mi madre y que ella había colocado en el estante superior de la vitrina del salón. También había una carta, escrita en inglés e impresa en dos folios. Volví a meter la tetera en la bolsa y la llevé dentro. Luego me senté en la isla de la cocina y leí la carta.

> *Para Chongmi, mi querida amiga y alumna:*
>
> *Todavía oigo tu risa cuando estoy pintando en mi estudio. Un día entraste en él para tu primera clase de pintura con un elegante vestido y unas estilosas gafas de sol. Entonces pensé para mis adentros: «Bueno, esta ricachona no va a durar ni dos meses aquí». Sin embargo, me sorprendiste y durante un año no te perdiste ni una clase. Se notaba que no solo era una distracción, sino que disfrutabas de verdad pintando.*
>
> *Contigo y tus dos compañeras lo pasaba muy bien en clase. Parecía un club de maduritas más que una clase de pintura. Teníamos muchas cosas en común porque todas éramos más o menos de la misma edad. Bebíamos café y lo acompañábamos con una deliciosa rebanada del pan que tú traías siempre. Nos reíamos de las anécdotas tan divertidas que contábamos.*
>
> *Eso duró un año, hasta que dejaste de venir. Dijiste que era por unos problemas estomacales, nada grave. Yo te dije: «Cuídate mucho, querida».*
>
> *Todavía no puedo creer que esa fuera la última vez que sostendrías un pincel. Recé por ti y conservé la tetera coreana que habías empezado a decorar antes de caer enferma.*
>
> *Comencé a creer que podría producirse un milagro. Podría haberte devuelto la tetera cuando dejaste de venir*

a clase, pero pensé que, si me la quedaba, mejorarías y volverías a ser la mujer alegre que siempre habías sido.

Ahora ya no tiene sentido seguir aferrada a ella. Sé que ya no sufres y que descansas en paz en el cielo. En mi imaginación sigues viniendo a mi estudio con tu risa alegre y contagiosa, pero luego veo que no estás pintando en tu rincón preferido.

Chongmi, eres una mujer hermosa, amable y buena, y te quiero muchísimo.

De tu amiga Yunie.
Noviembre de 2014

¿Por qué no había esperado a que abriera la puerta? Evidentemente, era la profesora de pintura de mi madre, que sabía que había fallecido y sin embargo le había escrito esa carta. Y si era para mi madre, me pregunté, ¿por qué no la había escrito en coreano? ¿La había traducido expresamente para que la leyera yo? Había una parte de mí que sentía —o tal vez era solo un deseo— que, después de la muerte de mi madre, la había absorbido de alguna manera, que ahora formaba parte de mi ser. Me pregunté si su profesora de pintura también lo creía, si creía que mi madre podría escucharla a través de mí.

Rebusqué en la bolsa en la que mi madre guardaba los materiales de pintura, una bolsa de lona con un asa negra y un estampado de diminutas torres Eiffel. Hojeé sus cuadernos de dibujo. En el más pequeño estaban sus primeros bocetos. En la segunda página había uno a lápiz de Julia. Aquel en el que parecía una salchicha con cara. Me acordé de cuando me había enviado la foto, lo orgullosa que me había sentido de ella, a pesar del rudimentario retrato, por que estuviera probando algo nuevo.

Sus progresos se notaban de una página a otra. El cuaderno pequeño estaba lleno de dibujos a lápiz de distintos objetos de casa, elementos de su mundo. Una piña que había arrancado de un pino de la finca. Un pequeño zueco de madera que Eunmi le había enviado cuando trabajaba para KLM en los Países Bajos. Una de las copas de tallo corto con el relieve de una margarita en las que bebía vino blanco. Bailarinas de porcelana, una en la quinta posición, otra en la tercera, sin disimular mi mutilación involuntaria. Una de sus teteras de Mary Engelbreit que, incluso sin colorear, reconocí como la primera de su colección; a pesar de ser un dibujo a lápiz, en mi mente veía su base amarilla y la historiada tapa morada. En las últimas páginas había tres huevos con un sombreado perfecto. Recordé una conversación que habíamos mantenido por teléfono sobre ellos, mucho antes de que comenzara la pesadilla, cuando su principal preocupación era reproducir bien su curvatura.

En el bloc grande, sus trabajos eran más notables, ya que había empezado a utilizar acuarelas. Su uso del color era conmovedor y elegante. Siempre se le había dado bien embellecer las cosas. Dejó atrás los objetos domésticos para centrarse en temas más tradicionales, como las flores y las frutas. Comenzó a firmar y a fechar sus obras, a experimentar con diferentes nombres, como si cada una perteneciera a una artista distinta. En una serie de tres dibujos a carboncillo de pan y limones que hizo entre mayo y junio de 2013 firmó solo con su nombre de pila, Chongmi. En agosto de 2013, en un dibujo de tres peras verdes junto a un jarrón de crisantemos, lo acortó a Chong. En febrero de 2014, en un dibujo a lápiz de una mano de plátanos, firmó con su nombre en coreano, pero añadió una z al final. En marzo de 2014, dos meses antes de que le diagnosticaran el cáncer, en una acuarela de un pimiento verde entero y su prima la naranja cortada por la mitad, había firmado como Chong Z con bolígrafo azul.

Aunque sabía que mi madre había estado yendo a clase de pintura el año anterior e incluso me había enviado fotos de algunos de sus dibujos, nunca había visto el grueso de su obra. Las distintas firmas revelaban un diletantismo encantador. Ahora que ya no estaba, empecé a estudiarla como a una extraña, rebusqué entre sus pertenencias en un intento de redescubrirla, de traerla de vuelta a la vida como fuera. Mi desconsuelo era tal que interpretaba cualquier detalle como una señal.

Fue reconfortante sostener su trabajo en mis manos, imaginar a mi madre antes del dolor y el sufrimiento, relajada con un pincel en la mano, rodeada de buenas amigas. Me hubiera gustado saber si pintar había sido terapéutico para ella, si la había ayudado a superar la angustia existencial que la invadió tras la muerte de Eunmi. Me pregunté si el florecimiento tardío de su creatividad estaba relacionado con mis propios impulsos artísticos. Si resultaba que había heredado mi vena creativa de ella. Si en otra vida, si las circunstancias hubieran sido distintas, ella también podría haber sido artista.

—¿No mola que ahora disfrutemos hablando? —le pregunté en una ocasión cuando volvíamos a casa desde la universidad, después de que la mayor parte del daño que había causado en la adolescencia se hubiera disipado.

—Sí —dijo—. ¿Sabes de qué me he dado cuenta? De que nunca he conocido a nadie como tú.

«Nunca he conocido a nadie como tú», como si yo fuera una forastera o una invitada excéntrica con la que iba de camino a una cena organizada por un amigo en común. Era un pensamiento extraño para oírlo de boca de la mujer que me había traído al mundo y que me había criado, con la que había compartido un hogar durante dieciocho años, alguien que era la mitad de mí. Mi madre había tenido tantos problemas para entenderme como yo para entenderla a ella. Estábamos en lados opuestos de una brecha —generacional, cultural, lingüística— por la que vagábamos perdidas sin un punto de referencia, sin saber cómo colmar las expectativas de la otra, hasta que, en los últimos años, habíamos empezado a desentrañar el misterio, a cultivar la tranquilidad mental necesaria para acomodarnos la una a la otra, para apreciar nuestras diferencias y proteger nuestras similitudes. Entonces, la que había sido la época de mayor entendimiento entre ambas se truncó bruscamente y yo me quedé sola para descifrar los secretos de su legado sin conocer la clave.

15

My heart will go on

Después del funeral de mi madre fue como si la casa se transformara y se volviera en nuestra contra. Lo que antes era un reflejo reconfortante de su estilo individual ahora era un símbolo de nuestro fracaso colectivo. Cada pieza de mobiliario y objeto decorativo parecía burlarse de nosotros. Nos traían a la memoria todas esas historias que habíamos oído mientras ella estaba viva, historias de pacientes con cáncer que habían sobrevivido contra todo pronóstico. Cómo la vecina de alguien había esquivado su propia sentencia de muerte gracias a la meditación y el pensamiento positivo. Cómo Fulano, cuyo cáncer se había extendido a numerosos ganglios linfáticos, mediante la visualización de una nueva vejiga sin mácula, había logrado el milagro y la enfermedad se hallaba ahora en remisión. Todo parecía posible si se tenía una actitud optimista. Quizá nosotros no nos habíamos esforzado lo suficiente, no habíamos creído lo suficiente, no la habíamos obligado a comer suficientes algas verdiazules. Tal vez Dios nos odiaba. Había otras familias que habían luchado y habían vencido. Nosotros habíamos luchado y habíamos perdido, y, además de todas las emociones instintivas y desgarradoras que sabíamos que nos embargarían, también nos sentíamos extrañamente avergonzados.

Metí su ropa en bolsas de basura, tiré sus cremas empezadas de la teletienda y doné el equipo de cuidados paliativos y los batidos de proteínas que habían sobrado. En la cocina, mi padre se sentó a la mesa de cristal con un vaso grande de plástico lleno de vino tinto y llamó a un banco tras otro para anular las tarjetas de crédito de mi madre, por lo que se vio obligado a decirle a cada persona con la que habló que su esposa acababa de fallecer y que ya no necesitaríamos sus servicios.

En ese momento, viajar a algún lugar remoto parecía una buena idea. Un respiro mental de una casa que parecía estar asfixiándonos. Así que una mañana, durante el desayuno, mientras se tomaba su café, mi padre buscó en internet posibles destinos. Quizá una isla, sugirió, donde pudiéramos relajarnos y tumbarnos en la playa, pero la idea de pasar días enteros contemplando el agua en silencio me asustaba. Me parecía una opción demasiado estática; demasiado tiempo a mi disposición, que seguramente dedicaría a enredarme en pensamientos sombríos. Europa a mi padre le traía demasiados recuerdos de todas las vacaciones que habían disfrutado allí juntos. Finalmente, nos decantamos por el sureste asiático, una región que siempre nos había cautivado. Ninguno de los dos había estado en Vietnam, un destino relativamente barato gracias a la fortaleza del dólar estadounidense. Pensamos que, tal vez si estábamos distraídos en un lugar que no conocíamos, podríamos olvidarnos, aunque fuera por un momento, de hasta qué punto se había desmoronado nuestra vida.

Compramos los billetes de avión dos semanas después del funeral. Mi padre tuvo el acierto de reservar habitaciones separadas para que cada uno pudiera disponer de su propio espacio. Nos alojamos en hoteles de lujo con rociadores de ducha y espléndidos bufés de desayuno. Bandejas repletas de frutas exóticas y quesos importados, tortillas francesas al gusto y versiones occidentalizadas de platos vietnamitas. En Hanói nos sentamos en silencio en un barco que recorría la bahía de Hạ Long. Navegamos por las hermosas islas de piedra caliza que sobresalían del agua mientras llorábamos en privado sin una palabra de consuelo que ofrecer al otro. Reservamos los billetes para un tren nocturno al norte, a Sapa, con la compañía Fanxipan y, cuando nos presentamos en la estación equivocada, mi padre se puso a correr por el andén como un loco preguntándoles a los lugareños: «¿Dónde está *franchipán*?» mientras yo compraba unos *bánh mì* en un puesto cercano. Nos comimos los sándwiches en las literas, acompañados de medio miligramo del Xanax de mi padre, y nos bebimos una lata de cerveza 333 tras otra hasta que estuvimos lo suficientemente borrachos como para dormir a pesar de las violentas sacudidas del tren, que circulaba por unas vías de apenas sesenta centímetros de ancho. En Sapa alquilamos unas motocicletas y recorrimos las sinuosas y brumosas carreteras desde las que se veía el paisaje infinito de los arrozales cultivados en terrazas. Pero a cada momento de asombro le seguía un golpe paralizante en el estómago, un recordatorio constante de por qué estábamos allí.

Cada vez que un recepcionista le preguntaba a mi padre si necesitaba una llave adicional para su «amiga», mi padre se sonrojaba: «No, no, es mi hija». «¡Es mi padre!», le grité a la guía *hmong* que nos alojó en su casa por un puñado de larvas fritas.

—Entonces, ¿dónde está tu mamá? —me preguntó mientras me comía una larva crujiente.

—En casa —contestó mi padre, con el gesto serio y los ojos llorosos, sin saber qué más decir.

Esto ocurrió cuando todavía parecía que lo mejor era mentir y no dar demasiadas explicaciones, cuando aún nos asustaba decirlo en voz alta.

—Es un viaje de padre e hija —añadí.

La mayoría de las noches cenábamos pronto y después volvíamos al hotel y yo caía rendida en la cama y dormía durante catorce o quince horas. El dolor, como la depresión, hacía que hasta las tareas más sencillas nos parecieran un mundo. No nos estábamos divirtiendo. Contemplábamos las maravillas del país con indiferencia. Estábamos destrozados y no sabíamos cómo ayudarnos el uno al otro. Cuando llegamos a Hue, nos encontrábamos en el ecuador de un viaje de dos semanas que estaba empezando a parecer demasiado ambicioso, penosamente largo, incluso. Yo solo quería volver a casa, encerrarme en mi habitación y evadirme con mi PlayStation y sus relajantes juegos de simulación agrícola, no despertarme a las seis de la mañana para ir en un microbús turístico a otra pagoda o recorrer otro mercado en el que mi padre regatearía durante media hora por el equivalente a un par de dólares estadounidenses.

Pero ese día en Hue, las cosas empezaron a cambiar para bien. Hacía mejor tiempo que en Sapa y la atmósfera era más tranquila que en Hanói. El segundo idioma de Vietnam —los incesantes bocinazos, a los que ya nos habíamos acostumbrado— aquí no se hablaba con tanta fluidez. La vida transcurría a un ritmo más lento.

Compartimos el almuerzo, *bánh khoái* —unos crepes amarillos, grasientos y crujientes, rellenos de gambas y brotes de soja—, que regamos con cerveza fría Huda. Nadamos en una enorme y preciosa piscina en nuestro enorme y precioso hotel. Navegamos por el río Perfume y contemplamos a la mujer del timonel de nuestro barco mientras se paseaba como una modelo con distintas camisetas de recuerdo y ofrecía bolas de nieve de adorno y abrebotellas de madera que nosotros rechazábamos con sentimiento de culpa, negando con la cabeza y diciendo «no, gracias» una y otra vez.

Por la noche fuimos en taxi a Les Jardins de la Carambole, un restaurante de fusión franco-vietnamita muy famoso, que se encontraba cerca de la Ciudad Imperial. Parecía una gran mansión del Barrio Francés de Nueva Orleans. El exterior estaba pintado de amarillo intenso. En la segunda planta había tres grandes arcos, cada uno con su propio balcón, y de la fachada salía un elegante porche con mesas.

Empezamos con unos cócteles y decidimos compartir una botella de burdeos durante la cena. En cuanto a la comida, todo nos parecía poco. Pedimos sopa de calabaza, ternera cocinada en hojas de plátano, rollitos de primavera fritos, calamares crujientes, un cuenco de *bún bò huế* y una ensalada de marisco y mango que nos recomendó la camarera. La afición a pedir platos que se puedan compartir y un gusto desmedido por el alcohol son dos cosas que mi padre y yo siempre hemos tenido en común.

—¿Sabes? —le dijo mi padre a la camarera como si le estuviera confiando un secreto. Me apuntó con el dedo varias veces—. Ella hacía lo mismo que tú.

—¿Disculpe?

Era una vietnamita muy guapa que parecía más o menos de mi edad. Tenía el pelo largo y negro, y llevaba un *ao dài* rojo, un vestido largo hasta los pies con grandes aberturas y unos pantalones negros anchos debajo. Hablaba inglés casi sin acento. Cuando no tenía nada que hacer, se quedaba quieta con las manos entrelazadas, una sobre la otra, como un buda sereno.

—Mi hija también camarera. ¡Muchos años! —le dijo mi padre.

Después de pasarse media vida tratando con la familia de mi madre, había desarrollado un método para dirigirse a los no angloparlantes, en el que eliminaba verbos y preposiciones y gesticulaba de manera exagerada, como si estuviera hablando con un niño de tres años.

—Y yo —dijo, señalándose a sí mismo—. Hace mucho. —Abrió los brazos de par en par—. ¡Ayudante de camarero! —Después estampó su manaza en la mesa, con lo que hizo temblar los cubiertos y los vasos, y soltó una risotada.

—¡Ah! —exclamó la camarera sin inmutarse ante ese estadounidense que casi vuelca la mesa.

—A mi hija y a mí nos encanta la comida. Somos unos *foodies*.

No sé si fue el paseo en barco o que mi padre hubiera empleado la palabra *foodies* y hubiera puesto tanto empeño en su pronunciación —«fuuudiis»—, pero el caso es que empecé a sentir un ligero mareo. De repente, la ensalada de marisco y mango que había pedido ya no me parecía tan apetitosa. Hay pocas cosas que deteste más en este mundo que un adulto que se define a sí mismo como *foodie*, por no hablar de que mi propio padre me obligara a compartir ese título cuando apenas unos momentos antes me había preguntado si sabía lo que era el cebiche.

—¿Ah, sí? —dijo la camarera con un entusiasmo que parecía auténtico.

Era una profesional como la copa de un pino. Si hubiera sido yo, llevaría treinta minutos fingiendo que estaba ocupada limpiando cucharas.

No es que estuviera especialmente orgullosa de haber trabajado como camarera, pero sí sentía lealtad hacia el gremio. Me encantaba la camaradería que se generaba entre los compañeros, el desprecio común por determinado tipo de clientes: los usuarios de Groupon, los comensales quisquillosos, la gente que pedía la carne muy hecha y la que preguntaba si el pescado sabía mucho a pescado. Había cierto placer en cambiar tu tiempo por dinero en efectivo, que una hora después de haber salido de trabajar ya te habías pulido en bebidas que disfrutabas pidiendo tras haberte pasado el día sirviéndolas. Por desgracia, la experiencia me había convertido en una clienta neurótica. Sentía una necesidad compulsiva de apilar todos los platos cuidadosamente cuando había terminado de comer, siempre dejaba el veinticinco por ciento de propina aun cuando el servicio había sido pésimo y nunca, a no ser que estuviera malo de cojones, devolvía un plato solo porque no estaba a mi gusto. Así que, cuando mi padre me preguntó por qué no me comía la ensalada, hubiera preferido envolverla en la servilleta antes que armar ningún escándalo.

—Creo que estoy un poco mareada por el paseo en barco —dije—. No es nada.

—Perdona —llamó mi padre a la camarera, que estaba en el otro extremo de la sala—. No le gusta —le dijo, señalando la ensalada de marisco. Se tapó la nariz e hizo un gesto con la mano para indicar que tenía un olor excesivamente intenso, supongo—. Sabe demasiado a pescado.

—No, no, está buena —dije—. De verdad, está buena. Joder, papá, te he dicho que no pasaba nada.

—Michelle, si no te gusta algo, debes decirlo.

La ensalada sabía demasiado a pescado. Al fin y al cabo, era un ensalada de marisco aliñada con *nước mắm*, una salsa de pescado fermentado típica del país. Pero la camarera no tenía la culpa de que no me apeteciera comérmela. Encima, mi padre tuvo que utilizar esa espantosa palabra que empieza por *f*. Nos había presentado como una especie de críticos gastronómicos con ínfulas y ahí estábamos, despreciando la comida local.

—Si quiero devolver un plato, lo devuelvo —dije, revolviéndome en la silla—. Soy adulta. No necesito que nadie lo haga por mí, joder.

—No tienes por qué hablar de ese modo —dijo él, mirando de reojo a la camarera—. Baja la voz.

—¿Quiere que me lo lleve? —preguntó ella.

—Sí, por favor —contestó mi padre.

La camarera parecía imperturbable, pero no pude evitar imaginármela teniendo que explicarle al gerente que no era culpa suya que a dos *foodies* estadounidenses les sorprendiera que su ensalada de marisco supiera a pescado mientras imitaba el gesto de mi padre. Me pregunté cuáles serían las palabras vietnamitas para «turistas de mierda».

—Por Dios, no me lo puedo creer —dije—. Ahora se sentirá fatal. ¿Y si tiene que pagar el plato de sus propinas o algo así?

—No me gusta que mi hija me reprenda delante de desconocidos —dijo mi padre, despacio, con la mirada fija en la copa de vino, cuyo tallo sujetaba con el puño—. Nadie me habla como me hablas tú.

—Te has pasado todo el viaje regateando. Con los taxistas, con los guías, y ahora parece que quieres comer por la cara. Qué vergüenza.

—Tu madre me advirtió que no dejara que te aprovecharas de mí.

Ahí estaba. Había hecho lo que más temía. Había puesto palabras en la boca de una muerta y las había utilizado contra mí. Sentí que me hervía la sangre.

—Vaya, pues que sepas que mamá también me contó muchas cosas sobre ti. Podría empezar a largar y no parar, pero prefiero callarme.

Ni siquiera le caías bien, quise decir. Te comparó con un plato roto. ¿Cuándo pudo mi madre haberle dicho eso y a qué se refería? Las palabras seguían retumbando en mi cabeza. Vale que había dado por sentada mi educación, que había arremetido contra los que más me querían, que me había permitido caer en una depresión a la que quizá no tuviera derecho. En el pasado, mi comportamiento había dejado mucho que desear, pero ¿ahora? Durante los seis meses anteriores me había esforzado por ser la hija perfecta, por compensarlos por todos los problemas que había causado cuando era adolescente. Pero por la forma en la que lo había dicho era como si el último consejo que le hubiera dado antes de abandonar el mundo de los vivos hubiera sido: «Ten cuidado con esa chica; se aprovechará de ti». ¿No sabía que había sido yo la que había dormido en el sofá del hospital durante tres semanas mientras mi padre se quedaba en casa? ¿No sabía que era yo la que vaciaba la bacinilla porque a él le daba asco? ¿No sabía que era yo la que hacía de tripas corazón mientras él no paraba de lloriquear?

—Dios, nos diste tantos problemas… No hablábamos de otra cosa. ¿Cómo podías tratarnos tan mal?

—¡Ojalá no hubiera venido! —exclamé.

Y puesto que no quedaba nada más que decir, me levanté de la silla y me marché antes de que pudiera detenerme.

Oí cómo su llamada desesperada se desvanecía mientras me alejaba y lo dejaba para que pagara apresuradamente la cuenta de nuestra tensa cena inacabada. Doblé la esquina y me adentré a toda prisa en la oscuridad. Al estar cerca de la Ciudad Imperial, pude orientarme sin dificultad. No recordaba bien por dónde habíamos ido al restaurante, aunque sabía que si seguía el río Perfume llegaría al hotel. Estaba un poco lejos, pero no creía que el dinero que llevaba encima fuera suficiente para pagar un taxi.

De todas maneras, me apetecía dar un paseo. Me pasé todo el trayecto pensando en cómo volver sola a Hanói. En lugar de volar a Saigón como teníamos previsto, podía tomar un tren y alojarme en un hotel barato para evitar a mi padre durante el resto de la semana. Pero aun así tendría que verlo en el viaje de regreso a Estados Unidos. Me preguntaba si habría algún vuelo antes a Filadelfia y cuánto costaría, cuánto tendría que pagar por no tener que volver a hablar con él.

Cuando por fin llegué al hotel, mi padre me estaba esperando al final de la amplia escalera que conducía al vestíbulo. Creía que estaría furioso, caminando de un lado para otro, esperando para echarme la bronca por haberme marchado de esa manera, pero su aspecto sombrío me sorprendió. Tenía la barbilla apoyada en la mano y los codos en la barandilla de mármol, y contemplaba la noche húmeda como si estuviera pensando: «¿Cómo hemos llegado a esta situación?».

Me escondí detrás de un edificio para que no me viera. Lo observé mientras se peinaba hacia atrás su escaso pelo negro con los dedos y, en lugar de sentirme enfadada o victoriosa, me sentí muy muy mal. De todos los hermanos, él era el que más había tardado en empezar a perder el pelo. Ahora solo le quedaba un tercio del que tenía cuando mi madre enfermó. Era como si en eso también lo hubieran engañado, y me dio por pensar que la vida se había ensañado con él de un modo que yo nunca había experimentado y que tal vez nunca podría comprender. No había tenido infancia ni padre, y ahora había perdido a la mujer que amaba a pocos años de comenzar el último capítulo de su historia en común.

Aun así, todavía no me sentía preparada para perdonarlo y, ahora que sabía dónde estaba, decidí ir a tomar algo. Pensé que podría encontrar a algún australiano que me invitara a una copa cuando me quedara sin dinero, pero no había ningún establecimiento para turistas en las inmediaciones y me preocupaba perderme si me alejaba demasiado y bebía más de la cuenta. Al final volví sobre mis pasos y me metí en un bar que había al principio de la calle, el Cafe L'Ami.

Me senté en la terraza y pedí una cerveza. Me había bebido la mitad cuando un camarero larguirucho me dijo que iba a empezar la música y me preguntó si quería entrar. El local, en el que había unas mesitas redondas de cafetería decoradas con una rosa de plástico, además de prácticamente vacío, estaba oscuro, apenas iluminado por una luz morada y una bola de discoteca que giraba lentamente.

No había ningún extranjero, solo un grupo de lugareños al fondo y una pareja sentada a varias mesas de distancia.

Sobre el escenario había un teclado Casio, una guitarra acústica y, en un rincón, un pequeño monitor conectado a un portátil. La anfitriona cogió el micrófono e hizo algún tipo de anuncio. Dos chicos subieron al escenario. El de las gafas se colocó detrás del teclado y el otro agarró la guitarra y se puso a tocar. La anfitriona cantó una canción en vietnamita, pero yo no tenía claro si los músicos estaban haciendo como que tocaban o si tocaban de verdad y tenían una base de acompañamiento pregrabada en el teclado. Ella era una cantante asombrosamente buena, y la canción, una balada convincente y emotiva de la que me hubiera gustado saber el título para buscarla después.

Pedí otra cerveza y, de repente, una joven vietnamita se sentó a mi lado.

—Perdona, ¿qué haces aquí? —me preguntó. Tenía un acento muy marcado y era difícil entender lo que decía, especialmente con la música a todo volumen. Se echó a reír—. Lo siento. *Aquí nunca ver turista*. Yo vengo todos los días.

Cuando la anfitriona terminó de cantar, uno de los hombres del fondo subió al escenario y miró a sus amigos en busca de apoyo mientras cogía el micrófono. Un camarero se acercó a nuestra mesa con una tetera de cerámica y una taza, que colocó delante de mi nueva amiga.

—Me llamo Quing —dijo. Se sirvió un poco de té y rodeó la taza con las manos. Apoyó los codos en la mesa y se inclinó hacia mí para que pudiera oírla mejor—. Significa 'flor'.

—Michelle —dije yo—. Estoy de vacaciones. Me alojo en un hotel de la zona.

—Michelle —repitió ella—. ¿Qué significa?

—Oh, no significa nada —contesté.

El hombre del escenario había empezado a cantar y de nuevo me sorprendió lo bien que lo hacía. Me pregunté si todos los vietnamitas nacían con un tono de voz perfecto.

—Vengo aquí porque estoy triste —dijo la chica—. Me gusta mucho cantar. Vengo aquí todos los días.

—Yo también estoy triste —dije yo, notando los efectos de la segunda cerveza—. ¿Por qué estás triste?

—¡Quiero ser cantante! Pero mis padres creen que debo estudiar. ¿Y tú, por qué estás triste?

Tomé un sorbo de cerveza.

—Mi madre ha muerto —dije por fin.

Me di cuenta de que aquella era quizá la primera vez que permitía que esas palabras salieran de mi boca.

Quing dejó la taza de té en la mesa y puso su mano sobre la mía.

—Deberías cantar algo.

Se acercó más a mí y me miró fijamente a los ojos, como si estuviera segura de que cantar resolvería todos mis problemas. Antes yo también me sentía así con respecto a la música, antes de que mi vida diera un vuelco. Creía de una manera pura e infantil en el poder curativo de las canciones. Había creído en ello a pies juntillas antes de enfrentarme a una pérdida tan devoradora que había hecho que me cuestionara todas mis pasiones, que mis aspiraciones se me antojaran frívolas y egoístas. Tomé otro sorbo de cerveza, me levanté y me dirigí al escenario.

—¿Tienes «Rainy days and Mondays»? —le pregunté a la anfitriona, que tecleó el título en la barra de búsqueda de YouTube, eligió un vídeo de karaoke y me pasó el micrófono.

Quing se acercó al escenario y me jaleó. Cuando comenzó a sonar la música, cerró los ojos, sonrió y se puso a mecerse al ritmo de la canción.

«Talking to myself and feeling so old. Sometimes I'd like to quit, nothing ever seems to fit», empecé a cantar. Me di cuenta de que el micrófono tenía mucha reverberación. Sonaba de maravilla. Era imposible sonar mal con esa cosa. Cerré los ojos, me dejé llevar y canalicé el espíritu de Karen Carpenter, aquella diminuta figura trágica. Aquella mujer famélica, con su vestido amarillo, que poco a poco se fue desmoronando por la presión de aparecer siempre feliz delante de las cámaras, que, en su afán por alcanzar la perfección, se mató lentamente en directo ante los televidentes.

Todo el bar aplaudió. Quing cogió la rosa de plástico de nuestra mesa y me la entregó con gran ceremonia. Cuando llegó su turno, como no podía ser de otra forma, eligió «My heart will go on», un himno que sigue siendo un clásico imparable en Asia casi dos décadas después de su lanzamiento. Me acordé de cómo mi madre imitaba a Celine Dion, de su labio tembloroso. La reverberación hizo que la voz de Quing llegara a todos los rincones del local mientras cantaba: «Near! Far! Wherever you are!», y yo cogía las rosas de las otras mesas y se las lanzaba a los pies.

—¡Has estado genial, Quing!

Mientras los demás clientes se turnaban con el micrófono, nosotras seguimos cogiendo rosas de las mesas y lanzándolas al escenario. Bailamos todas las canciones y aplaudimos como locas cuando terminaban. Me habló de cantantes vietnamitas famosos. Conversamos sobre nuestros sueños. Apuré mi última cerveza y nos dimos un abrazo de despedida, apuntamos la dirección de nuestros respectivos correos electrónicos y prometimos mantener el contacto, aunque no lo hicimos.

Por la mañana, mi padre y yo desayunamos juntos en el bufé del hotel. No mencionamos nuestra pelea y seguimos adelante con el viaje como si nada. Tomamos el tren a Hội An, donde pasamos un par de días. Recorrimos a pie el casco antiguo y fotografiamos el canal. Las calles estaban flanqueadas por puestos en los que vendían farolillos multicolores y tarjetas tridimensionales. Nos detuvimos en el famoso puente cubierto japonés para ver cómo los lugareños empujaban en el agua unos barquitos de papel iluminados con velas, sin saber que Hội An significa 'lugar tranquilo de reunión'.

16

Jatjuk

HABÍAMOS IDO A VIETNAM para sanar, para acercarnos el uno al otro en nuestro dolor, pero volvimos tan afligidos como antes y más distanciados que nunca. Después de un vuelo de veinticuatro horas, llegamos a casa a las ocho, y yo me fui directamente a la cama, agotada por el viaje y el *jet lag*. Alrededor de la medianoche, mi padre me llamó por teléfono y me despertó.

—He tenido un accidente —me dijo. Parecía tranquilo—. Estoy a un kilómetro de casa. Necesito que vengas a por mí. Michelle, trae enjuague bucal.

Presa del pánico, no hacía más que interrumpirle con preguntas que él se limitó a responder tajantemente con mi nombre hasta que colgó. Me puse un abrigo encima del pijama, busqué angustiada las llaves del coche de mi madre, cogí una botella de Listerine del armario del baño y fui a recogerlo.

Para cuando llegué, ya había acudido una ambulancia. Al ver el panorama, creí que mi padre estaba muerto. El coche se había salido de la carretera y estaba encajado entre dos postes de teléfono. Las lunas y las ventanillas estaban reventadas.

Aparqué el coche de mi madre, corrí hacia el lugar del accidente y me encontré a mi padre sentado en la ambulancia, respirando como le indicaban los técnicos de emergencias sanitarias. Iba sin camisa y ya se le estaba formando un gran hematoma en la zona de la clavícula. Tenía los brazos y el pecho llenos de pequeños cortes, como si le hubieran pasado un rallador de queso por la piel varias veces. Unos agentes de policía se acercaron a nosotros, tan sorprendidos como yo de que hubiera sobrevivido. Fue imposible pasarle el enjuague bucal sin que se notara.

—Iba a la oficina a comprobar unas cosas —explicó—. Debo de haberme quedado dormido al volante.

La oficina de mi padre estaba al lado del Highlands, su bar preferido.

—Quieren llevarme al hospital —me dijo—, pero creo que no hace falta.

—Vas a ir.

—Michelle, estoy bien, de verdad.

—Mira tu coche, joder —le dije, apuntando con el dedo hacia el accidente—. ¡Cuando he llegado pensaba que me había quedado huérfana! Vas a ir al hospital y punto.

Fui detrás de la ambulancia hasta el Riverbend, el mismo hospital en el que mi madre había estado ingresada cuando el primer ciclo de quimioterapia la dejó fuera de combate, el mismo al que habíamos regresado después de nuestro viaje a Corea. En algunos aspectos, me recordaba al hotel de *El resplandor*. Se entraba por un pórtico de madera y en el vestíbulo había una chimenea de piedra, por lo que tenías la sensación de estar en un hotel encantado. No fue fácil para mí volver a enfrentarme a ese edificio, con su luz amarilla brillando en la noche. Para cuando aparqué y subí a la habitación, ya había dos agentes de policía interrogando a mi padre.

—¿Por qué arrastra las palabras?

—Yo no arrastro... Bueno, ahora sí, pero porque estoy pensando en ello —dijo riéndose.

El enjuague bucal me quemaba en el bolsillo del abrigo.

—Por favor —supliqué—. Mi madre acaba de morir.

No sabía si lloraba por miedo a que le retiraran el carné y me quedara atrapada en Eugene como su chofer personal o si simplemente estaba abrumada por el hecho de que el destino pareciera empeñado en acabar con nosotros.

—De acuerdo, vamos a dejarlo en que se quedó dormido al volante —dijo el policía, mirando a mi padre con suspicacia.

Mi padre me puso la mano en la espalda para hacer la escena más creíble.

Dos horas después le dieron el alta y lo llevé a casa. Me negué a dirigirle la palabra. Ahora que sabía que estaba bien, el temor por su seguridad dio paso a la rabia, que sentía crecer dentro de mí.

—Te estoy diciendo la verdad, me he quedado dormido —repitió.

Era un milagro que no se hubiera roto ningún hueso, aunque le dolía todo el cuerpo. Algunos de los medicamentos que le recetaron eran los mismos que había tomado mi madre, y agravaron su abatimiento. Se pasaba casi todo el día durmiendo. Estuvo tres días recluido en su dormitorio. Yo me preguntaba si se había salido de la carretera a propósito, lo que aumentaba mi enfado. No le presté demasiada atención. Quería ser egoísta. No quería cuidar de nadie nunca más.

En lugar de ello, me dio por cocinar, sobre todo recetas elaboradas que necesitaban reposar; el tipo de platos que pedirías en el corredor de la muerte. Preparaba pastel de pollo, para lo que extendía la untuosa masa casera y la rellenaba hasta el borde con un rico y espeso caldo, pollo asado, guisantes y zanahorias, y después colocaba encima una capa de hojaldre. Asaba filetes a la parrilla y los servía con un suave y cremoso puré de patata o con *gratin dauphinois* o con patatas asadas con unos trocitos de mantequilla encima y cucharadas colmadas de crema agria. Horneaba lasañas gigantes, cubiertas de salsa boloñesa casera y puñados de *mozzarella* rallada.

Para Acción de Gracias, pasé semanas buscando y recopilando recetas en internet. Rellené y asé un pavo de cinco kilos de Costco y preparé un postre de arándanos —helado con nata montada y mermelada de arándanos rojos— que la tía Margo le había enseñado a hacer a mi madre. Serví boniatos con malvaviscos y una salsa casera.

Otro día compré bogavantes. Me tomé mi tiempo para observarlos en el tanque de agua del supermercado y así elegir los que parecían más vivos. Le pedí al pescadero que los sacara con la red de plástico y les hiciera cosquillas en la cola, como me había enseñado mi padre, para llevarme los que se movieran con más energía y entusiasmo. Los cocí en una olla grande y para la mantequilla fundida utilicé los mismos cuenquitos que mi madre. Cuando estuvieron hechos, mi padre hizo dos cortes en el centro de las pinzas y unas incisiones grandes en el caparazón.

Cuando comíamos bogavante, mi madre solía cocer uno para mi padre y otro para mí, y ella se contentaba con una guarnición de maíz, una patata asada o un cuenco pequeño de arroz con *banchan* y una lata de paparda del Pacífico, un pescado graso que braseaba en salsa de soja. Pero, si había suerte y tenían, echaba las huevas anaranjadas de los bogavantes a su plato con una cuchara y se las comía.

Nos sentamos a la mesa y retorcimos las colas para separarlas del cuerpo. Les dimos la vuelta y partimos el caparazón por la mitad.

—No hay huevas —dijo mi padre con un suspiro.

Siguió sacando la carne del bogavante y absorbió la sustancia gris de su interior.

—El mío tampoco tiene —dije yo, y rompí una pinza con el cascanueces.

EN NAVIDAD, LAS CLASES de Peter por fin terminaron y se vino a vivir con nosotros. Entre los dos escogimos un abeto de un vivero cercano. Sin mi madre, parecía que estuviéramos jugando a las casitas. Peter asumió el papel de mi padre y se tumbó debajo del abeto para atornillar el soporte, y yo me puse en el lugar de mi madre para indicarle cuándo estaba completamente erguido. Mi madre guardaba todos los adornos navideños en la planta de arriba, en el armario del pasillo, envueltos en papel de periódico y repartidos en tres cajas de sombreros idénticas. Las luces estaban enrolladas alrededor de unos cilindros hechos con ejemplares antiguos de la revista *Time*.

Ese armario era uno de los muchos rincones en los que mi madre almacenaba la ingente cantidad de trastos de primera calidad que había ido acumulando a lo largo de su vida en Eugene. Una jaula de madera de adorno, cajas llenas de coloridos jarrones y tulipas de cristal, una colección de velas todavía envueltas en celofán. Cada hueco estaba a reventar de productos de la teletienda, tarros de contorno de ojos y sérums sin abrir, de soportes para palillos y anillos servilleteros.

¿Es que no había aprendido nada de la muerte de Eunmi? ¿Por qué conservaba la garantía de todos los electrodomésticos de la casa o las facturas del mecánico de hacía más de veinte años?

En ese mismo armario del pasillo, me encontré con un repositorio de recuerdos de mi infancia. Mis boletines de notas estaban guardados en un sobre de papel manila. Había conservado el cartel de la feria de ciencias de tercero. Encontré los diarios que me obligaba a llevar cuando estaba aprendiendo a escribir. «Hoy mi mamá y yo fuimos al parque a dar de comer a los pájaros».

Estaba empezando a desesperarme por tener que lidiar con tantas cosas cuando los encontré: dos pares de zapatos de bebé en perfecto estado. Unas sandalias hechas con tres tiras de cuero blanco que se unían en el tobillo y unas zapatillas rosas de loneta forradas por dentro con una vistosa tela de cuadros escoceses. Eran tan pequeñas que me cabían en la palma de la mano. Cogí una de las sandalias y se me saltaron las lágrimas. Pensé en cómo de previsora tenía que ser una madre para conservar ese tipo de cosas, los zapatitos de su bebé, para el bebé de su bebé. Un bebé que nunca llegaría a conocer.

Mi madre había guardado muchas cosas para mi futuro hijo o hija. Organizarlas me resultó extrañamente terapéutico. Pasé al menos una semana ordenando mi colección de Playmobil en sets completos. En el despacho de mi padre, que él apenas utilizaba, vacié los juegos desparejados y los dispuse en montones. Conté ocho tazas de té de un color verde azulado y el tamaño de un grano de maíz y las junté con los elementos del carrito de perritos calientes. Encontré dos aros de fuego y los devolví al circo. Extendí los artículos de la mansión victoriana en la alfombra beis y pasé las manos por las diminutas piezas de plástico en busca del gorrito azul que pertenecía al chico rubio que vivía en ella con la chica morena de melena corta, camisa rosa y pantalones blancos.

Mi madre me habría matado si hubiera visto las cosas de las que decidí deshacerme. Trabajos de la escuela y antiguas tarjetas del seguro, cintas de vídeo de mi cameo en un programa infantil coreano y de los dibujos animados que doblaba mi tía. Vendí los peluches Beanie Babies que nos embaucaron para que compráramos, el oso de la princesa Diana todavía en su estuche de plástico y con el protector de la etiqueta. A Samantha, la muñeca de American Girl, con su larga melena morena, por la que había suplicado, la puse a la venta por internet junto con las ropitas que traía y las que mi madre había comprado aparte a precio de ganga. Me sentía poseída; ese despojarme de cosas sin ningún miramiento era como prenderle fuego a la casa. Transformar aquella montaña de trastos en una colección razonable de posesiones adquirió las dimensiones de unos trabajos forzados, cuya conclusión se vislumbraba como una salida merecida, el final de una condena.

Todos esos objetos parecían huérfanos tras su pérdida, o simplemente volvían a ser objetos, materia, impedimenta. Lo que una vez había tenido un propósito se había convertido en un estorbo. Los cuencos que se reservaban para determinadas comidas ahora no eran más que platos que había que ordenar, obstáculos en el camino que tenía que vencer. El candelabro que de niña fingía que era mágico, un elemento clave en el argumento de las historias que me inventaba, no era sino otro cacharro del que deshacerse.

Metí toda su ropa en bolsas gigantes y las amontoné en el piso de arriba para que mi padre no tuviera que ser testigo del proceso. Esta tarea me llevó una semana. En una bolsa metí lo que iba a donar; en otra, las cosas de las que todavía no sabía si iba a desprenderme, y en otra, lo que quería conservar. Con todas sus prendas extendidas en el suelo, parecía que estaba contemplando distintas versiones de mi madre que se hubieran desinflado y desvanecido.

Me probé todos sus abrigos, sus preciosas cazadoras de cuero, que, para mi desgracia, me quedaban grandes de hombros. Me guardé algunos de sus zapatos, aunque enseguida me deshice de sus zapatillas con plataforma. Coloqué sus bolsos de mano sobre la mesa. Cuero suave de color naranja, piel de serpiente rojo brillante, preciosos bolsitos en los que apenas cabía un móvil. Un círculo perfecto de exquisita piel negra con un fino cierre de plata y el interior forrado de satén negro. Estaban como nuevos, como si no los hubiera estrenado. Había un bolso de Chanel falso de buena calidad con el clásico acolchado negro, y otro de verdad, todavía en la caja.

Invité a Nicole y a Corey para que le echaran un vistazo al resto de la ropa. Las llevé a la habitación y las animé a que se probaran algunas de sus prendas y se llevaran lo que quisieran. Al principio parecían incómodas, pero, tras mucho insistir, las convencí. Después llamé a algunas de las amigas de mi madre para que hicieran lo propio y, por último, dividí lo que quedó y lo doné a distintos centros de la ciudad.

Sentía cómo el corazón se me iba endureciendo, recubriendo de una costra, de una cáscara, de un callo. Borré las fotografías del hospital en las que salíamos mi madre y yo en su cama con pijamas a juego. Borré la que me había enviado el día que se había cortado el pelo como Mia Farrow, en la que posaba con timidez, como si lo peor ya hubiera pasado. Mientras organizaba los armarios que había al lado del teléfono de la cocina, esto es, mientras agrupaba pilas sueltas, tiraba fotografías antiguas de paisajes brumosos y apartaba viejos carretes de fotos sin revelar, encontré el cuaderno verde de espiral en el que había apuntado la medicación que tomaba mi madre y las calorías que consumía. Aquellas cuentas desesperadas, aquel inventario inocente, el triste empeño en anotar cada sorbo, cada bocado, para no desfallecer. Arranqué la espiral metálica y grité mientras hacía pedazos las páginas con mis ridículos e inútiles cálculos.

QUIZÁ ME PERSIGUIÓ la destrucción de tantos cuencos de *jatjuk,* pero más adelante me asaltó un deseo inexplicable de comer ese plato, el que más a menudo preparaba Kye para mi madre, una de las pocas cosas que era capaz de digerir.

Busqué en Google para ver si Maangchi, cuya receta de guiso de soja había preparado, tenía una de esa especie de papilla de piñones. Lo dudaba, ya que era un plato mucho menos popular que el *doenjang jjigae,* pero sí, ahí estaba.

En la introducción había escrito: «¡Puedo asegurar que *gachas de piñones es* la reina de todas las gachas! [...] Parecen caldosas, pero yo recomiendo tomarlas con cuchara en lugar de beberlas, porque quiero que disfrutéis del regusto. Una cucharada, pausa. Y cierra los ojos como yo hago en el vídeo para saborearlas. *Oh, ricas, oh, ricas.* Después otra cucharada. LOL».

Su manera de escribir me recordaba a los mensajes de mi madre, incluso en el modo en que describía sus experiencias culinarias.

Dejé el portátil en la encimera de la cocina y puse el vídeo. Maangchi llevaba una camiseta marrón de manga tres cuartos con un cuello adhesivo de encaje. El pelo negro y liso le llegaba por debajo de los hombros. Tenía delante una tabla de cortar y una batidora de vaso. El vídeo era más reciente y de mejor calidad que el último que había visto. La cocina era distinta, más moderna, y estaba mejor iluminada.

«¡Hola a todos! —gorjeó—. ¡Hoy vamos a aprender a hacer *jatjuk*!».

La receta era sencilla: piñones, arroz, sal y agua, ingredientes que yo ya tenía a mano. Como indicaba Maangchi, dejé sesenta y cinco gramos de arroz en remojo durante dos horas. Les quité las puntas a dos cucharadas de piñones y luego eché los granos suaves y limpios en la batidora. Transcurridas las dos horas, lavé el arroz bajo el grifo y lo añadí a los piñones con dos tazas de agua. Coloqué la tapa y batí a velocidad máxima. Después vertí el líquido en una cazuela pequeña y lo puse al fuego.

«No hacen falta muchos ingredientes, pero como podéis ver, lleva tiempo. Por eso el *jatjuk* es tan apreciado. Como, por ejemplo, si un familiar está enfermo, *tú no poder hacer mucho*. Cuando vamos *a hospital*, normalmente preparamos este *jatjuk* porque *pacientes no poder* comer comida normal. Los piñones tienen proteínas y grasas buenas *para cuerpo*, así que este es el plato perfecto *para pacientes* que se están recuperando de su enfermedad», explicaba Maangchi.

La mezcla tenía un precioso color blanco lechoso. A fuego medio, la removí con una cuchara de madera. Al principio, impaciente por que espesara, temía haber echado demasiada agua. Después, cuando la consistencia pasó de la de la leche desnatada a la de la mantequilla de cacahuete, temí no haber añadido suficiente. Bajé el fuego y seguí removiendo con la esperanza de que mi *jatjuk* se diluyera como el de Maangchi. Cuando empezó a burbujear, apagué el fuego y añadí sal, y a continuación lo transferí a un cuenco.

Corté un poco de *chonggak kimchi* en rodajas finas y las regué con una pequeña cantidad de su propia salmuera. Las gachas estaban cremosas y tenían un pronunciado sabor a piñones. Al tragarlas, sentí una caricia suave y reconfortante. Comí unas cuantas cucharadas más antes de probar el *kimchi* para rebajar su sabor untuoso con algo picante y ácido. No ha sido tan difícil, me dije, feliz por haber cocinado el plato que Kye había mitificado.

Me di cuenta de que, después de tantos días de filetes decadentes y crustáceos caros, patatas bañadas en todo tipo de gloriosas combinaciones de mantequilla, queso y nata, eso era exactamente lo que me apetecía. Esas sencillas gachas fueron el primer plato que me hizo sentir saciada. Maangchi me desveló los secretos de la receta paso a paso, como una guardiana digital a la que siempre podría acudir, que ofrecía el conocimiento que se me había negado y que era un derecho que me correspondía por nacimiento. Cerré los ojos y me llevé la última cucharada de gachas a la boca. Imaginé la suave papilla cubriendo la lengua plagada de vesículas de mi madre mientras el líquido caliente descendía poco a poco hacia mi estómago y yo disfrutaba de su regusto.

17

Una pequeña hacha

—SOLO NOS QUEDAN DOS porciones de espiral vegana —dijo una de las camareras al pasar por la zona de preparación de ensaladas, que también era una especie de DMZ entre el comedor y la cocina. Se detuvo a olisquear el aire e hizo una mueca—. ¿Se está quemando algo?

—¡Sal de aquí, joder! —gruñí con media cabeza metida en el horno de pizza mientras raspaba un persistente montón de queso carbonizado.

En equilibrio sobre un taburete, con los ojos entornados para ver a través del humo gris que salía del centro rasgado de una pizza que había pasado los últimos diez minutos preparando afanosamente, me esforzaba por no perder la calma y sacar el trabajo adelante. Era mi primer turno sola en una cocina ajetreada y de repente comprendí por qué todos los chefs con los que había trabajado odiaban al personal de sala. Me costó mucho contenerme para no lanzarle un cortador de pizza como si fuera una estrella ninja.

Después de Navidad, había solicitado un puesto de cocinera en una pizzería de moda, atraída por el hecho de no tener que tratar directamente con los clientes. Pensé que sería relajante, que pasaría horas escuchando música tranquilamente mientras masajeaba la masa blanda con los dedos, con un estado mental entre el zen de una tortuga ninja y Julia Roberts con su camiseta con la leyenda «A slice of heaven» ('Un pedazo de cielo') en la película *Mystic Pizza*. Como la mayoría de la gente, creía que un trabajo así era cosa de fumetas, una buena forma de volver a casa con dinero en el bolsillo a cambio de haberte manchado la mejilla con un poco de harina.

Pero en Sizzle Pie tenían otros planes para mí. Como si se tratara de algún tipo de ritual sádico de novatadas, me pusieron en el turno de noche del fin de semana para foguearme. Trabajaba de diez a seis de la mañana. A las dos, cuando en el centro ya no quedaba ni un solo bar abierto, el local se llenaba de hordas de universitarios borrachos, por lo que no paraba de servir porciones de pizza y de meter y sacar grandes palas de madera de los hornos calientes hasta las cuatro de la madrugada, la hora de cierre. Dos horas más tarde, tras haber limpiado el equivalente a un día de harina de todos los rincones de la cocina, por fin me soltaban, justo cuando empezaba a amanecer.

Las noches que yo trabajaba, Peter se quedaba despierto en casa traduciendo documentos del francés al inglés, un empleo por cuenta propia que había encontrado en una página web de anuncios clasificados, y después venía a recogerme. Yo me desplomaba en el asiento del copiloto con el cuerpo dolorido, quemaduras en los brazos y un centímetro de harina adherido a las lentillas y, entre bocado y bocado de una porción sobrante de pizza de *pepperoni*, él me rogaba que lo dejara.

—Para lo que te pagan no merece la pena —decía.

No era por el dinero. Quería estar lo más ocupada posible. Quería agotarme físicamente para no tener tiempo de compadecerme de mí misma; sumergirme en una rutina que me impidiera darle demasiadas vueltas a la cabeza durante los meses previos a que Peter y yo nos marcháramos de Eugene para siempre. Tal vez me estaba castigando por haber fracasado como cuidadora o quizá tenía miedo de lo que podría ocurrir si bajaba el ritmo.

Cuando no estaba trabajando o cocinando y limpiando en casa, me iba a componer canciones a la pequeña cabaña que teníamos en la finca. Escribía sobre lo confundida que estaba Julia, que se pasaba el día olfateando y rondando la puerta del dormitorio de mi madre; sobre correr en la cinta del gimnasio y dormir en camas de hospital; sobre llevar el anillo de casada de mi madre y el aislamiento del bosque. Eran conversaciones que quería tener con la gente pero no podía. Eran un intento de entender los últimos seis meses, cuando todo lo que creía saber con certeza sobre mi vida había sido puesto a prueba.

Cuando las terminé, le pregunté a Nick, que vivía a caballo entre Eugene y Portland, si quería contribuir con su guitarra. Habíamos seguido siendo buenos amigos después del instituto y la idea de ayudarme con el álbum lo entusiasmó. Nick me presentó a Colin, un pansexual de Alaska que tocaba la batería y que, además de una colección de rifles, tenía un estudio casero en la ciudad en el que podíamos grabar. Con Peter al bajo, entre los cuatro grabamos un álbum de nueve temas en dos semanas. Lo titulé *Psychopomp*.

Para finales de febrero, casi todos los objetos de la casa estaban embalados en cajas. En marzo se cumpliría el décimo mes de cautiverio y había llegado la hora de seguir adelante con nuestra vida. Peter y yo queríamos mudarnos a Nueva York, donde teníamos pensado buscar un empleo de nueve a cinco para completar por fin la transición a la madurez. Pero, antes de condenarnos a unos días limitados de vacaciones al año a cambio de un seguro corporativo, nos despediríamos de nuestra existencia anterior como mandaban los cánones. Con el dinero de la boda, organizamos una tardía luna de miel en Corea. Visitaríamos Seúl y Busan, y haríamos el viaje que no pude hacer con mis padres a la isla de Jeju antes de poner rumbo a la Costa Este para empezar a buscar trabajo.

A través de Kakao, con la ayuda de Google Translate y por medio de frases cortas en inglés y un remedo de coreano, le dije a Nami que Peter y yo queríamos hacerle una visita. Nami escribió sus respuestas en coreano y se las mandó a Seong Young y a Esther, la hija de Emo Boo, para que las tradujeran al inglés, y después las copió y las pegó para enviármelas. Insistió en que nos alojáramos en su habitación de invitados.

Yo no sabía si aceptar su oferta. Quería haber mantenido el contacto con ella desde que se había marchado de Eugene, pero la barrera del idioma suponía un gran reto. Me parecía imposible precisar los matices de los sentimientos que tan desesperadamente ansiaba expresar. Pero sobre todo, no quería molestar. Durante los cuatro años anteriores, el piso de Nami y Emo Boo había sido una puerta giratoria para huéspedes moribundos. Ahora que mi madre había fallecido, lo último que deseaba era traerle a la memoria épocas oscuras, ser una carga que se viera obligada a llevar.

A menudo pensaba en ella cuando, entre las cosas de mi madre, encontraba viejas cartas y fotografías, que dudaba en enviarle para evitarle el sufrimiento. Las fotografías me hacían sentir más cerca de mi madre. Las que ella había heredado tras la muerte de Eunmi todavía eran nuevas para mí. Era emocionante verla de niña, con el pelo corto y zapatillas, en color sepia; ver a las tres hermanas de pequeñas, a mis abuelos aún jóvenes y apuestos.

Pero me preguntaba si para Nami sería distinto. En una inocente fotografía en color tomada en un salón de banquetes aparecían las tres hermanas alineadas de mayor a menor, bailando la conga con sus padres. Iban vestidas como si estuvieran en una boda. De fondo se apreciaba un elegante papel pintado con un estampado a juego con las cortinas. Mi abuelo, ataviado con una corbata blanca y un moderno traje color canela, encabezaba la fila. Mi abuela, con una americana rosa, lo agarraba por la cintura desde atrás. Nami estaba en el centro, con los ojos cerrados, riendo, con las manos en las caderas de su madre. Tenía la cara vuelta hacia la cámara, ajena a su presencia, con sus enormes pendientes de perlas y un vestido de un vivo color turquesa. Mi madre, que lucía una permanente abultada, flequillo y un esmoquin negro muy favorecedor, iba detrás de ella. Eunmi, la última, llevaba un recatado vestido azul oscuro de flores. Con la mirada al frente, habían sido capturados de perfil. Era la única fotografía que había visto en la que mi *halmoni* salía sonriendo.

Ahora eran todos fantasmas. Solo quedaba la del centro. Traté de mirar la fotografía con los ojos de Nami e imaginé que los cuerpos se desvanecían lentamente del encuadre en un fundido de posproducción, como en esas películas en las que un personaje retrocede en el tiempo y cambia las circunstancias de su presente.

Mi madre me contó una vez que Nami había ido a ver a una adivina y esta le había dicho que era como un árbol generoso. Su destino era proteger y alimentar, vivir en calma, erguida, y dar sombra a quien estuviera debajo, pero en la base siempre habría una pequeña hacha cortando el tronco lentamente, desgastándolo poco a poco.

No dejaba de preguntarme si no sería yo esa pequeña hacha. Nami merecía espacio e intimidad, y un hogar tranquilo y en paz. No deseaba perturbarla, pero también creía que ella era la única persona que podría entender cómo me sentía en realidad.

A FINALES DE MARZO, pocos días antes de mi vigesimosexto cumpleaños, mi padre nos llevó a Peter y a mí al aeropuerto. Nos despedimos con un abrazo henchido de emociones encontradas. Nuestra partida puso fin al primer capítulo del duelo, y por mucho que mi padre y yo nos preocupáramos el uno por el otro, por cómo íbamos a encarar un futuro que se antojaba doloroso, en el fondo nos sentimos aliviados cuando yo puse tierra de por medio.

Ese era el primer viaje de Peter a Asia, y estaba emocionada por que fuera a hacer el mismo peregrinaje que yo había hecho desde niña cada dos años. Mi madre y yo siempre volábamos a Seúl con Korean Air. Ella cogía un periódico coreano perfectamente doblado de las pilas dispuestas al final de la pasarela de acceso al avión y se abrochaba el cinturón antes de lanzarse a leer con entusiasmo en un idioma al que apenas tenía acceso en casa. Las auxiliares de vuelo, hermosas mujeres coreanas de larga melena negra y cutis liso y lechoso, daban las últimas vueltas por el pasillo y poco a poco, como ocurría en H Mart, el espacio transitorio por el que nos movíamos adquiría contorno y color, la impresión de nuestro destino generada mucho antes del aterrizaje, como si la produjera la cabina presurizada.

Ya estábamos en Corea: la conocida cadencia del idioma del país llegaba desde los asientos contiguos, las azafatas caminaban con una postura perfecta, enfundadas en su almidonada chaqueta azul empolvado, pañuelo a juego, falda de color caqui y zapatos negros de tacón. Mi madre y yo compartíamos un *bibimbap* con *gochujang*, que venía en unos tubos en miniatura, como el dentífrico de tamaño viaje, y oíamos cómo aquellos que se quedaban con hambre pedían fideos instantáneos.

Cuando Peter y yo ocupamos nuestros asientos, las primeras señales de esa ilusión volvieron a aparecer y los sonidos familiares del idioma coreano me alcanzaron por encima del zumbido de la turbina. A diferencia de lo que me ocurría con los idiomas optativos que había estudiado en el instituto, había palabras coreanas que entendía sin haber aprendido jamás su definición. No existe ninguna traducción transitoria entre una lengua y otra. Hay conceptos del coreano que simplemente se hallan en algún lugar de mi cerebro, palabras impregnadas de su significado más puro, no de su sustituto en inglés.

En mi primer año de vida debí de oír mucho más coreano que inglés. Mientras mi padre estaba trabajando, yo me quedaba en una casa repleta de mujeres que me cantaban nanas, me acostaban con un *jajang jajang* y me arrullaban con expresiones como *Michelle-ah* y *aigo chakhae*. La televisión sonaba de fondo: noticias, dibujos animados y series en coreano que llenaban los espacios con más vocabulario. Y, por encima de todo ello, la estruendosa voz de mi abuela, que remarcaba cada vocal sostenida y cada frase cantarina con el distintivo gruñido coreano que emergía, exagerado, del fondo de su garganta, como el sonido que produce un gato enrabietado o alguien a quien se le ha atravesado un gargajo.

La primera palabra que pronuncié fue en coreano: *umma*. Incluso de bebé, percibía la importancia de mi madre. Ella era la persona a la que más veía y, en el oscuro confín de la conciencia emergente, ya intuía que era mía. De hecho, ella fue mi primera y mi segunda palabra: *umma* y, después, «mamá». La llamaba en dos idiomas. Ya entonces debía de saber que nadie me querría tanto como ella.

El viaje que antes tanto me emocionaba ahora me daba miedo, ya que esa sería la primera vez que Nami y yo hablaríamos sin Eunmi, mi madre o Seong Young como intérpretes. Tendríamos que averiguar cómo comunicarnos sin un intermediario.

¿Cómo pretendía estrechar mi relación con Nami si tenía el vocabulario de una niña de tres años? ¿Cómo iba a expresar con claridad mi conflicto interno? Sin mi madre, ¿tenía yo algún derecho real a sentirme coreana o parte de su familia? ¿Y cómo se decía en coreano «pequeña hacha»?

Cuando era niña, mis tías, para tomarme el pelo, me preguntaban si era un conejo o un zorro.

—¡Soy un conejo! *Tokki!* —respondía yo.

Y entonces ellas decían:

—*Ah nee, Michelle yeou!* ('No, ¡Michelle es un zorro!').

—No, no —insistía yo—. ¡Soy un conejo!

Y así continuábamos hasta que las convencía. Yo era lista y buena, como un conejo, no traviesa y manipuladora.

¿Seguiría Nami viéndome como a la niña malcriada y refunfuñona que su hermana llevaba cada dos veranos? ¿Esa que se quejaba de que el humo del elegante restaurante de barbacoas se le metía en los ojos y la garganta? ¿Esa que obligaba a su hijo, que acababa empapado en sudor, a perseguirla por las escaleras del edificio porque le daba miedo perderse? Al fin y al cabo, había sido Nami la que me había puesto el apodo de «Famosa Chica Mala».

—¡Muy cansados, vosotros! —dijo Nami en un inglés entrecortado—. ¡Bien, bien! Relajar. ¿Hambre? ¿Tenéis?

Llevaba un vestido largo y suelto, y el pelo, con un estiloso corte *bob* y teñido de castaño oscuro con mechas de color caoba. En cuanto salimos del ascensor, Leon, el caniche huérfano de Eunmi, corrió hacia nosotros y se puso a ladrar alrededor de nuestros tobillos. Nami nos llevó a la habitación de invitados y nos enseñó dónde guardar el equipaje. Condujo a Peter a uno de los balcones, en el que había colocado un cenicero con un pañuelo húmedo a pesar de que ella había dejado de fumar hacía más de veinte años.

—Fumar aquí —dijo—. *No problema*.

A continuación, le puso una palma amable en la espalda, lo guio hacia un sillón de masajes que había en la sala de estar y le pidió que se sentara. Parecía un *transformer*. El sillón era enorme, de tecnología avanzada, hecho de un brillante plástico beis y con una franja de led que cambiaba de color en uno de los lados. El asiento era de un suave cuero marrón.

—¡Relajar! —dijo mientras pulsaba los botones del mando a distancia.

El sillón empezó a reclinarse y el reposapiés le elevó las piernas. Al comprimir y liberar el aire para apretarle los brazos y las piernas al tiempo que el mecanismo que había debajo del cuero le masajeaba la espalda y el cuello, emitía unos sonidos que parecían pequeños estornudos.

—¡Muy agradable! —exclamó Peter con amabilidad.

Emo Boo llegó a casa de la clínica de medicina oriental con su traje gris y se acercó rápidamente para estrecharle la mano a Peter.

—¡Encantado de conocerte, Peter! —dijo.

Hablaba con firmeza, si bien su discurso estaba salpicado de pausas, como quien alterna sin transición entre el acelerador y el freno, pues se tomaba su tiempo para buscar las palabras y preparar la pronunciación.

—¿Tienes dolor? ¿Dónde, dolor? Yo, médico.

Se marchó y Nami extendió unas mantas en el suelo. Peter y yo nos levantamos la camiseta y nos tumbamos boca abajo. Tras ponerse un pijama azul con dibujitos de zorros, Emo Boo regresó y nos colocó unas ventosas en la espalda con lo que parecía una pequeña pistola de plástico. Con destreza y agilidad, nos llenó el cuello y los hombros de agujas de acupuntura. Pasados veinte minutos, con Nami ejerciendo de enfermera, nos quitó las ventosas y las agujas y se las fue pasando a ella.

Amodorrada y con *jet lag*, me quedé tumbada en el suelo del salón dando cabezadas. Aunque me pesaban los párpados, sentí que mi tía me tapaba con una manta fina. Toda mi ansiedad se desvaneció ante su presencia maternal. Era agradable que cuidaran de ti.

CUANDO ME DESPERTÉ a la mañana siguiente, Nami ya estaba preparando el desayuno.

—*Jal jass-eo?* ('¿Has dormido bien?') —le pregunté.

Estaba de espaldas a mí, inclinada sobre los fogones. Se volvió con los ojos como platos y un par de palillos con la punta grasienta en una mano y se llevó la otra al corazón.

—*Kkamjjag nollasseo!* ¡Hablas como tu mamá! —dijo.

A Peter le preparó un desayuno americano y a mí uno coreano. Para Peter, huevos fritos, tostadas sin corteza con mantequilla y una ensalada de tomates cherry cortados por la mitad, col lombarda y lechuga iceberg. A mí me frio unos *jeon* que sacó de unas tarteras. Observé por encima de su hombro cómo el aceite burbujeaba bajo las tortitas bañadas en huevo batido. Ostras, pequeñas porciones de pescado y pastelitos de salchicha rebozados con harina y huevo, fritos y mojados en salsa de soja. Los sirvió junto a una cazuela humeante de *kimchi jjigae*. Abrió una bolsa de algas y la colocó al lado de mi cuenco de arroz, como hacía mi madre.

A los cuatro días de nuestra llegada, fue mi cumpleaños. Para la ocasión, Nami preparó *miyeokguk*, una suculenta sopa de algas repleta de nutrientes que se recomienda tomar a las mujeres después del parto. Habitualmente, se come el día de tu cumpleaños para honrar a tu madre. Ahora me parecía un plato sagrado, imbuido de un nuevo significado. Me bebí el caldo con gratitud y mastiqué los pedacitos suaves y resbaladizos de algas, cuyo sabor evocaba la imagen de alguna antigua deidad marina arrastrada a la orilla que, desnuda, se daba un festín entre la espuma del mar. Me tranquilizó, como si volviera a estar en el vientre materno, flotando libremente.

TENÍA MUCHAS GANAS de hablar con Nami, pero me faltaba vocabulario. Nos comunicábamos lo mejor que podíamos, aunque nuestras conversaciones se veían interrumpidas por largas pausas para buscar la traducción en el móvil.

—Muchísimas gracias, tía, de verdad —le dije en coreano una noche mientras bebíamos cerveza y comíamos tarta en la mesa de la cocina.

Después tecleé en Google Translate: «No quiero ser una carga». Le pasé mi teléfono para que lo leyera y negó con la cabeza.

—¡No! ¡No! —dijo en inglés.

A continuación le habló en coreano a su aplicación de traducción. Levantó el móvil para que lo viera. En grandes letras se podía leer: «Son lazos de sangre», con el texto en coreano encima. «Son lazos de sangre», leyó el robot en voz alta. La cadencia de la pronunciación era extraña, demasiado rápida en los sustantivos y demasiado lenta en el verbo y la preposición. Había tantas cosas que quería decirle… Pensé en todos los años que mi madre me había llevado a la escuela de coreano, en cómo cada semana le rogaba que me permitiera saltarme la clase para disfrutar de la tarde del viernes con mis amigos. Todo el dinero y tiempo malgastados. Todas las veces que me dijo que un día me arrepentiría de haberme tomado esas clases como un castigo.

Había tenido razón en todo. Sentada frente a Nami, me sentí tan idiota que me entraron ganas de darme cabezazos contra la pared.

—*Uljima, Michelle* ('No llores') —me dijo cuando se me saltaron las lágrimas.

Me las enjugué con la palma de la mano.

—*Umma* siempre decía que debía guardarme el llanto para cuando muriera mi madre —dije riendo.

—*Halmoni* también *decir* eso. Tú y tu madre, *muy iguales*.

Me quedé de piedra. Siempre me había parecido una frase especialmente cruel, propia de la singular forma de educar de mi madre, un adagio oportuno para cada uno de mis berrinches, ya fuera porque me había raspado una rodilla o torcido un tobillo, porque hubiera roto con alguien o desperdiciado una oportunidad; una manera de hacer frente a mi mediocridad, mis defectos, mis fracasos. Cuando Ryan Walsh me golpeó en el ojo con un martillo de plástico. Cuando un exnovio pasó página antes que yo. Cuando la banda tocaba como el culo en salas vacías. Déjame sentir esto, quería gritar. Abrázame y déjame regodearme en esta sensación. Si alguna vez tenía hijos, nunca les diría que se guardaran el llanto, pensaba para mis adentros. Estaba convencida de que cualquiera que se criara con esas palabras acabaría odiándolas tanto como yo. Y ahora descubría que a mi rebelde madre también la habían reprendido con esa frase.

Continué hablando en coreano.

—Hace años me confesó que *echó* un niño (no sabía cómo se decía *abortó*). Tenía muchos secretos.

—Lo sé —me contestó ella en inglés—. Creo que... Tu madre *pensar*... Venir a Corea muy difícil con dos *niño*.

Hizo el gesto de acunar a dos bebés, uno a cada lado. En el fondo, no me creí que yo fuera la causa del aborto de mi madre cuando me lo había echado en cara años atrás, pero tampoco había encontrado ninguna explicación para lo contrario. De pequeña, entretenida con mis propios divertimentos, no me había dado cuenta de lo importantes que esos viajes habían sido para ella, lo mucho que echaba de menos su país.

Me preguntaba si el diez por ciento que había ocultado a las tres personas que mejor la conocían —mi padre, Nami y yo— había sido diferente en cada caso, un patrón de imposturas que juntos podríamos reconstruir. Me preguntaba si podría llegar a saberlo todo de ella, qué otros hilos había dejado para que tirara de ellos.

La última noche que pasamos en Seúl, Nami y Emo Boo nos llevaron al Samwon Garden, un elegante restaurante de barbacoas de Apgujeong, un barrio que mi madre una vez me describió como «el Beverly Hills de Seúl». Entramos por un precioso patio ajardinado en el que había dos cascadas artificiales que fluían bajo unos rústicos puentes de piedra y alimentaban un estanque de peces koi. En el comedor había varias mesas también de piedra, cada una de ellas equipada con una parrilla de carbón vegetal. Nami le dio a la camarera veinte mil wones y en un abrir y cerrar de ojos nos sirvieron un montón de exquisitos *banchan*. Ensalada dulce de calabaza, gelatina de judías mungo con semillas de sésamo y cebolletas por encima, natillas de huevo al vapor, delicados cuencos de *nabak kimchi*, esto es, repollo y rábano en un agua salada de color rosa. Terminamos la cena con *naengmyeon*, unos fideos fríos que se podían pedir *bibim* (mezclados con *gochujang*) o *mul* (servidos con un caldo de carne frío). Yo me decanté por la segunda opción.

—¡Como yo! Me gusta el *mul naengmyeon* —dijo Nami—. A tu *umma* también. Es el estilo de nuestra familia. Él es *bibim*. —Señaló a Emo Boo. Cuando llegaron los fideos, golpeó su cuenco de metal con la cuchara—. Esto es estilo Pionyang. —Volvió a señalar el cuenco de Emo Boo—. Ese es Hamhung.

El *naengmyeon* es una especialidad de Corea del Norte, donde el clima frío y el terreno montañoso son más adecuados para los surcos de tubérculos y trigo sarraceno que para los arrozales que se extienden por los valles fluviales del sur de la península. Nami se refería a sus dos ciudades más grandes, Pionyang, la capital, que se encuentra a unos trescientos kilómetros de Seúl, y Hamhung, que está en la costa noreste. Ambos estilos de fideos fríos se hicieron populares en Corea del Sur gracias a los habitantes del norte que emigraron al sur durante la guerra de Corea y llevaron sus platos típicos con ellos. Los líderes de ambas Coreas, Kim Jong-un y Moon Jae-in, compartirían un cuenco de *mul naengmyeon* en la cumbre intercoreana de 2018. Era la primera vez que un líder norcoreano cruzaba el paralelo treinta y ocho desde que acabara la guerra hacía más de sesenta años, un acontecimiento histórico que despertó un apetito colectivo por un plato que se consideraba un prometedor símbolo de paz, lo que hizo que se formaran largas colas en los restaurantes de *naengmyeon* de todo el país.

Traté de explicarle a Nami lo mucho que significaba para mí compartir mesa con ella, escuchar esas historias. Que había tratado de reconectar con los recuerdos que tenía de mi madre a través de la comida. Que Kye me, había hecho sentir que no era coreana. Quería decirle que, cuando cocinaba *doenjang jjigae* y *jatjuk*, buscaba revertir el malestar psicológico que me había provocado mi fracaso como cuidadora y preservar una cultura de la que una vez me sentí parte pero de la que ahora me sentía excluida.

Pero no fui capaz de dar con las palabras adecuadas y las frases eran demasiado largas y complicadas para cualquier aplicación de traducción, así que me detuve a la mitad, le cogí la mano y las dos seguimos sorbiendo los fideos que flotaban en el frío y ácido caldo de carne.

PETER Y YO CONTINUAMOS con nuestra luna de miel. Visitamos el mercado Gwangjang, que se encuentra en uno de los barrios más antiguos de Seúl, y paseamos entre la multitud que recorría sus callejones cubiertos, un laberinto natural que se ha formado y transformado de manera espontánea a lo largo de más de un siglo. Pasamos junto a atareadas *ajummas*, con sus delantales y guantes de cocina de goma, que echaban fideos cortados a cuchillo en unas burbujeantes ollas gigantescas de *kalguksu*, que cogían puñados de coloridas verduras de cuencos rebosantes para añadirlas al *bibimbap*, que, de pie y armadas con una espátula metálica en cada mano, vigilaban sartenes de aceite caliente y daban la vuelta a las tortitas crujientes de soja cocinadas a la piedra. Vimos recipientes de metal llenos de *jeotgal*, *banchan* de pescado y marisco fermentados en sal, cariñosamente conocidos como «ladrones de arroz» porque su sabor intenso y salado pide a gritos el equilibrio neutro del almidón; cangrejos crudos y preñados que flotaban panza arriba en salsa de soja para mostrar las untuosas huevas que sobresalían de su caparazón; millones de minúsculos *krill* de color melocotón para hacer *kimchi* o para rematar una sopa caliente de arroz, y el plato favorito de mi familia, el *myeongnanjeot*, los sacos carmesí de huevas de abadejo bañadas en *gochugaru*.

El penetrante aroma me recordó a cuando iba con mi madre y mis tías a una tienda de alimentos selectos que había en el sótano de unos grandes almacenes de Myeong-dong, en la que una *ajumma* con un pañuelo de tela en la cabeza y un delantal a juego gritaba «Eoseo oseyo!» mientras ofrecía a los clientes distintos tipos de *jeotgal* en palillos. Las tres hermanas los probaban todos y, tras unos minutos de deliberación, pedían que les envolvieran el ganador en cincuenta capas de plástico hasta que alcanzaba el tamaño de una pelota de fútbol. A veces mi madre compraba una maleta adicional para llevarlo a Eugene y, cada vez que lo servía en casa con una guarnición de arroz y un chorrito de aceite de sésamo por encima, yo cerraba los ojos y oía a mis tías debatiendo concienzudamente.

En Seúl, Peter y yo tomamos un tren hacia el sur, hacia Busan, la segunda ciudad más grande del país. En la cama de nuestro hotel nos esperaba una botella de champán con una nota que rezaba: «Señor y señora Michelle, enhorabuena por su *casamento*». Estuvo lloviendo los tres días que pasamos allí, pero eso no impidió que nos bañáramos en las piscinas de la azotea del lujoso hotel que Nami nos había reservado como regalo de bodas. Desde allí contemplamos el mar del Japón mientras la fría lluvia generaba ondas en el agua.

Visitamos la lonja de pescado Jagalchi, en la que la lluvia golpeaba las sombrillas de playa y los toldos de lona que componían su colorido techo y caía sobre los barreños de plástico rojo y los coladores de un vivo color turquesa repletos de la generosidad del mar, sobre los montones de berberechos y vieiras aún encerrados en sus conchas acanaladas, y los largos y plateados peces faja que colgaban como corbatas encima de un palé de madera colocado en el pavimento húmedo.

Compramos *hwe* y pusimos los envases sobre el edredón blanco de la cama del hotel. Comimos *sashimi* de lavareto, al estilo coreano, recién capturado, todavía correoso, envuelto en hojas de lechuga roja, mojado en *ssamjang* y *gochujang* con vinagre y regado con grandes botellas de Kloud y chupitos de Chamisul.

Volamos a la isla de Jeju y fuimos a la cascada de Cheonjiyeon, donde vimos cómo el agua caía en una rocosa poza cristalina. Caminamos por rutas empinadas flanqueadas por paredes de basalto negro mientras dábamos buena cuenta de una bolsa de mandarinas, y después por las playas, donde el agua todavía estaba demasiado fría para bañarnos. Comimos más pescado y marisco fresco: *nakji bokkeum* (pulpo salteado), *maeuntang* (un guiso de pescado picante), y la especialidad de Jeju, cerdo negro a la barbacoa envuelto en hojas de sésamo.

Gruesas tiras de *samgyupsal* chisporroteaban sobre las brasas, aferrándose obstinadamente a la parrilla de metal mientras una *ajumma* las cortaba en pedazos del tamaño de un bocado con unas tijeras de cocina. Me acordé del hornillo de butano de mi madre, con el que, ataviada con un vestido azul de tirantes que se anudaban sobre los hombros, cocinaba *ssam* de panceta de cerdo o asaba filetes de vaca y maíz en el porche de madera que daba al jardín. Cuando terminábamos de comer, mi padre recogía los restos de las mazorcas y, como era su costumbre, las arrojaba alegremente por encima de la barandilla al césped mientras mi madre profería un grito y se lamentaba por el mes que se vería obligada a presenciar su lenta descomposición. «¡Son biodegradables!», se excusaba mi padre a voz en cuello mientras escudriñaba el horizonte, los abetos y los pinos que se alzaban en la parda y abrasada pradera.

Estos eran los lugares que mi madre había querido visitar antes de morir, los lugares a los que le hubiera gustado llevarme antes de que, durante nuestro último viaje a Corea, acabara ingresada en un hospital. Los últimos recuerdos que mi madre había querido compartir conmigo, el origen de todo aquello que me había enseñado a amar. Los sabores que deseaba que recordara. Las sensaciones que quería que nunca olvidara.

18

Maangchi y yo

CADA VEZ QUE MI madre soñaba con mierda, compraba una tarjeta rasca y gana.

Por la mañana, cuando me llevaba al colegio, paraba en el aparcamiento del 7-Eleven, me decía que esperara y se bajaba dejando el coche en marcha.

—¿Adónde vas?

—No te preocupes —me respondía mientras cogía su bolso del asiento trasero.

—¿Qué vas a comprar?

—Luego te lo cuento.

Cuando volvía, llevaba un puñado de tarjetas en la mano. Recorríamos las últimas cinco manzanas hasta la escuela y entonces ella rascaba la película gomosa con una moneda sobre el salpicadero.

—¿Has soñado con caca?

—¡*Umma* ha ganado diez dólares! —exclamaba—. No podía decírtelo porque, si no, no *funcionar*.

Si soñaba con cerdos, el presidente o que le estrechaba la mano a algún famoso, era buena señal; pero, si soñaba con mierda, sobre todo si la tocaba, tenía luz verde para jugar.

Cada vez que yo soñaba con mierda, no veía el momento de pedirle que me comprara una de esas tarjetas. Me despertaba de un sueño en el que me había cagado en las bragas sin querer o en el que había entrado en un baño público y me había encontrado un mojón extraordinariamente largo y sinuoso, y, cuando me llevaba a clase, hacía todo lo posible por contener la emoción hasta que estábamos a una manzana del 7-Eleven de la calle Willamette.

—Mamá, para —le decía entonces—. Luego te cuento por qué.

AL POCO DE REGRESAR a Estados Unidos empecé a soñar con mi madre de forma recurrente. Eso ya me había pasado antes, cuando era una cría paranoica y estaba obsesionada de manera morbosa con la muerte de mis padres. Mi padre nos llevaba en coche por el puente de la calle Ferry y, para evitar los atascos, se metía por el arcén, zigzagueaba para sortear un socavón, se inclinaba sobre el volante y aceleraba para saltar a una plataforma inferior, pero fallaba el aterrizaje por varios metros. Entonces el coche era arrastrado por la corriente del río Willamette y yo me despertaba jadeando.

Más adelante, cuando éramos adolescentes, Nicole me contó una historia que le había oído a su madre sobre una mujer que tenía pesadillas que giraban en torno al mismo accidente de coche. Los sueños eran tan vívidos y traumáticos que tuvo que buscar la ayuda de un psicólogo. «¿Y si después del accidente intentas llegar a algún sitio? —le sugirió este—. Quizá si intentaras llegar a un hospital o a algún tipo de refugio, el sueño concluiría de manera natural». Así que la mujer empezó a obligarse a salir del vehículo cada noche y a arrastrarse por el arcén de la carretera. Pero el sueño seguía volviendo. Un día, la mujer tuvo un accidente de verdad y al parecer la encontraron reptando por el asfalto en un intento de llegar a algún lugar, incapaz de distinguir la realidad del sueño lúcido.

Los sueños sobre mi madre presentaban pequeñas variaciones, pero en esencia eran siempre iguales. Mi madre aparecía, todavía viva pero incapacitada, en algún lugar en el que la habíamos dejado abandonada.

En uno de esos sueños, yo estaba sola, sentada en un césped bien cuidado durante un día cálido y soleado. A lo lejos había una casa de cristal oscura y siniestra. Tenía un diseño moderno, con el exterior compuesto por ventanas de cristales tintados unidas por marcos de acero. Se trataba de una construcción amplia, como una mansión, y estaba dividida en cuadrados, como si estuviera hecha de cubos de Rubik monocromáticos. Yo me levantaba del césped y me encaminaba hacia el peculiar edificio. Abría la puerta, que era muy pesada. El interior era lóbrego y austero. Deambulaba por él hasta que, en un momento dado, decidía bajar al sótano. Deslizaba la mano por la pared mientras descendía por la escalera. El sótano estaba limpio y tranquilo. Entonces veía a mi madre tumbada en el centro. Tenía los ojos cerrados y descansaba sobre algún tipo de plataforma que no era una mesa pero tampoco una cama, sino una especie de tarima, como esa en la que duerme Blancanieves después de haberse comido la manzana envenenada. Cuando me acercaba a ella, abría los ojos y me sonreía, como si hubiera estado esperando a que la encontrara. Tenía un aspecto frágil y estaba calva, todavía enferma pero viva. Al principio me sentía culpable por haber tirado la toalla demasiado pronto, por haberla dejado allí todo ese tiempo. ¿Cómo podíamos habernos equivocado tanto? Luego me invadía una sensación de alivio.

—¡Pensábamos que estabas muerta! —le decía.

—No me he movido de aquí —me respondía ella.

Apoyaba la cabeza en su pecho y ella me la acariciaba. Podía olerla y sentirla; todo parecía muy real. Aunque sabía que estaba enferma y que volveríamos a perderla, no cabía en mí de gozo por haber descubierto que estaba viva. Le decía que me esperara. ¡Tengo que ir a buscar a papá! Entonces, justo cuando empezaba a subir las escaleras, me despertaba.

En otro sueño, ella llegaba a una cena en una azotea y nos decía que no había muerto, sino que estaba viviendo en la casa de al lado. En otro, yo estaba paseando por la finca de mis padres. Descendía por una colina, derrapando por el denso barro hacia el estanque artificial. Abajo, encontraba a mi madre tumbada sola en camisón, rodeada de una hierba y unas flores silvestres exuberantes. Una vez más, me sentía aliviada. ¡Qué tontos hemos sido al pensar que estabas muerta! ¿Cómo narices hemos podido cometer semejante error cuando resulta que estás aquí, aquí, aquí?

Siempre estaba calva y tenía la piel agrietada. Se encontraba muy débil y yo debía llevarla a casa para que mi padre la viera, pero, en cuanto me agachaba para cogerla en brazos, me despertaba, desolada. Cerraba los ojos inmediatamente y trataba de volver a ella. Quería dormirme de nuevo, regresar al sueño para disfrutar de su presencia un poco más. Pero o bien me quedaba despierta, o bien soñaba otra cosa completamente distinta.

¿Era esta la forma que tenía mi madre de contactar conmigo? ¿Estaba tratando de decirme algo? Este arrebato místico me hacía sentirme un poco tonta, por lo que no le hablé a nadie de mis sueños, sino que analicé su posible significado en privado. Si los sueños eran deseos ocultos, ¿por qué no soñaba con mi madre como yo quería? ¿Por qué siempre estaba enferma, como si no pudiera recordarla tal como había sido antes? Me preguntaba si mi memoria estaba atrofiada, si mis sueños estaban ligados a la época del trauma, si su imagen estaría siempre vinculada a su final. ¿Acaso había olvidado cómo era cuando era hermosa?

DESPUÉS DE LA LUNA de miel, Peter y yo nos instalamos en casa de sus padres, en el condado de Bucks. Nos pasábamos el día adaptando el currículum, respondiendo a ofertas de empleo y buscando piso en internet, tareas a las que yo me entregué en cuerpo y alma. Había pasado el último año ejerciendo de enfermera y limpiadora voluntaria y los cinco anteriores probando suerte en el mundo de la música sin llegar a ningún lado. Necesitaba encontrar una profesión con la que comprometerme.

Creo que me presenté a todos los trabajos de oficina disponibles en Nueva York, y envié mensajes a todos mis conocidos por si sonaba la flauta. A finales de la primera semana conseguí un empleo como ayudante de ventas en una empresa de publicidad de Williamsburg que tenía contratos de arrendamiento a largo plazo sobre casi un centenar de fachadas de Brooklyn y Manhattan, y un departamento de arte propio que pintaba a mano murales publicitarios como se hacía en los años cincuenta. Mi trabajo consistía en ayudar a los dos principales ejecutivos de cuentas a vender paredes a potenciales clientes. Si íbamos detrás de un fabricante de ropa de yoga, yo preparaba mapas en los que señalaba todos los centros de *vinyasa* y todas las tiendas de comida ecológica que había en un radio de cinco manzanas. Si íbamos a tantear a una empresa de zapatillas de *skate*, localizaba parques de *skate* y salas de conciertos para averiguar por cuáles de nuestras fachadas de Brooklyn era más probable que pasaran más hombres de entre dieciocho y treinta años. Mi sueldo era de cuarenta y cinco mil dólares anuales más comisiones. Me sentía como una millonaria.

Le alquilamos un piso en Greenpoint a una anciana polaca que se había quedado con la mitad de los bienes inmuebles de su marido tras el divorcio. La cocina era pequeña, con una encimera minúscula, y el suelo era un damero de vinilo adhesivo. En el cuarto de baño no había lavabo, así que teníamos que apañarnos con el enorme fregadero de estilo rural de la cocina.

Por lo general, me sentía bastante bien. Todo era nuevo para mí: una nueva ciudad en la que vivir, un verdadero trabajo de adulta. Intentaba no pensar en lo que no se podía cambiar y centrarme en ser una persona productiva, pero de vez en cuando me asaltaban los recuerdos y el dolor me traía a la mente todo aquello que tanto me había esforzado por reprimir. Imágenes de la lengua blanca y lechosa de mi madre, de las úlceras de decúbito moradas, del momento en el que su pesada cabeza se me escurrió de las manos y se le abrieron los ojos. Un grito atrapado que rebotaba en las paredes de mi caja torácica y me desgarraba por dentro.

Probé la psicoterapia. Una vez a la semana, después del trabajo, cogía la línea L para ir a Union Square e intentaba explicar lo que sentía, aunque por lo general me pasaba los treinta minutos que duraba la sesión pendiente del tictac del reloj. Luego volvía a coger el tren hasta la avenida Bedford y caminaba media hora hasta nuestro piso. No solo hablar con el psicoterapeuta no me procuraba ningún alivio, sino que me agotaba todavía más. De todos modos, tampoco me decía nada que a esas alturas yo no me hubiera dicho a mí misma un millón de veces. Estaba abonando un copago de cien dólares por sesión y empecé a pensar que sería mucho más satisfactorio gastarlo en salir a comer por ahí un par de días a la semana. Cancelé el resto de las citas y me propuse explorar otras formas de cuidar de mi salud mental.

DECIDÍ RECURRIR A UNA amiga conocida: Maangchi, la *vlogger* de YouTube que me había enseñado a cocinar *doenjang jjigae* y *jatjuk* cuando lo había necesitado. Cada día, cuando llegaba a casa del trabajo, preparaba una nueva receta de su repertorio. Unas veces la seguía al pie de la letra: medía bien las cantidades y paraba y retrocedía el vídeo para no perder detalle. Otras, escogía un plato, me familiarizaba con los ingredientes y confiaba en mis manos y mis papilas gustativas mientras dejaba que el vídeo se reprodujera de fondo.

Cada plato que cocinaba exhumaba un recuerdo. Cada olor y sabor me devolvía por un momento a un hogar no devastado. Los fideos cortados a cuchillo en un caldo de pollo me llevaban de regreso a una cena, tras una tarde de compras, en el restaurante Myeongdong Gyoja, a cuyas puertas había una cola que ocupaba un tramo de escaleras, salía a la calle y daba la vuelta al edificio. El *kalguksu* era tan denso —debido al suculento caldo de carne y a los fideos ricos en almidón— que casi parecía gelatina. Mi madre pidiendo una ración tras otra de su famoso *kimchi* con exceso de ajo. Mi tía regañándola por sonarse la nariz en público.

El crujiente pollo frito coreano evocaba las noches de soltera con Eunmi, en las que nos lamíamos el aceite de los dedos mientras masticábamos la piel crujiente y limpiábamos el paladar con cerveza de barril y dados de rábano blanco al tiempo que ella me ayudaba con mis deberes de coreano. Los fideos con salsa de judías negras me recordaban a mi *halmoni*, que, sentada a una mesa baja en el salón con el resto de mi familia coreana, los sorbía ruidosamente.

Echaba una botella entera de aceite en mi horno holandés y freía chuletas de cerdo rebozadas con harina, huevo y *panko* para preparar *tonkotsu*, un plato japonés que mi madre solía ponerme en la tartera para que comiera en el colegio. Me pasaba horas escurriendo el agua de los brotes de soja cocidos y el tofu y rellenando unas obleas suaves y finas que cerraba con unos pliegues. Cuantos más hacía, más cerca estaba de lograr que mis *mandu* quedaran tan perfectos como los de Maangchi.

Maangchi pelaba las peras asiáticas con un cuchillo gigantesco apuntando hacia ella, como hacía mi madre cuando, después de clase, me pelaba una manzana fuji, que luego troceaba sobre una pequeña tabla de cortar roja y cuyo corazón ella apuraba. También igual que mi madre, con unos palillos en una mano y unas tijeras en la otra, cortaba el *galbi* y los fideos *naengmyeon* fríos con una precisión ambidiestra específicamente coreana. Estiraba la carne hábilmente con la mano derecha y la cortaba en trozos del tamaño de un bocado con la izquierda, utilizando las tijeras de cocina como un guerrero blande un arma.

No tardé en ir a Flushing, un barrio de Nueva York, para abastecerme de gambas saladas, copos de guindilla roja y pasta de soja. Después de una hora al volante, encontré cinco H Mart distintos entre los que elegir. Descubrí el de Union Street en pleno verano. En el aparcamiento tenían montada una gran exposición en la que había todo tipo de plantas y pesadas vasijas marrones de arcilla. Reconocí los *onggi*, los recipientes tradicionales para almacenar el *kimchi* y las pastas fermentadas, aunque mi madre nunca tuvo uno en casa. Nami me dijo que antaño todas las familias tenían al menos tres en el jardín trasero. Cogí uno mediano. Pesaba bastante y tuve que sujetarlo con ambos brazos. Parecía resistente y antiguo. Decidí comprarlo y preparar la receta más popular de Maangchi: el *kimchi*.

Haría dos tipos: *chonggak* y *tongbaechu*. Una col china costaba solo un dólar y prácticamente tenía el tamaño del *onggi*. Tres rábanos *chonggak*, atados con gomas azules, costaban setenta y nueve centavos. Compré seis, cuyas hojas verdes sobresalían de mi bolso de tela. Me hice con el resto de los ingredientes —harina dulce de arroz, *gochugaru*, salsa de pescado, cebollas, jengibre, cebolletas, gambas saladas fermentadas y un enorme bote de ajo— y volví a casa.

Coloqué el ordenador en la mesa de la cocina y puse el vídeo. Partí la col china por la mitad. Cuando corté la base, cerosa y firme, con el cuchillo, emitió un agradable chirrido. La retiré, «suave y educadamente», como indicaba Maangchi, y las hojas se separaron fácilmente como las capas de un pañuelo de papel arrugado. Cada una de las mitades presentaba una hermosa mezcla de tonos y sombras. Las pencas y la capa exterior eran de un blanco inmaculado y satinado, mientras que las hojas eran de un color verde claro que amarilleaba hacia el centro. El recipiente más grande que tenía era una fuente para asar pavo que Fran me había comprado como regalo de bodas. La llené de agua fría y sumergí las dos mitades de col china en ella para limpiarlas. La vacié y eché un cuarto de taza de sal entre las hojas, dejé la fuente con la col salada en la mesa de la cocina y programé un temporizador para que me avisara al cabo de media hora para darle la vuelta.

El único ingrediente que no conocía era la harina dulce de arroz. Vi que tendría que convertirla en una papilla para utilizarla como aglutinante. Combiné dos cucharadas de harina con dos tazas de agua en una cazuela pequeña y la puse al fuego. Cuando la mezcla empezó a burbujear y a tomar cuerpo, añadí dos cucharadas de azúcar. La mía parecía más espesa que la de Maangchi. Era de un color blanco lechoso y gelatinoso, y tenía una consistencia parecida a la del semen.

Es posible que me pasara de ambiciosa al intentar hacer dos tipos de *kimchi*, pero pensé que podría utilizar la misma marinada para ambos. Antes de que sonara la alarma para darle la vuelta a la col, empecé a limpiar los rábanos en la otra mitad de la fuente de horno. Pasé un cepillo para verduras por la superficie de uno de ellos, pero la suciedad no acababa de irse. Aunque no eran muy grandes, decidí pelarlos y, aunque su tamaño se redujo un centímetro, quedaron de un blanco resplandeciente. Cuando sonó la alarma, les di la vuelta a las dos mitades de col china, que ya habían empezado a ablandarse, para que la otra cara se empapara del líquido salado que se había acumulado en el fondo de la fuente.

Piqué la cebolla, el ajo y el jengibre con la batidora, como había hecho LA Kim cuando preparó la marinada para el *galbi*, y eché los rábanos en la cazuela más grande que tenía. Lavé la otra mitad de la fuente y combiné los ingredientes picados con salsa de pescado, gambas saladas, copos de guindilla roja, cebolleta troceada y la papilla de harina que había hecho antes, que ya se había enfriado. La mezcla, fragante y de un intenso color rojo, me hizo salivar. Cuando la última alarma sonó, lavé bien la col y los rábanos, agradecida por aquel fregadero tan grande, si bien solitario.

En el piso hacía calor y abrí todas las ventanas. Estaba sudando, así que me quité la camiseta para que no se ensuciara y me quedé en sujetador. Como no había suficiente espacio en la encimera, puse todos los recipientes en el suelo. Eché la pasta roja en la fuente de horno y me la coloqué entre las piernas. A continuación, añadí la col recién lavada. Introduje la pasta entre las hojas como indicaba Maangchi mientras inspiraba profundamente para asimilar la experiencia. Paré el vídeo con la barbilla, ya que tenía las manos manchadas de rojo. Doblé las hojas de col china para formar un pequeño fardo, las metí en el *onggi* y agregué los rábanos encima.

Como no teníamos lavavajillas, me pasé la siguiente media hora fregando a mano la fuente y la batidora, y luego limpié las persistentes manchas de marinada del suelo. Todo el proceso me llevó algo más de tres horas, pero fue más relajante y sencillo de lo que esperaba.

Después de fermentar dos semanas, el *kimchi* estaba perfecto. El complemento ideal para cualquier plato y un recordatorio diario de mi habilidad y mi esfuerzo. Prepararlo yo misma me hizo apreciarlo mucho más. Cuando era adolescente, si me dejaba un par de trozos en el plato, los tiraba sin miramientos, pero ahora los devolvía concienzudamente al *onggi*.

Empecé a preparar *kimchi* una vez al mes, mi nueva terapia. Reservaba el más viejo para hacer guisos, tortitas y arroz frito, y utilizaba el más fresco como guarnición. Cuando me junté con más del que podíamos comer, comencé a regalárselo a mis amigos. Mi cocina empezó a llenarse de tarros de conserva con diferentes tipos de *kimchi* en distintas etapas de fermentación. Sobre la encimera, rábanos en su cuarto día, todavía lejos del punto óptimo de acidez. En la nevera, *daikon* en sus primeras fases, en las que debía soltar el agua. Sobre la tabla de cortar, una enorme col china, lista para un baño de sal. El olor de las verduras fermentando en un fragante caldo de salsa de pescado, ajo, jengibre y *gochugaru* invadía mi pequeña cocina de Greenpoint mientras recordaba que mi madre siempre me decía que nunca me enamorara de nadie a quien no le gustara el *kimchi*. Te lo olerá en los poros. Era su manera de decir: «Eres lo que comes».

19

Nevera para *kimchi*

En octubre, un año después de la muerte de mi madre, mi padre puso nuestra casa en venta. Me envió el anuncio. En la parte superior había una fotografía de los agentes inmobiliarios, un hombre y una mujer, posando espalda con espalda delante de una pantalla verde que había sido sustituida por una imagen de archivo del valle de Willamette. La foto tenía el tamaño de un sello, por lo que la diminuta dentadura de ambos parecía estar formada por dos rayas blancas, lo que les daba un aire de personajes de cómic. El hombre llevaba una camisa rosa con una corbata roja, mientras que la mujer lucía un jersey morado de cuello redondo. La fotografía había sido pudorosamente recortada justo por encima de su escote. Esas eran las personas que vendían el hogar de mi infancia.

El resto de las imágenes eran inquietantes, tan familiares y a la vez tan extrañas en su nuevo contexto. Los agentes inmobiliarios le habían aconsejado a mi padre que conservara la mayoría de los muebles hasta que se vendiera la casa, que habían reacondicionado para intentar atraer a los compradores.

Las paredes naranjas y verdes de mi habitación ahora estaban pintadas de un elegante color cáscara de huevo. El pie de foto rezaba: «Dormitorio n.º 3». Habían cambiado de lugar la mesita auxiliar de la habitación de invitados para que el espacio pareciera menos vacío. Encima habían colocado un pequeño reloj y un solitario peluche Beanie Baby que debía de haber sido rescatado de las pilas de objetos para donar.

Las almohadas de todas las camas estaban vestidas con las fundas de algodón de mi madre. El mantel que había debajo del cristal de la mesa de la cocina era el que ella había elegido; la mesa era la misma con cuya esquina me había abollado el cráneo cuando tenía cinco años. La bañera de mis padres, en la que mi madre había perdido su cabello, seguía ahí, pero el espejo de cuerpo entero en el que había pasado tantas horas mirándose, en el que vio su cabeza calva por primera vez, había desaparecido. Sobre el mueble del lavabo no quedaba ni rastro de sus protectores solares con color ni de sus cremas hidratantes, que habían sido reemplazados por una aséptica botella de jabón Dial. La cama en la que había fallecido seguía en el dormitorio principal. La fotografía de nuestro jardín trasero, en el que Peter y yo nos habíamos casado, estaba editada con tanto contraste que el césped parecía de neón. Todas las imágenes eran una invitación a vivir allí.

Yo tenía diez años cuando nos mudamos a esa casa. Recuerdo que, en los primeros días, cada vez que me topaba con algún vestigio de la familia anterior, me indignaba. En el armario de la habitación de invitados, una estantería sin barnizar con nombres de equipos deportivos grabados en las baldas con bolígrafo azul. Una monja de madera en miniatura junto a un gran árbol que había al fondo de la finca, de la que mi madre no quiso deshacerse ni siquiera cuando mis amigos y yo se lo rogamos con toda la vehemencia de la juventud, ya que creíamos que estaba maldita.

Me pregunté qué cosas nuestras encontrarían los nuevos moradores. Qué habríamos dejado atrás sin darnos cuenta. Si los agentes inmobiliarios eludirían el hecho de que mi madre había muerto en uno de los dormitorios. Si parte de su fantasma continuaría viviendo allí. Si la nueva familia creería que la casa estaba embrujada.

Mi padre había pasado los últimos meses en Tailandia y tenía pensado mudarse allí definitivamente cuando la casa se vendiera. Al estar fuera del país, su amigo Jim Bailey se encargó de enviar algunos enseres de Eugene a Filadelfia, entre los que había tres que destacaban por su tamaño: una cama de matrimonio, un piano vertical Yamaha y la nevera para *kimchi* de mi madre, que no cabía en nuestro piso y decidimos guardar de manera provisional en casa de los padres de Peter.

Pasaron varias semanas hasta que vi la nevera. Fue el Día de Acción de Gracias, el segundo sin mi madre. Para la ocasión hice tempura de boniato, que era lo que mi madre siempre llevaba en esa fecha a casa del tío Ron. Recuerdo que durante el trayecto en coche yo sostenía en el regazo la pesada fuente, llena hasta arriba de boniatos rebozados y fritos y cubierta con film transparente. Cuando volvíamos, la fuente estaba vacía, y mi madre se jactaba de lo mucho que su tempura les gustaba a mis primos estadounidenses.

Compré harina para tempura, una garrafa de aceite de colza y seis boniatos japoneses, morados por fuera y blancos por dentro, más delgados y largos que los que vendían en la mayoría de los supermercados. Los lavé y los corté en rodajas de medio centímetro. Mezclé la harina con agua muy fría y preparé una masa fina. Sumergí las rodajas en ella y las freí por tandas, con cuidado de no añadir demasiadas a la vez a la sartén para que el aceite no saltara. Cuando estuvieron crujientes y doradas, las saqué con unos palillos y las deposité sobre papel de cocina para que absorbiera el exceso de grasa. Me comí una, me lamí el aceite de los labios y me limpié con el índice las migas hinchadas de tempura que se desprendían de los bordes. A mi madre la tempura siempre le salía crujiente, mientras que el rebozado de la mía era irregular, aunque se parecía bastante, así que me alegré de poder perpetuar esa modesta tradición familiar.

En el condado de Bucks casi nadie probó mi tempura, que acabó convertida en un cúmulo de discos fríos y pastosos. Le di mi toque personal y la presenté en pequeños conos de papel vegetal para que fuera más accesible, pero la familia de Peter prefirió aferrarse a sus propias tradiciones y llenarse el plato de carne y judías verdes. Solo Peter y su madre mostraron interés por mi aportación.

—Probad esto, ¡son como las patatas fritas! —animó Peter a sus parientes, para mi vergüenza.

—¿Son galletas? —preguntó su tío.

Después de la cena fui a la vivienda de la abuela de Peter, un apartamento independiente que había dentro de la casa, a dejar unas bandejas. En un rincón de la cocina, fuera de lugar de una manera cómica entre los recuerdos de los veleros de Chesapeake y las reliquias de la región minera de Pensilvania, se encontraba la nevera para *kimchi* de mi madre. Casi me había olvidado de que la tenían los padres de Peter.

Parecía una nevera normal tumbada, grande y gris, con el exterior de plástico liso. Llegaba justo por encima de la cadera y las puertas se abrían hacia arriba para que pudieras mirar dentro. En Eugene la teníamos al lado de la lavadora y mi madre se veía obligada a contorsionarse para rodearla cada vez que hacía la colada.

En cada compartimento había unos recipientes cuadrados de plástico marrón para guardar distintos tipos de *kimchi*. Respiré profundamente con la esperanza de percibir el aroma de los *banchan* que mi madre había almacenado allí durante tantos años, aunque también recé para que no quedara nada que apestara las dependencias de la abuela de Peter. Creí detectar un ligero olor a guindilla roja y cebolla, si bien en su mayor parte olía a plástico limpio. Me asomé al interior. Los recipientes contenían algo, pero era imposible que fuera *kimchi*. La nevera había estado en un almacén durante meses y se habría estropeado. Tiré de las asas marrones de uno de ellos para sacarlo y me sorprendió lo mucho que pesaba. Lo dejé encima de la mesa de la cocina y le quité la tapa de plástico.

En lugar de *chonggak* y *tongbaechu*, de un *dongchimi* efervescente o un terroso y vivificante *namul*, en el recipiente en el que mi madre había guardado sus queridos *banchan* y pastas fermentadas había cientos de viejas fotografías familiares.

Estaban desordenadas, no pertenecían a ninguna época ni a ningún lugar concretos. Fotos de mis padres antes de que yo naciera: mi padre delante de una escultura de nieve, encorvado por el frío, con las manos en los bolsillos. Estaba delgado, llevaba una melena negra y bigote, unos pantalones vaqueros azules y un plumífero marrón. El carrete era Fugicolor HR y los colores tenían una calidad mágica y nostálgica.

Fotografías mías de niña, en muchas de las cuales salgo desnuda: montada en un triciclo rojo en el jardín delantero, encaramada a un taburete de la cocina al lado de la isla, apoyada en el marco de la puerta con un estuche de pinturas de colores y una baqueta de xilófono sobre la alfombra que tenía delante. Agachada en la hierba, con la mano metida en un bote de plástico de gusanitos de queso, mirando fijamente a la cámara como un perro salvaje.

Sabía que era mi madre la que estaba detrás del objetivo. Capturando y preservando mi persona. Mis pequeñas alegrías. Mi mundo interior. En una fotografía estoy tendida sobre una colcha en el salón, bañada por una luz que entra por la ventana orientada al norte. Recuerdo que fingía flotar en una masa de agua, con mis juguetes desperdigados en la colcha, todas mis posesiones en mi balsa improvisada. Hay otra foto tomada desde lejos y, aunque la imagen muestra a una niña sola en el camino de entrada, sentada sobre una toalla que parece una alfombra mágica volando a la deriva, también veo a mi madre. La veo aunque esté fuera del encuadre, en lo alto de la escalera, con la cámara desechable pegada a un ojo, observándome desde la puerta. La oigo pedirme que haga una reverencia delante de una mecedora infantil con el vestido amarillo en el que me ha embutido, diciéndome «man seh» mientras pasaba la cabeza por el cuello, los brazos por las mangas y me ponía los calcetines de Mickey Mouse que llevaba en la mano. La busco en el entorno, en las casas holandesas decoradas, en las bailarinas de porcelana y en los animalitos de cristal. La percibo en mis expresiones cuando la miro: en busca de su aprobación, atrapada en un instante, felizmente ocupada con un regalo que me ha hecho.

Mientras las ordenaba, llamé a Peter entre lágrimas para enseñárselas. Les mostré mis fotos de bebé a su abuela y a su madre.

—Qué coreanita más adorable —dijo su abuela, entornando los ojos mientras sostenía una cerca de la cara.

—¡Y ese vestido! —exclamó Fran, señalando otra del pequeño montón que tenía en el regazo—. Se nota que a tu madre le encantaba ponerte guapa.

En el antiguo cuarto de juegos de Peter, donde pasamos la noche, volví a verlas mientras Peter dormía. Mis preferidas eran aquellas en las que mi madre salía mal. Con los ojos cerrados, parpadeando sin querer, desprevenida. Una sesión de fotos improvisada en Rite Aid para terminar el carrete. Sonriendo y posando delante de una decoración de cartón del Día de San Valentín, junto a una atracción infantil de monedas, en el pasillo de los vinos, en la exposición de sillas de jardín. Una fotografía tomada por sorpresa delante de la puerta del garaje, mientras cerraba el maletero de su Isuzu Trooper blanco. Era como si yo estuviera allí. La veo salir del coche para coger la compra, con sus grandes gafas de sol, como siempre, la boca entreabierta como si estuviese hablando. La oigo decirme que deje la cámara.

Imágenes inocentes en las que no está posando. En las que aparece sentada en el sofá y se percibe el cariño que sentía por mí, que estoy de espaldas abriendo un regalo de Eunmi, ajena a todo. Recostada en una silla, a punto de tomar un sorbo de cerveza. Sentada en camisón en la alfombra de la sala de estar de nuestra antigua casa, contemplando algo que no capta la cámara, con un hombro descubierto. Veo la cicatriz de una vacuna en la parte superior de su brazo, esa que parecía una quemadura de un mechero de coche, la que avivaba el temor a que yo también tuviera cicatrices algún día. Era su deber protegerme de todo lo que pudiera lamentar.

Ella era mi valedora, mi memoria. Había preservado con esmero las pruebas de mi existencia: imágenes, documentos, posesiones. Tenía grabado a fuego cada detalle de mi vida. La hora de mi nacimiento, mis antojos, el primer libro que leí. La formación de cada rasgo. Cada dolencia y cada pequeña victoria. Me observaba con un interés sin igual, con una devoción inagotable.

Ahora que ya no estaba, no quedaba nadie a quien preguntarle sobre esas cosas. La información que quedó sin registrar murió con ella. Solo quedaban papeles y mis recuerdos, y ahora dependía de mí para entenderme a mí misma, con la ayuda de las pistas que ella había dejado. Qué cíclico y agridulce es para un hijo reconstruir la imagen de su madre, que el sujeto documente a su archivero.

Yo siempre había creído que la fermentación era una muerte controlada. Si se deja sola, la col se enmohece y se descompone. Se pudre, se vuelve incomible. Pero, si se conserva en salmuera, el curso de su degradación cambia.

Las bacterias producen ácido láctico a partir de los azúcares, lo que evita que se estropee. Se libera dióxido de carbono y la salmuera se acidifica. Envejece. Su color y su textura cambian. Su sabor se vuelve más agrio, más intenso. Existe en el tiempo y se transforma. De modo que en realidad no es una muerte controlada, porque goza de una nueva vida.

Yo no podía dejar que mis recuerdos se deterioraran. No podía permitir que el trauma penetrara en ellos y se expandiera, que los estropeara y los volviera inútiles. Tenía que protegerlos. La cultura que compartíamos estaba activa y en efervescencia en mis entrañas y en mis genes, y debía preservarla, fomentarla para que no muriera conmigo. Para que algún día pudiera transmitirla. Las lecciones que me había enseñado eran la prueba de su existencia, una prueba que vivía en mí, en cada uno de mis movimientos y mis actos. Yo era lo que ella había dejado atrás. Si no podía estar con mi madre, sería mi madre.

ANTES DE REGRESAR A Nueva York, fui a Elkins Park. Quería que me exfoliaran la piel en el balneario coreano al que había llevado a mis padres y a Peter el día después de que se conocieran. Dejé los zapatos en un cubículo y entré en el vestuario de mujeres. Busqué mi taquilla y me desvestí. Me tomé mi tiempo para ser ordenada y doblar bien la ropa, que dispuse en una pila compacta, mientras encorvaba el cuerpo para no exponerme demasiado.

Cuando era niña, cerca del piso de mi *halmoni* había un *jjimjilbang* al que acudían mujeres de todas las edades a bañarse en piscinas de distintas temperaturas y sudar en comunidad en los baños turcos y las saunas. Todos los años, mi madre pagaba un suplemento para que nos hicieran una exfoliación corporal completa. Después de estar a remojo durante media hora, nos tumbábamos una al lado de la otra en unas camillas de masaje con cubierta de vinilo mientras dos *ajummas* ataviadas con un sujetador con aros y unas bragas caídas nos restregaban la piel metódicamente, armadas con una pastilla de jabón y un par de gruesas manoplas de esponja, hasta que nos quedaba rosa como la de un ratón recién nacido. El proceso duraba algo menos de una hora y culminaba cuando te enfrentabas a tu propia suciedad en forma de repulsivos parches de hilos grises rizados que se adherían a los lados de la camilla. Entonces, la *ajumma* echaba un enorme cubo de plástico de agua templada para limpiarlos, te ordenaba que te dieras la vuelta y volvía a empezar. Para cuando dabas una vuelta completa, te sentías como si hubieras perdido un kilo de piel muerta.

Dentro, en la zona de aguas, había varias mujeres mayores con la piel flácida y la barriga colgando. Intenté apartar la mirada educadamente, aunque a veces las observaba con el rabillo del ojo; sentía curiosidad por saber cómo envejecía el cuerpo y pensé que nunca llegaría a ver cómo mi madre perdía la forma o se arrugaba.

Tras media hora en remojo, una *ajumma* en bragas y sujetador blancos me dijo que me tumbara en una camilla de vinilo. Me miró como si no estuviera segura de cómo había llegado hasta allí. Mientras frotaba permanecía en un silencio que rompía cada pocos minutos para decir: «Date la vuelta». «De lado». «Boca abajo».

Contemplé los hilos grises que se desprendían de mi cuerpo y se iban acumulando en la camilla; me preguntaba si eran más o menos que en el caso de otras clientas. Cuando me tumbé sobre el costado izquierdo, justo antes de la última rotación, se quedó quieta, como si acabara de darse cuenta.

—¿Eres coreana?

—*Ne, Seoul-eseo taeesonasseoyo* ('Sí, nací en Seúl') —dije con toda la fluidez de la que era capaz.

Si conocía las palabras, hablaba con soltura. Estas las pronuncié como si estuviera tratando de impresionarla, o más bien como si estuviera tratando de disimular mis carencias lingüísticas. El paisaje sonoro coreano de mi infancia y todos mis años en el *hangul hakkyo* me habían convertido en una imitadora, y los términos que conocía salían de mí con la tonalidad calcada de las mujeres que me rodeaban cuando era pequeña, pero mi buena pronunciación no me servía de mucho, ya que cada dos por tres me quedaba muda y tenía que devanarme los sesos para dar con un infinitivo básico.

La *ajumma* contempló mi cara como si buscara algo. Yo sabía el qué. Me miraba como me miraban los niños en el colegio antes de preguntarme de dónde era, pero desde la perspectiva contraria. Estaba buscando unos rasgos coreanos que no era capaz de identificar. Unos rasgos que se parecieran a los suyos.

—*Uri umma hanguk saram, appa miguk saram* ('Madre coreana y padre estadounidense') —dije.

Cerró los ojos, emitió un «ahhh» y asintió con la cabeza. Volvió a mirarme fijamente, tratando de asimilarme, como si quisiera aislar las partes coreanas.

Era paradójico que yo, que una vez quise parecerme a mis amigos blancos y deseé desesperadamente que mis rasgos coreanos pasaran desapercibidos, ahora me sintiera completamente aterrada ante la posibilidad de que esta desconocida de la casa de baños no los viera.

—Tu madre es coreana y tu padre es estadounidense —repitió en coreano.

Comenzó a hablar a toda velocidad y ya no pude seguirle el ritmo. Me dediqué a imitar los murmullos coreanos de comprensión a fin de mantener la farsa, a fingir mientras trataba de reconocer alguna palabra, pero al final me hizo una pregunta que no entendí y entonces ella también se dio cuenta de que no teníamos nada más en común. Nada más que pudiéramos compartir.

—*Yeppeuda* ('Guapa. Cara pequeña') —dijo.

Era la misma palabra que había escuchado cuando era joven, pero ahora parecía distinta. Por primera vez me dio por pensar que lo que ella buscaba en mi rostro pudiera estar desapareciendo. Ya no tenía a nadie completo a mi lado que le diera sentido a mi persona. Temía que cualquier contorno o color que definiera esa mitad tan preciada estuviera empezando a desvanecerse, como si, sin mi madre, ya no tuviera derecho a esas partes de mi cara.

La *ajumma* cogió una palangana grande, se la puso a la altura del pecho y vertió agua caliente sobre mi cuerpo. Me lavó el pelo, me masajeó el cuero cabelludo y después me envolvió la cabeza con una toalla como yo misma había intentado hacer antes para imitar a las mujeres mayores del vestuario. Me sentó, me dio unos golpes en la espalda con la base de los puños y concluyó con una última palmadita.

—*Jah!* ¡Terminado!

Me aclaré sentada en un taburete de plástico, me sequé con una toalla y volví al vestuario. Me puse la holgada ropa del balneario: una camiseta grande de color fosforito y un pantalón corto rosa con cintura elástica. Pasé a una sala de jade que al parecer era beneficiosa para la salud, aunque no me quedó muy claro por qué.

Estaba desierta. En ella había dos cabezales de madera que parecían guillotinas en miniatura sin la mitad superior. Me tumbé cerca de una de las paredes y apoyé el cuello en el hueco. La iluminación era de un suave tono anaranjado. Me sentía en calma, limpia, renovada, como si me hubiera despojado de mis capas inútiles, como si me hubieran bautizado. El suelo estaba caliente y el ambiente era agradablemente cálido, como el interior de un cuerpo humano sano, como un útero. Cerré los ojos y las lágrimas me resbalaron por las mejillas, pero no emití ningún sonido.

20

Coffee hanjan

Alrededor de un año después de que Peter y yo nos mudáramos a Brooklyn, el humilde disco que había compuesto en la cabaña que había al fondo de la finca de mis padres empezó a recibir una sorprendente cantidad de atención. Curiosamente, había lanzado el álbum como Japanese Breakfast, un nombre que se me había ocurrido hacía años, una noche en la que me había quedado despierta hasta tarde viendo fotografías de bandejas de madera con filetes de salmón asados a la perfección, miso y arroz blanco. Una pequeña discográfica con sede en Frostburg (Maryland) se ofreció a publicarlo en vinilo. La imagen de mi madre adornaba la portada, una antigua fotografía tomada en Seúl cuando tenía veintitantos años, en la que aparecía con una americana blanca y una camisa con un volante en el cuello, posando con una vieja amiga. Hice que imprimieran dos de sus acuarelas en la galleta del disco, una en cada cara; las canciones que había escrito en su memoria, girando en cada uno de los polos.

Se publicó en abril y ese verano me ofrecieron una gira de cinco semanas como telonera de Mitski por todo Estados Unidos. Por otro lado, un artículo que había escrito por las noches después del trabajo a lo largo de varias semanas, titulado «Love, loss, and kimchi», fue elegido mejor artículo del año por la revista *Glamour*. El premio consistía en la publicación en la revista, una reunión con un agente literario y cinco mil dólares. Me había mudado a Nueva York para olvidarme de mis aspiraciones artísticas y centrar mis energías en un empleo serio, pero todo parecía indicar que todavía no había llegado el momento de tirar la toalla.

Dejé el trabajo en la empresa de publicidad y el revuelo en torno a *Psychopomp* siguió aumentando, lo que me permitió dedicarme a la música a tiempo completo por primera vez en mi vida adulta. Reuní una banda y recorrimos la Costa Este hacia el sur por la I-95, atravesando el largo tramo de la I-10 desde los pantanos de Luisiana hasta los desiertos vacíos del oeste de Texas y Arizona; después fuimos hacia el norte por la I-5, a lo largo de los majestuosos acantilados y las montañas de la costa del Pacífico, y regresamos por los brumosos valles de Oregón, circunstancia que aproveché para depositar unas flores en la tumba de mi madre, en cuya lápida corregida por fin ponía «magnífica». Tocamos en un WOW Hall lleno hasta los topes y, unos meses después, en el legendario Crystal Ballroom, donde las chicas de dieciséis años me sonreían como yo había sonreído a los músicos que idolatraba. Actuamos de teloneros para grupos grandes y luego comenzamos a encabezar carteles, a hacer giras largas por todo el país.

Después de los conciertos, me dedicaba a vender camisetas y discos, a menudo a jóvenes mestizos y estadounidenses de origen asiático que, como yo, tenían problemas para encontrar artistas con los que se sintieran identificados, o a adolescentes que habían perdido a sus padres y que me contaban cómo mis canciones les habían ayudado, lo que mi historia significaba para ellos.

Cuando la banda ganó suficiente impulso para ser económicamente viable, Peter se unió a ella como guitarrista principal, completando así una formación que ya contaba con Craig a la batería y Deven al bajo. Tocamos en Coachella, en California. Tocamos en Bonnaroo, en Tennessee. Viajamos a Londres, París, Berlín y Glasgow. Teníamos una lista de requisitos y nos alojábamos en Holiday Inns. Después de un año de conciertos en Norteamérica y tres giras por Europa, nuestro agente de *booking* me llamó con una oferta para tocar durante dos semanas en Asia. Naturalmente, terminaríamos en Seúl.

Le envié un mensaje a Nami a través de Kakao para decirle que iríamos a verla a finales de diciembre.

Habíamos mantenido el contacto a lo largo del año anterior, pero la barrera del idioma nos impedía comunicarnos con precisión. La mayor parte de las veces simplemente escribíamos frases como «Te quiero» y «Te echo de menos», acompañadas de varios emojis y fotos de mis experimentos con la comida coreana. Traté de explicarle que las cosas me iban bien, que la banda estaba teniendo cierto éxito, pero no creo que me entendiera o me creyera realmente hasta que le dije que íbamos a dar un concierto en Seúl la segunda semana de diciembre.

Poco después recibí una llamada.

—Hola, Michelle, ¿cómo estás? Soy Esther.

Esther era la hija de Emo Boo, de su primer matrimonio. Tenía cinco años más que yo y había estudiado Derecho en la Universidad de Nueva York. Ahora vivía en China con su marido y su hija de un año, y estaba en Seúl de visita.

—Nami me acaba de decir que vas a dar un concierto aquí dentro de poco. ¿Es verdad?

—¡Sí! Vamos a hacer una gira de quince días por Asia y nuestro último concierto será en Seúl. Y después Peter y yo tenemos pensado alquilar un piso durante unas semanas. En Hongdae, tal vez.

—Hongdae está muy bien. Ahí viven muchos artistas, como en Brooklyn. —Se quedó en silencio y oí que Nami le decía algo—. Estamos… un poco confundidas. ¿Te contrata algún tipo de oficina?

—¿Una oficina?

—Eh… Supongo que no entendemos muy bien quién te paga.

Me eché a reír. Desde luego no era la primera vez que alguien me pedía que le explicara los entresijos del mundillo y, después de años de bolos financiados por nosotros mismos, a menudo a mí también me costaba creer lo mucho que habíamos prosperado.

—Bueno, hay un promotor que nos contrata para dar un concierto y a nosotros nos paga la gente que compra las entradas.

—Ah… Ya entiendo —dijo, aunque no creo que lo hiciera—. Me encantaría verte actuar, pero para entonces ya habré vuelto a China. Nami dice que mi padre y ella están muy emocionados.

La gira comenzó en Hong Kong y nos llevó a Taipéi, Bangkok, Pekín, Shanghái, Tokio y Osaka antes de concluir en Seúl. Cada noche tocábamos para entre trescientas y quinientas personas. Los promotores de los conciertos nos recogían en el aeropuerto y, de camino al local, como guías turísticos, nos mostraban los lugares emblemáticos de cada ciudad. También traducían nuestras peticiones al equipo de montaje de la sala y, lo más importante, nos hacían recomendaciones gastronómicas.

Lo que comimos durante esas semanas no se parecía en nada a lo que comíamos cuando estábamos de gira por Norteamérica, donde nos alimentábamos a base de aperitivos de gasolinera y comida rápida. En el mercado nocturno de Shilin, en Taipéi, comimos tortillas de ostra y un apestoso tofu, y descubrimos la que probablemente sea la mejor sopa de fideos del mundo, la sopa taiwanesa de fideos con carne, unos fideos elásticos de harina servidos con grandes trozos de jarrete guisado y un caldo tan contundente que parecía una salsa. En Pekín caminamos un kilómetro y medio con la nieve por las rodillas para disfrutar de un *hot pot* picante, un suculento caldo repleto de guindillas y pimienta de Sichuan, en el que mojamos finas lonchas de carne de cordero, rodajas porosas de crujiente raíz de loto y unos terrosos berros. En Shanghái devoramos torres de vaporeras de bambú colmadas de empanadillas rellenas de sopa, incapaces de resistirnos al sabor del intenso caldo que salía de las suaves y gelatinosas obleas. En Japón comimos un decadente *ramen tonkotsu*, probamos con cautela unos humeantes *takoyaki* cubiertos de migas de bonito y nos pusimos tibios de cócteles *highball*.

Cuando la gira tocaba a su fin, volamos a Incheon y buscamos nuestras guitarras en la inmensa zona de recogida de equipajes. En la sala de llegadas nos recibió Jon, nuestro enlace local. Jon había organizado nuestro concierto de Seúl en un club de Hongdae, el mismo barrio en el que él regentaba una pequeña tienda de discos, Gimbab Records, a la que había bautizado con el nombre de su gato, que se llamaba como los rollitos de arroz coreanos que preparaba mi madre cuando le tocaba alimentar a los alumnos del *hangul hakkyo*. Jon era alto y delgado, de porte elegante, e iba vestido de forma sencilla y conservadora, con pantalones negros y un chaquetón. Parecía más un oficinista que un promotor de conciertos y propietario de una moderna tienda de vinilos.

Nos llevó a cenar y nos presentó a su socio, Koki, un japonés encantador con una sonrisa bobalicona que hablaba coreano e inglés con soltura. Koki era cordial y sincero, el complemento ideal para Jon, con quien nos costó conectar mientras comíamos *kimchijeon* y bebíamos una jarra de Kloud tras otra para celebrar mi regreso a mi tierra natal.

Al día siguiente cargamos el equipo y fuimos al V Hall, un local con capacidad para poco más de cuatrocientas personas. La *green room* estaba llena de los aperitivos coreanos de mi infancia: pan de gambas y galletitas de miel Chang Gu, palitos de boniato y bocaditos de plátano, rajas de melón *chamoe* e incluso una cajita de pollo frito coreano. Jon reservó unos asientos de palco para Nami y Emo Boo. Los dos llegaron temprano y traían flores. Nos abrazamos y nos hicimos fotos. Nami nos enseñó la última moda en cuestión de posados, con el dedo índice y el pulgar cruzados en diagonal formando un corazón.

Cuando salimos al escenario, me tomé un momento para contemplar la sala. Ni en mis sueños más ambiciosos me había imaginado actuando en el país natal de mi madre, en la ciudad en la que yo había nacido. Deseaba que mi madre pudiera verme, que pudiera estar orgullosa de la mujer en la que me había convertido y de la carrera que me había forjado, la materialización de algo que durante tanto tiempo temió que no llegara a lograr. Consciente de que el éxito del que disfrutábamos tenía mucho que ver con su muerte, que las canciones que cantaba eran en su memoria, deseaba más que nada y más allá de toda contradicción que ella estuviera allí.

Tomé aire. «Annyeonghaseyo!», grité en el micrófono, y comenzamos a tocar.

No creía en ningún dios desde que había cumplido los diez, cuando todavía veía la imagen de Fred Rogers cada vez que rezaba, pero los años que siguieron al fallecimiento de mi madre fueron sospechosamente afortunados: llevaba tocando en grupos desde los dieciséis, soñando con triunfar como artista prácticamente toda la vida y, como estadounidense, me sentía con derecho a ello a pesar de las agrias advertencias de mi madre. Había luchado por ese sueño ingrato durante ocho largos años y solo después de que ella muriera, como por arte de magia, comenzó a hacerse realidad.

Si existía un dios, era como si mi madre le estuviera pisando el cuello para obligarlo a hacer que me pasaran cosas buenas. Que si teníamos que separarnos justo cuando estábamos acercándonos, justo cuando estábamos encauzando nuestra relación, qué menos que satisfacer algunas de las aspiraciones de su hija.

Le hubiera encantado ser testigo de estos últimos años: yo en una revista de moda de punta en blanco, un director surcoreano ganando un óscar, canales de YouTube con millones de visitas dedicados a rutinas de cuidados de la piel de quince pasos. Y aunque iba en contra de mis principios, quería creer que, efectivamente, lo estaba viendo todo.

Y que se alegraba de que por fin hubiera encontrado mi lugar en el mundo.

Antes de nuestra última canción, me dirigí a mis tíos, que estaban en el palco, para darles las gracias por haber venido. «Bienvenidos a mi *hoesa*», dije, extendiendo un brazo hacia la multitud. Bienvenidos a mi oficina. Posamos para una foto con los dedos en forma de corazón, como Nami nos había enseñado, con el público de fondo. Decenas de jóvenes se marcharon del local con nuestro vinilo bajo el brazo y se abrieron paso por las calles de la ciudad con la cara de mi madre en la portada, su mano hacia la cámara, como si debajo hubiera alguien a quien acabara de soltar.

DESPUÉS, COMO COLOFÓN, Jon y Koki nos invitaron a todos a un bar restaurante llamado Gopchang Jeongol en el que pinchaban vinilos. El nombre quiere decir 'guiso de asadura', plato que no figuraba en la carta, así que pedimos un surtido de *anju*: un impecable *golbaengi muchim* —caracolas con salsa de guindilla roja y vinagre servidas sobre unos fideos *sōmen* fríos—, tofu con *kimchi* y pez lija en salazón con cacahuetes.

El bar estaba iluminado débilmente con luces navideñas y ledes azules que danzaban en las paredes. Sus techos abovedados y el ladrillo visto hacían que pareciera una especie de *loft* subterráneo. Al fondo había un escenario con dos platos y un DJ pinchando rock, pop y folk coreano de los sesenta delante de unas estanterías de tres metros de altura repletas de vinilos. Sentados en mesas de madera, los clientes se arrancaban a cantar cada vez que sonaba una canción que conocían.

Craig y Deven aprendieron las costumbres locales en lo tocante a la bebida —nunca te sirvas tu propia copa, sirve a tus mayores con las dos manos— y Jon nos enseñó juegos como el Titanic, que consistía en introducir un vaso de chupito vacío en una jarra llena de cerveza y, por turnos, ir echando pequeñas cantidades de *soju* en el vaso hasta que se hundía. El que lo hundía tenía que bebérselo todo. Esta letal combinación de *soju* y *maekju*, 'cerveza' en coreano, se denomina *somaek*, y es la responsable de la mayoría de las resacas del país.

Bebimos cerveza Cass fría en vasos diminutos y nos ventilamos una botella verde de *soju* tras otra, invitando a chupitos a todo el mundo, sobre todo a Jon, a quien queríamos sacar de su caparazón. Avanzada la noche, por fin hicimos algún progreso y empezó a hablar de música.

En cuanto comenzó a describir la escena rock coreana de los sesenta, se ganó toda mi atención. Mi madre apenas hablaba de la música que escuchaba cuando era joven. De hecho, yo sabía muy poco de la música coreana, aparte de conocer a un puñado de grupos de K-pop que estaban empezando a sonar en Estados Unidos y a una banda femenina llamada Fin.K.L., de la que Seong Young era fan a finales de los noventa.

Cuando en el bar quedábamos cuatro gatos, Jon pinchó una canción de Shin Jung-hyeon, una especie de Phil Spector coreano que creaba estribillos pegadizos y *riffs* psicodélicos para las bandas de chicas de la época. La canción se titulaba «Haennim» y había sido compuesta para la cantante Kim Jung Mi. Era un tema folk de seis minutos que empezaba con un punteo de guitarra acústica y se iba inflamando con unas cuerdas nostálgicas a medida que avanzaba. Lo escuchamos en silencio. No entendíamos la letra, pero tenía un sonido cautivador y atemporal, y nosotros estábamos borrachos, melancólicos y emocionados.

Al día siguiente, con la cabeza como un bombo, Peter y yo nos levantamos para despedirnos de nuestros compañeros de grupo y trasladarnos del hotel al piso en el que nos íbamos a alojar durante unas semanas. La idea era pasar algo de tiempo con mis tíos y que yo escribiera sobre la cultura y la gastronomía coreanas, sobre el modo en que evocaban los recuerdos de mi madre que quería tener más presentes.

Nami nos mimó como solo ella era capaz. Sabía dónde conseguir lo mejor de cada cosa: el marisco y el pescado más frescos, la carne de mejor calidad, el pollo a domicilio más rápido, la cerveza más fría, el guiso de tofu suave más picante, el mejor dentista, optometrista y acupuntor. Necesitaras lo que necesitaras, ella conocía a alguien que te lo podía proporcionar. Ya fuera *dim sum* en el último piso de un rascacielos de lujo o *naengmyeon* en el patio húmedo de un callejón, en el que una *ajumma* en cuclillas enjuagaba los fideos sobre un desagüe del suelo de cemento; siempre se apresuraba a darles una propina de antemano para garantizar que obteníamos el mejor producto y nos dispensaban el mejor servicio.

En Myeong-dong nos llevó al restaurante de *kalguksu* preferido de mi madre, en el que servían fideos cortados a cuchillo en caldo de carne, empanadillas al vapor de grasa de cerdo y verduras, y un *kimchi* tierno y picante, famoso por la ingente cantidad de ajo que llevaba, que te dejaba un aliento acre cuyo olor se proyectaba un metro a la redonda.

En el Gangnam Terminal, un centro comercial subterráneo conectado a una de las principales estaciones de metro de Seúl, estuvimos echando un vistazo juntas al género y me acordé de todas las veces que mi madre y yo habíamos ido de compras, su peculiar manera de animarme a probarme cosas y que tanto echaba de menos cuando ahora entraba sola en una tienda. Me pregunté si los dependientes creían que Nami era mi madre. Me pregunté si ella pensaba lo mismo. En cierto sentido, ambas estábamos representando el papel de sustitutas de las muertas que tan desesperadamente queríamos revivir. Si me paraba a mirar algo, Nami insistía en que le dejara comprármelo. Un delantal de flores con cintas rojas, un par de zapatillas de casa con caritas en los dedos. Llamó a Peter para que llevara las bolsas.

—¡Mozo! —dijo.

Nos echamos a reír. De vez en cuando nos sorprendía empleando el tipo de palabras que se oyen en las miniseries de época de la BBC. Términos anticuados como *embuste* o *botica*, que probablemente había aprendido de una lista de vocabulario obligatorio hacía décadas y que guardaba en algún rincón de su mente.

—Nami, ¿has oído hablar de Shin Jung-hyeon? —le preguntó Peter mientras cogía nuestras bolsas.

—¿Shin Jung-hyeon? ¿De qué *conocer tú* a Shin Jung-hyeon? —respondió ella con incredulidad.

Peter le explicó que Jon nos había hablado de él en el Gopchang Jeongol.

—*Tu mamá y yo encantar* Pearl Sisters. Canción de Shin Jung-hyeon. «Coffee hanjan».

Sacó su móvil, buscó un vídeo en YouTube y nos lo enseñó. La portada del disco era de un amarillo vivo y en ella aparecían las dos hermanas, las Pearl Sisters, posando con unos minivestidos verdes de lunares. Shin Jung-hyeon produjo el sencillo a finales de los sesenta. «Coffee hanjan» era su canción favorita cuando eran jóvenes, nos explicó Nami. En esa época, ella y mi madre solían interpretarla en las fiestas de mi abuelo. Iban vestidas iguales y, como no tenían botas de gogó, se ponían unas de agua.

EN NUESTRO ÚLTIMO DÍA en Seúl, Emo Boo nos llevó a Incheon, a cenar junto al mar. Nami le dio a la *ajumma* diez mil wones y pidió fideos cortados a cuchillo en un sabroso caldo rebosante de vieiras, almejas y mejillones. Un plato de *hwe* fresco, rosa claro y blanco, en lascas uniformes, para comerlo con *ssamjang* casero, ajo encurtido, lechuga de hoja roja y hojas de sésamo. Orejas de mar firmes y salobres, que recordaban a unas pequeñas setas laminadas, servidas dentro de sus preciosas conchas holográficas. Equiuros vivos, que parecían penes flácidos y retorcidos.

—¡Alimento *para vigor*! —dijo Emo Boo—. Bueno para el hombre. ¡Poder!

—¿Qué es esto? —me preguntó Peter, dispuesto a probar cualquier cosa. Sostenía un *banchan* entre los palillos, un trozo de patata hervida mezclado con maíz y mayonesa.

—¡Ensalada de patata! —le contesté riéndome.

Cuando nos terminamos el festín, Peter y Emo Boo fueron a una tienda que había al lado a comprar petardos, que rápidamente explotaron en la playa mientras el viento les azotaba el abrigo y Nami y yo los observábamos desde el restaurante. Las últimas dos semanas había hecho muchísimo frío, y ni siquiera con el plumífero largo que me había comprado, que parecía un saco de dormir, había conseguido entrar en calor.

Emo Boo y Peter terminaron de explotar los petardos y volvieron al restaurante con la cara roja y húmeda para tomarse una última jarra de cerveza antes de regresar a casa. El sol se puso sobre el mar Amarillo. En el cielo gris apareció una franja de un color ambarino intenso que se fue diluyendo hasta que no quedó rastro de ella.

—Creo que *halmoni*, Eunmi y tu madre *es* muy felices —dijo Nami. Le dio la vuelta al colgante en forma de corazón que le había regalado, que llevaba al revés—. Están todas en el cielo, jugando con los *hwatu* y bebiendo *soju*, felices de que nosotras *estar* aquí juntas.

Tomamos la salida de Mapo-gu para volver a nuestro piso. Emo Boo se puso a recordar sus días de estudiante en la cercana Universidad de Hongik. Había querido estudiar Arquitectura, pero, al ser el primogénito, era su deber hacerse cargo de la consulta de su padre. El barrio había cambiado mucho desde entonces. Ahora las calles estaban llenas de perfumerías y tiendas de ropa; de carritos de comida en los que servían pastelitos de pescado y *tteokbokki*, perritos calientes rebozados y gambas fritas; de músicos callejeros que, con amplificadores portátiles, cantaban en las aceras abarrotadas de artistas jóvenes, estudiantes y turistas.

De repente, Emo Boo propuso que termináramos la noche en un karaoke. Se metió con el coche en un callejón en el que había un cartel que decía «Noraebang». Dentro, una bola de discoteca giraba esparciendo cuadrados de luz en la oscura sala de color morado.

Nami miró las opciones en la pantalla táctil y encontró «Coffee hanjan». La canción empezaba con un platillo sosegado y una guitarra sinuosa que acababa desvaneciéndose. Cuando comenzó a sonar la melodía principal, hubiera jurado que ya la había oído antes. Quizá mi madre la había cantado con sus hermanas en los *noraebangs* a los que íbamos cuando yo era adolescente. La letra fue apareciendo lentamente en la pantalla a medida que la larga introducción instrumental llegaba a su fin. Nami me pasó un micrófono inalámbrico. Me cogió de la mano, tiró de mí hacia la pantalla y, mirándome, empezó a cantar. Nos movíamos acompasadamente mientras yo entornaba los ojos para intentar pronunciar bien las vocales y seguir la melodía, una melodía que rebusqué en mi memoria, un recuerdo que podía o no existir, o tal vez se tratara de un recuerdo que pertenecía a mi madre y al que de alguna manera yo había tenido acceso. Sentí que Nami buscaba en mí lo mismo que yo había estado buscando en ella esa última semana. Ni ella era mi madre ni yo era su hermana, pero en ese momento éramos lo más parecido que teníamos.

Peter y Emo Boo aplaudían al compás de las panderetas, que con su sonido encendían unas luces multicolores. Yo me esforcé por cantar lo mejor posible. Quería hacer todo lo que estuviera en mi mano para ayudar a Nami a resucitar el recuerdo. Perseguía los caracteres coreanos que parecían resaltados a la velocidad vertiginosa de un *pinball*. Dejaba que la letra saliera de mi boca con un poco de demora, con la esperanza de que mi lengua materna me guiara.

Agradecimientos

EN PRIMER LUGAR, QUIERO dar las gracias a Daniel Torday, mi mentor, que tuvo que leer un montón de textos espantosos durante mis años de universidad, a pesar de lo cual, siguió creyendo en mí. Debo a tus enseñanzas todo lo que sé sobre la escritura.

Gracias a Brettne Bloom, la agente, valedora y amiga más maravillosa. No solo me has cambiado la vida, sino que la has hecho más divertida.

Gracias a mi editor, Jordan Pavlin, cuyos acertados consejos y considerado apoyo me ayudaron a terminar este libro.

Gracias a Robin Desser por proporcionarle a esta historia un hogar en Knopf. Tu prodigiosa sabiduría y tu perspicacia la convirtieron en un libro mucho mejor que el que yo hubiera escrito por mi cuenta.

Gracias a todo el personal de Knopf por acogerme con tanto cariño en un hogar con unos moradores tan ilustres. Me siento honrada por vuestra pasión y vuestro apoyo.

Gracias a Michael Agger y a *The New Yorker* por darme la increíble oportunidad que me impulsó a escribir *Lágrimas en H Mart*.

Gracias a Ryan Matteson por no dudar nunca de mi valía.

Gracias, Maangchi, por compartir tus vastos conocimientos con el mundo. Eres una luz que ha guiado a muchas personas que se sentían perdidas y solas. Tu amabilidad y tu generosidad no tienen precio.

Adam Schatz y Noah Yoo, gracias por vuestro valioso tiempo y vuestros certeros comentarios.

Gracias, Nami Emo, por abrirme los brazos aun cuando te hubiera resultado más fácil darme la espalda. Ha sido un regalo haber podido afianzar nuestra relación durante los últimos años, a pesar de unos inicios tan dolorosos. Me has dado tanto... Siempre llevaré en el corazón todos los recuerdos que has compartido conmigo. Son lazos de sangre.

Gracias a Emo Boo, Esther y Seong Young, los últimos miembros de mi familia coreana. Gracias a Fran y Joe Bradley, mi nueva familia.

Y, sobre todo, gracias a Peter Bradley, que tuvo que soportar mis muchos cambios de humor mientras escribía este libro, y que toleró y aplacó los numerosos episodios de megalomanía y absoluta desesperación que experimenté durante el proceso. Fue un completo privilegio contar contigo como primer lector, corrector y el más perfecto de los compañeros. ¿Cómo he tenido la suerte de haberte engañado para que te casaras conmigo? No hay nada de tu persona que no me guste. Gracias especialmente a ti.

Acerca de la autora

Michelle Zauner es vocalista, guitarrista y creadora de un indie pop evocador, inspirado en el *shoegaze*, bajo el nombre de Japanese Breakfast. Ha sido aclamada por los principales medios musicales de todo el mundo por trabajos como *Psychopomp* (2016) y *Soft sounds from another planet* (2017).

En esta misma editorial

SABOR

Mi vida a través de la comida

STANLEY TUCCI

Sabor es tan adictivo como delicioso, tan divertido como revelador. El único motivo para abandonar su lectura es ir a preparar sus recetas y darte un festín.

HESTON BLUMENTHAL

BEATLES

Hubo un tiempo en que el presente tuvo la mejor banda sonora de la historia

LARS SAABYE CHRISTENSEN

La cautivadora historia de una generación, de las luchas y descubrimientos juveniles de los protagonistas y de cómo fue hacerse adulto en una época irrepetible.

DENTRO DEL LABERINTO. BESTIARIO

Guía definitiva de las criaturas del Reino de los Goblins

IRIS COMPIET, S.T. BENDE Y TOBY FROUD

El bestiario de *Dentro del Laberinto*, de Jim Henson, engloba no solo la película de 1986, sino también el universo completo de los goblins, incluidos los famosos cómics y la novelización original. Además, esta es la primera vez que la aclamada artista Iris Compiet plasma el mundo de todas estas criaturas en una obra ilustrada de principio a fin.